基于"创新创业+"
的人才培养模式研究与实践

方法林 孙爱民 —— 编著

旅游教育出版社
·北京·

责任编辑：刘彦会

图书在版编目（CIP）数据

基于"创新创业+"的人才培养模式研究与实践 / 方法林，孙爱民编著. -- 北京：旅游教育出版社，2017.5
ISBN 978-7-5637-3567-9

Ⅰ．①基… Ⅱ．①方… ②孙… Ⅲ．①创业－人才培养－培养模式－研究 Ⅳ．①F241.4

中国版本图书馆CIP数据核字（2017）第106283号

基于"创新创业+"的人才培养模式研究与实践
方法林　孙爱民　编著

出版单位	旅游教育出版社
地　　址	北京市朝阳区定福庄南里1号
邮　　编	100024
发行电话	（010）65778403　65728372　65767462（传真）
本社网址	www.tepcb.com
E - mail	tepfx@163.com
排版单位	北京旅教文化传播有限公司
印刷单位	北京京华虎彩印刷有限公司
经销单位	新华书店
开　　本	787毫米×1092毫米　1/16
印　　张	14.75
字　　数	280千字
版　　次	2017年8月第1版
印　　次	2017年8月第1次印刷
定　　价	59.00元

（图书如有装订差错请与发行部联系）

前　言

近年，国家越来越把创新创业人才培养列为高校教育工作的重中之重，许多高校也卓有成效地开展了创新创业教育的探索与实践。

本书作为江苏省教育教学改革研究项目"基于创新创业+的人才培养模式创新研究"（项目编号：2015JSJG087）和全国旅游职业教育教学指导委员会科研项目"高职院校学生创新创业教育改革与实践—以烹饪工艺与营养专业为例"（项目编号：LZW201503）的阶段性成果，以更新创新创业传统教育理念为出发点，立足于"以生为本"，遵循"个体"与"全体""个性"与"全面"教育，改革传统人才培养模式，明确人才培养目标与定位，实施分类施教，提升学生创新创业意识与能力，促进学生的全面可持续发展，满足社会的多元化与可持续人才需求，适应社会各行业的经济"新常态"发展。

本书提出"创新创业+"的内涵模式，"创新创业+"是在"创新创业"内涵的基础上作为人才培养模式的外延，是一种新的人才培养模式，是适应我国经济新常态下的一种教育模式改革的发展导向，是将创新创业理念深度融入传统人才培养模式中的一种创新。"+"作为模式外延，即将创新创业与高等教育中各类专业人才培养及专业建设相结合，以创新创业教育为导向，改革传统的专业人才培养模式，提升专业建设质量，以适应我国经济新常态下对人才培养的需求。

本书共分为十章，第一章内容为创新创业研究与实践现状概述；第二章内容为创新创业的内涵概述；第三章内容为"创新创业+"人才培养模式构建；第四章内容为"创新创业+"人才培养模式课程体系构建；第五章内容为"创新创业+" 人才培养模式实践体系构建；第六章内容为"创新创业+"人才培养模式师资队伍建设；第七章内容为"创新创业+"人才培养模式评价体系建设；第八章内容为"创新创业+"人才培养模式保障体系建设；第九章内容为实证研究——南京旅游职业学院烹调工艺与营养专业；第十章内容为附件。

本书由方法林、孙爱民共同编著。在编著过程中，得到了南京旅游职业学院烹饪与营养学院教授邵万宽、院长吕新河、书记胡国勤、副院长颜忠、老师卢狄菲尔，酒店管理学院院长匡家庆，科研开发处副处长吕胜男、招生就业处副处长张玉杰、教务处王伟毅老师的指导和帮助，在此表示感谢。

创新无止境，要编著一部真正让自己满意、让老师满意、让学生满意、让大众满意的书，还需要细化和完善。恳请广大读者不吝赐教！

方法林　孙爱民
2017年5月于南京旅游职业学院

目 录

第一章 创新创业研究与实践现状概述 ·· 1
 一、时代呼吁创新创业 ··· 1
 二、创新创业的研究背景 ··· 6

第二章 创新创业的内涵概述 ·· 20
 一、解读创新 ··· 20
 二、解读创业 ··· 33
 三、解读创新创业教育 ·· 34

第三章 "创新创业+"人才培养模式构建 ·· 46
 一、"创新创业+"人才培养模式内涵分析 ································ 46
 二、"创新创业+"人才培养模式改革背景分析 ························· 48
 三、"+创新创业"与"创新创业+" ·· 49
 四、"创新创业+"的特征 ·· 49
 五、"创新创业+"人才培养模式构建 ······································· 51

第四章 "创新创业+"人才培养模式课程体系构建 ···························· 60
 一、课程及课程分类 ·· 60
 二、体系与课程体系的含义 ·· 62
 三、课程体系及课程论流派 ·· 66
 四、创新创业教育课程体系的特殊性 ·· 67
 五、创新创业教育课程体系的课程论选择 ································ 67
 六、创新创业教育课程体系涵盖的内容及其模块选择 ··············· 67
 七、我国创业教育课程体系现存的主要问题 ···························· 69
 八、分层组织创业课程体系，实施四阶梯实践课程 ·················· 70
 九、大学生创业教育课程体系运作的保障措施 ························· 74

第五章　"创新创业+"人才培养模式实践体系构建 ······ 76
　　一、"创新创业+"人才培养模式实践体系构建的必要性 ······ 76
　　二、"创新创业+"人才培养模式实践体系构建的现状 ······ 77
　　三、"创新创业+"人才培养模式实践体系构建的目标 ······ 79
　　四、"创新创业+"人才培养模式实践体系构建的原则 ······ 79
　　五、"创新创业+"人才培养模式实践体系构建路径 ······ 80
　　六、"创新创业+"人才培养模式实践基地和平台建设构建 ······ 84

第六章　"创新创业+"人才培养模式师资队伍建设 ······ 86
　　一、能力 ······ 86
　　二、教师能力 ······ 87

第七章　"创新创业+"人才培养模式评价体系建设 ······ 91
　　一、创"多模"的教考方式方法 ······ 91
　　二、改革创新"多模"综合考核方式 ······ 96

第八章　"创新创业+"人才培养模式保障体系建设 ······ 98
　　一、明确创新创业人才培养目标，制定出台人才培养方案修订意见 ······ 98
　　二、稳步推进学分制改革，出台学分制管理规定，保障学生创新创业 ······ 98

第九章　实证研究——南京旅游职业学院烹调工艺与营养专业 ······ 100
　　一、烹调专业教师能力 ······ 100
　　二、烹调专业教师创新创业教育能力 ······ 101
　　三、烹调专业"创新创业+"人才培养质量标准 ······ 104
　　四、南京旅游职业学院烹调专业教师创新创业教育能力建设实践与构想 ······ 124
　　五、烹调工艺与营养专业"创新创业+"课程体系构成 ······ 133
　　六、面向未来，重塑南京旅游职业学院教师创新创业教育能力体系 ······ 137

第十章　附件 ······ 139
　　附件1：教育部关于大力推进高等学校创新创业教育和大学生自主创业
　　　　　工作的意见 ······ 139
　　附件2：国务院办公厅关于深化高等学校创新创业教育改革的实施意见 ······ 142
　　附件3：国务院关于大力推进大众创业万众创新若干政策措施的意见 ······ 146
　　附件4：国家旅游局　教育部关于加快发展现代旅游职业教育的指导意见 ······ 154
　　附件5：教育部关于做好2016届全国普通高等学校毕业生就业创业
　　　　　工作的通知 ······ 157
　　附件6：江苏省教育厅关于深化普通高等学校学分制改革的意见 ······ 162
　　附件7：江苏省深化高等学校创新创业教育改革实施方案 ······ 165

附件8：2015年中国大学生就业压力调查报告（全文）……………………170
附件9：南京旅游职业学院大学生创新创业教育学分管理办法……………207
附件10：南京旅游职业学院关于修订2016级人才培养方案的若干意见………217
附件11：学校组织召开2016级人才培养方案修订研讨会………………225

参考文献……………………………………………………………………227

第一章 创新创业研究与实践现状概述

一、时代呼吁创新创业

(一) 社会经济整体转型带来的就业压力日益加剧

当前受世界经济大环境影响,中国新常态下的经济增长下行压力加大。2015年6月10日,中国人民银行工作论文栏目发表了题为《2015年中国宏观经济预测(年中更新)》的报告。该报告指出,与2014年12月该小组所作的预测相比,该报告小组将2015年实际GDP增速的基准预测值由7.1%下调至7.0%。对2015年固定资产投资增速的最新预测为12.6%,对社会消费品零售总额增速的最新预测为10.7%,均比原预测略有下降。该报告预计,虽然上半年中国经济增速低于预期,但考虑到房地产市场开始企稳、最近出台的稳增长举措将在未来几个月内开始显现积极效果,以及世界经济也将有所复苏等因素,估计下半年中国GDP环比增速将会略高于上半年。经济增长压力加大导致我国社会产生整体转型。转型不仅使我国社会实现了持续快速的发展,而且也带来了一些前所未有的压力,其中之一就是日益严重的就业问题。

根据教育部统计,近10年来全国高校毕业生数量呈快速增长的趋势。2005年全国高校毕业生为338万人,2007年为495万人。2013年毕业生人数达到699万人,2014年毕业生人数继续走高,达到727万人。而2015年毕业生达到749万人。2015年5月29日,北京青年压力管理服务中心发布《2015年中国大学生就业压力调查报告》。该报告指出,毕业生人数在年年递增,就业之难也似乎成了常态。连续几年的"史上最难就业季"给人的感觉是:对于就业,"没有最难,只有更难"。报告显示,2015年的就业压力感受平均数为18.39,明显高于2014年的压力水平。在衡量压力大小的三项指标上,以情绪体验最为突出。这说明,年轻求职者在情绪管理的意识与技能方面仍需提高。另外,不同学历的比较中,专科生和硕士生的压力最大,形成"高压硕士"现象。

该报告还对毕业生的毕业选择做了详细的分析,在毕业生的就业选择中,超过半数的人(8973人,57.1%)认为应该找工作就业;有创业想法的人数达3622人(23%),超过想考研的人数(2083人,13.2%)近10个百分点,这一比例差距相比于2014年更大;极少数人(495人,3.1%)认为应当出国深造;也有人(555人,3.5%)认为可以等几年再说。对比2014年的数据,2015年求职者中表示想创业和就业的人数比例都有所上升,而选择考研的比例有所下降,如图1-1所示。

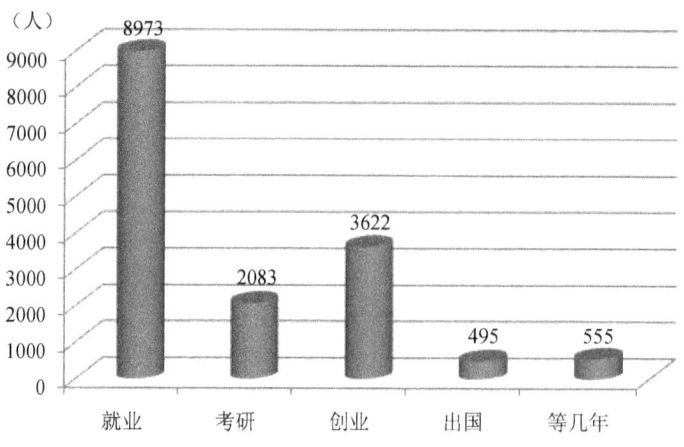

图1-1 毕业选择

资料来源：分析图表来自《2015年中国大学生就业压力调查报告》

该报告对学校的类型做了详细的比较，比较发现：不论所在学校类别如何，毕业选择中"就业"均毫无疑问地排在首位。排在第二位的在不同类型的学校间有一定差异：在国家211工程高校中排在第二位的是考研；在其他类型的学校中，排在第二位的是创业。而出国和等几年这两个选项均是排在最后的，如图1-2所示。

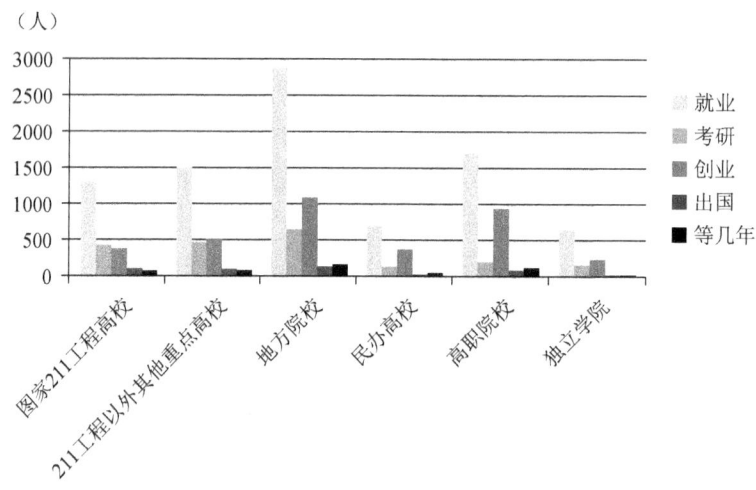

图1-2 高校类别与毕业选择

资料来源：分析图表来自《2015年中国大学生就业压力调查报告》

该报告还从毕业选择与压力应对方面做了比较分析，相对于其他就业选择的求职者来说，选择毕业后等几年再说的求职者本身就是奉行回避与拖延的人生哲学，因此，他们在消极的压力应对方式上的得分显著地高于其他几类求职者也就不足为怪了。

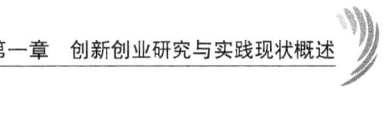

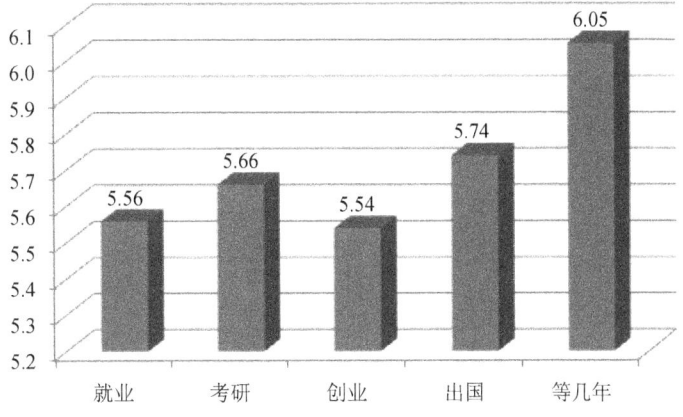

图1-3 毕业选择与消极应对

资料来源：分析图表来自《2015年中国大学生就业压力调查报告》

该报告对毕业生毕业选择的总趋势做了详细的分析，分析结果如图1-4所示，结果表明：毕业后选择直接"就业"的依然为主体人群，并且在比例上较2014年明显上升；相反，2015年选择"考研"的比例较2014年明显下降，选择"创业"的人群不仅相比2014年有所增长，而且也明显超过2015年选择"考研"的人群比例。这些结果表明，高学历不再是求职者所追求的主要目标，往年的考研大军2015年已有相当一部分分流到了直接就业和创业这两支队伍中去了。这可能也是导致2015年就业压力回升的原因之一。

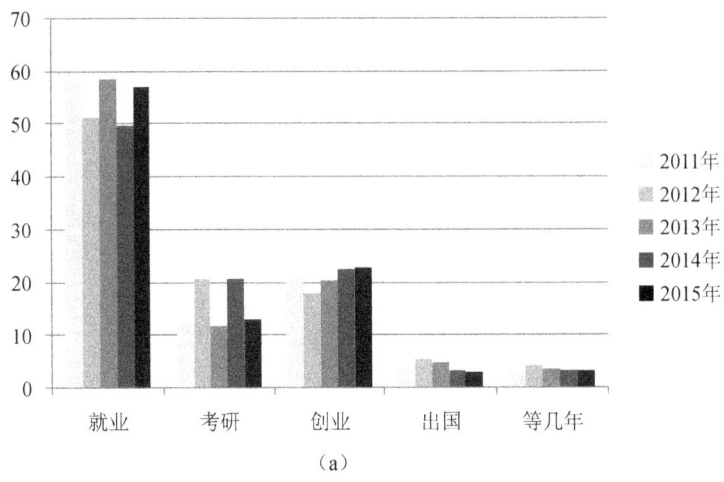

（a）

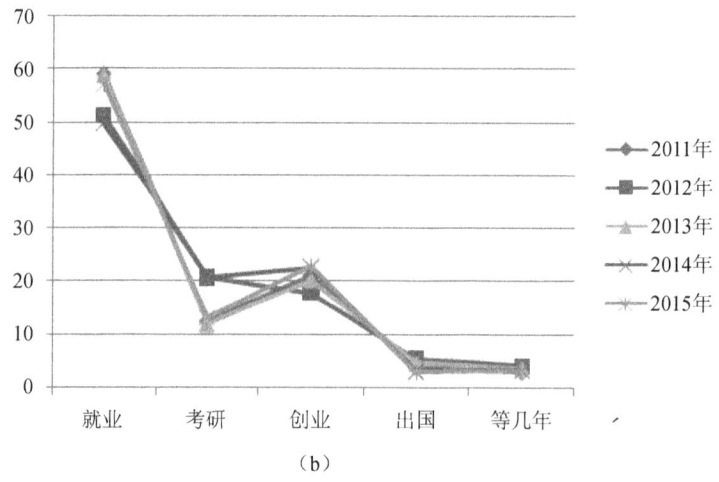

(b)

图1-4 2011—2015年毕业选择的变化趋势

资料来源：分析图表来自《2015年中国大学生就业压力调查报告》

中国社会科学院发布的2015年《社会蓝皮书》指出："经济增长速度和中国劳动力总量供给从双增长转向双下降，导致人力资源市场供求同时下降。"《社会蓝皮书》还指出，按照目前高校招生规模不变进行预测，到2020年，劳动年龄人口中大专及以上学历比重将升至21.6%，到2030年将超过30%，高校毕业生占青年劳动力的比例将进一步加大。但有关统计显示，每年约有25%的应届毕业生在毕业之前不能找到合适的岗位。部分长期失业的高校毕业生，其就业更趋困难。

（二）释放压力的有效途径——创新创业

在就业压力日益严重的社会背景下，扩大就业已成为社会和谐、稳定和可持续发展的重大课题，也成为各级政府重要的执政目标。解决就业的结构性矛盾，需要全社会的参与和全方位的深化改革，要坚持市场导向，国家和市场应发挥好各自的作用。治本之道在于加快转变经济发展方式，使发展主要依靠科技进步、劳动者素质提高、管理创新转变；同时深化高教改革，通过用人机制、保障机制、评价机制等全方位的社会改革大力推行职业培训和创新创业，全面提升劳动者职业素质和就业能力，扩大就业，提高就业质量。

面对就业难的问题，除了扩大就业外，其根本出路在于创业。国家最近出台多项有关鼓励创业的政策。如国务院发布的《关于进一步做好新形势下就业创业工作的意见》，当中提及，要"整合发展高校毕业生就业创业基金"，"高校毕业生等重点群体创办个体工商户、个人独资企业的，可依法享受税收减免政策"等。随后，国务院公布了《国务院办公厅关于深化高等学校创新创业改革的实施意见》，从健全创新创业课程体系、创新人才培养机制、改进创业指导服务等9个方面来促进大学生创新创业。

社会呼唤着创业者，而创业者需要长期、悉心的培养与系统的理论指导。我国的大学必须对学生进行系统化的创新创业教育，这是保障国民经济具有强大的活力和社会稳定、快速发展之要求，是中华民族的百年大计，也是大学的应有之义。特别需要指出的是，在下岗职工与新增城镇就业人员、大学毕业生、农村富余劳动力和军转人员四大群体中,唯一的创业优势群体是大学毕业生,他们是最具有潜力的创业群体,理应承担扩大就业机会的重任。大学不应成为社会负担的增压器,而应成为社会压力的减压阀。

开展大学创新创业研究,是进一步推动我国大学创新创业尽快步入科学、快速、健康发展轨道的要求,同时也是拓展我国大学教育理念,构建与时俱进的大学教育理念体系,更好地发挥大学教育理论对新时期大学教育实践的指导作用的要求。可是,在当前大学教育主管部门价值评价、社会舆论导向、学子和家长的期盼等方面都聚焦在提高学生的就业率上。这种价值的引导和我国大学传统的知识本位价值观的局限,使得我国大学的创新创业还处在零星的意识或者感性的直觉层面,没有上升到系统化的理念与理论高度。这就导致大学对创业学和创新创业研究的匮乏,对学生的创新意识、创业精神、创业知识、创业能力的培养没有进行系统的安排,大学生作为创业者所应具有的识别与抵御风险、环境适应、全局性思维、系统化管理、战略规划以及综合运用知识能力欠缺,他们创新的理性精神、对创业过程的科学认知和践行的知识准备不足。这已成为制约大学生创业发展的"瓶颈",也成为中国经济快速、稳定、长期发展的障碍因素。

这就要求我国大学必须在创新创业的理念、理论和实践研究上有所突破,践行创新创业方面的使命,培养和指导大批的学生,使他们在大学毕业以后能成为我国所急需的理性的创业者。这也是促进大学由知识教育向创新创业,再向创业型大学转变的重要手段与途径。

因此,高等学校应在科学的创新创业理念的引导下,将大学生的创业精神、创业知识和创业技能教育作为高等教育的基本目标之一。毕业生将不仅是求职者,而且是工作岗位的创造者。由他们来承担为社会弱势群体提供"饭碗"的重任,这不仅是当前我国社会稳定、协调之必需,也是保证我国政治安全和社会公正之要举。

(三)创新创业之路亟须教育教学实践与高校办学理念的改革创新

1. 教育教学实践的改革创新

(1)教育教学的深化改革。

创新创业之路首先需要对教育教学进行深化改革,坚持学生为本、教学优先的基本要求,完善教学协调和管理机制,推动各种资源优先向教育教学一线倾斜。改革第一步即是创新教育教学方法,推进信息技术在教学中的广泛应用,建立健全师生互动、教学相长的制度保障,鼓励教师在教学中突出启发性、灵活性、探究性和创造性,努力培养学生的批判性思维和创新能力。同时,必须切实强化实践教学环节,增加实践教学比重,整合各类实践教学资源,加强课程教材、实验室和校内外实训基地建设。思维能力、创新能力与实践能力的养成是实现创新创业的先决条件。此外,应当建设高校教学联盟,打破学校之间、专业模块之间的壁垒,推进跨专业、跨学科、跨学校的学分互认,使学生能最大限度地自主安排学习时间和内容。并鼓励高校之间开展跨校选课、学分互认和学生相互访学,鼓励高校实施主辅修制、双专业制、学生导师制,促进学校全面发展。配合实施学分制和弹性学制,各高校要在课程设置、学籍管理、教学管理、学生管理等诸多方面进行配套改革,探索建立相应的服务支撑体系。要提供必要的政策支持,积极推动高校加入国际组织和协议,与国际高等教育专业认证制度接轨,实现国际间的学历相互认可。跨专业、跨学科、跨学校的教学模式可以帮助学生拓宽发展领域，完善自身知识体系，为创新创业积累资本。

（2）多元化人才培养机制的建立健全。

创新创业之路需要多元化人才培养机制的支持和保障。首先是创新产学研合作育人机制，积极推进科教结合协同育人，把优秀科研人员、先进实验室、前沿科研项目等优质资源引入高校的育人过程中，鼓励学生特别是专、本科学生及早参与课题研究、走进实验室，真正实现科技与教育的强强联合、资源共享和优势互补。除加强产学研合作育人，还须加强大学生创新创业教育，与地方政府科技产业园校企合作，鼓励企业通过自主立项资助高校开展大学生创新创业训练计划。完善创新创业教育运行保障机制，形成"专业教育+创新创业教育"深度融合的人才培养模式。同时要健全大学生创新创业教育成果孵化和转化机制、创新创业学分积累与转换的教学管理机制；完善大学生创新创业教育教学评价体系；健全大学生创新创业训练计划实施办法，遴选建设一批大学生创新创业实践教育中心和校企合作教育基地，支持大学生积极参与科学研究、技术开发和社会实践等创新创业活动。

2. 高校办学理念的改革创新——高度重视创新驱动服务地方

当前众多国家纷纷将教育视为"立国之本"，将科技视为"强国之路"。美国正在积极推动再工业化，欧洲正在大力推进以工业智能化为主要特征的"工业4.0"，我国也针对国民经济主体的制造业及时提出了"中国制造2025"，党中央、国务院出台了《关于深化体制机制改革加快实施创新驱动发展战略的若干意见》，全球新一轮科技革命和产业变革浪潮风起云涌。科研领域不断拓展，学科交叉融合不断加速，区域化、集群化、网络化的创新模式不断涌现。江苏省委省政府明确提出并大力实施创新驱动发展战略，深入推进科技创新工程，加快建设创新性省份。高校要充分认识创新驱动发展战略的本质内涵，利用高校科技人才优势，以科技创新培育新的增长点，健全创新体系，加大创新投入，提升创新能力，提高创新效率，积极发挥高校科技在创新驱动发展中的重要作用。

二、创新创业的研究背景

（一）国际上的创新创业研究

培养学生的创新创业能力、开展创新创业教育在国外一些发达国家早已开始，并在很短的时间内风靡全球，被多个国家的教育界所推崇。美国是最早在学校培养学生创业能力的国家。早在1919年，美国的青年商业社便对高中生实施商业实践教育。1947年，哈佛大学商学院开出美国大学第一门创新创业课程。20世纪80年代，以比尔·盖茨为代表的创业者掀起一场"创业革命"，美国高校的创业教育迅速发展。1979年有127所高校开设本科创新创业课程，2005年已增至1600多所。1970年美国第一次创业学术会议就在普渡大学召开，42位专家主要围绕创业成功案例进行交流，代表性的案例主要是麻省理工学院的分拆公司、硅谷的启示等，内容也涉及大学在促进创业发展中的作用。

此外，1973年第一届创业研究国际会议在加拿大的多伦多举行，来自波士顿大学、得克萨斯州大学、卡耐基梅隆大学和密歇根大学的学者们就创业的案例研究与大学的创新创业的双向互动关系进行阐述；1974年，在美国管理学会的年会期间组建了"创业研究兴趣团体"；1980年在贝勒大学召开了"第一届当前创业研究发展水平研讨会"，此后，该研讨会每五年召开一次；1981年美国百森商学院开始举办"百森创业研究年会"，佐治亚理工学院、沃顿商学院、圣路易大学、匹兹堡大学、华盛顿大学和伦敦商学院渐次成为该年会的协办者；1987年美国管理学会将创业研究作为一个分领域正式纳入了管理学科。美国的创新创业发展大事件年表如表1-1所示。

联合国教科文组织于20世纪80年代末首次提出创新创业的教育理念，并于1989—1998年召开数次关于世界高等教育如何面向21世纪的大型会议。会议强调高校要给学生发第三本护照："创业能力护照"，因为"学位≠工作"；要培养学生创业技能与主动精神；毕业生将不仅是求职者，而且是工作岗位的创造者。该理念自提出以来常做更新，置于不同地域、不同时段，都有其不同的时代特色。目前，创新创业课程已成为美、日高校的必修、辅修或培训重点科目。美国有近400所大学至少开设一门创新创业学课程，包括哈佛大学、斯坦福大学、宾夕法尼亚大学等一流研究型大学（见表1-2）。日本高校创新创业课程是必修课，已经形成了完备的创新创业课程体系。

对于创新创业的理论研究，国际上也已产生诸多较为成熟的研究成果和看法。被美国誉为从事创业学教育的领袖人物杰弗里·蒂蒙斯教授有很多独到的研究成果。他在创业管理、新企业创建、创业融资、风险投资、创新性课程开发等方面进行系统研究，并在百森商学院全面推行。其特点是：第一，以前瞻的教育理念来应对正在发生的"创业一代的兴起与传统产业的衰退这场静悄悄的大变革"。第二，以系统的课程设计来培养学生的创业能力，课程体系包括战略与商业机会、创业者、资源需求与商业计划、创业企业融资和快速成长五部分。第三，通过"以问题为中心"和大量案例分析的鲜活教学方式来促使学生们积极思考。第四，促成企业为学生创造模拟创业实践的机会，蒂蒙斯提出了创业过程模型：①创业过程依赖于机会、创业团队和资源这三个要素的匹配和平衡；②创业过程是一开始就进行的连续的寻求平衡的行为。而威克姆的创业模型则包括：①创业活动包括创业者、机会、组织和资源四个要素；②创业者任务的本质就是有效处理机会、资源和组织之间的关系，是一个不断学习的过程。美国的戴维·西尔弗提出创业资本定律 $V=P\times S\times E$（V=实现的价值；P=解决的问题；S=解决办法的合适度；E=创业小组的素质）。他以该定律为基础具体探讨了创业投资的目标：通过选择一个潜在的成功企业家以及他或她的合作者"E"，去创造财富或实现高价值"V"；这些成功的企业家已经确定了一个重大问题"P"，并且已经创造了一个他们打算通过一个新公司来加以解决的绝妙解决办法"S"。日本索尼集团总裁盛田昭夫提出"空隙理论"：填补市场空隙就可以创造出意外的事业，教育也是同样，填补创新创业的空隙就可以创造出意想不到的效果。克雷森认为，欧盟必须像美国那样大大提高创业和创新精神，创造适宜的环境，使科学家、企业家、金融家和咨询家达到发展和结晶的"熔点"。20世纪90年代以后，美国、加拿大等国的创新创业，正在由注重个人的能力培养转向注重团队、公司、行业和社会。强调创业是一种管理风格，它不仅在创办新企业时需要，大企业、非营利机构同样需要。但是，在其他国家和地区，对创新创业的认识还"驻留"在对个人的培养层面。澳大利亚教育委员会、就业和培训组织以及青年事务管理部门等组织主要从对个体意识、品质和技能的培养方面来理解"创新创业"。他们认为,创新创业是一种直接指向培养年轻人能力、技巧和革新性、创造性、开创性等个性品质的教育。它不仅能够帮助年轻人成功地把握生活和工作中的各种机会,还能够帮助年轻人为自己工作。德国大学校长会议和全德雇主协会在1998年联合发起一项名为"独立精神"的倡议,呼吁高等学校成为"创业者的熔炉"。印度的《国家教育政策》明确要求培养学生"自我就业所需要的态度、知识和技能"。

表1-1 美国的创新创业发展大事件年表

年份	主要事件
1919	美国商人霍勒斯·摩西(Horace Moses)创立青年商业社(Junior Achievement)对高中学生实施商业时间教育,并催生了美国创新创业教育
1947	哈佛大学商学院开设首个创新创业课程——"新创企业管理"(Management of New Enterprises)
1951	首个创新创业教育基金——科尔曼基金会(Coleman Foundation)成立
1953	管理大师彼得·德鲁克在纽约大学教授创新创业课程——"企业家精神与创新"
1958	麻省理工学院设置创新创业课程
1963	首个捐赠教职在佐治亚州立大学成立
1967	斯坦福大学和纽约大学开创现代MBA创业教育课程体系,百森商学院在全球首次推出创业管理的研究生课程,并于1968年第一个在本科教育中开设创业方向(Entrepreneurship Concentration)
1971	南加州大学提供有关创业的工商管理硕士学位
1972	美国小企业部在得克萨斯科技大学发起小企业学会(Small Business Institute)项目
1973	东北大学开设了美国第一个创业学本科专业
1975	美国有104所大学(学院)开设创新创业课程; 《美国小企业杂志》创刊,并于1988年更名为《创业:理论与实践》
1977	首批9个小企业发展中心试点在加州等州成立
1979	首届国际大学生企业家联盟(Students in Free Enterprises)学生商业竞赛举办; 美国有263个中学后教育机构提供创新创业课程
1980	百森商学院设立第一个创业学讲席教授; 美国96-302公法通过,小企业发展中心(SBDCs)成立
1981	首届百森创业研讨会召开及首版《创业研究先锋》(Frontiers of Entrepreneurship Research)发行
1982	美国有315所中学后教育机构设置创新创业课程
1983	学院创业者协会(Association of Collegiate Entrepreneurs)成立; 得克萨斯州大学奥斯汀分校(University of Texas at Austin,通称得州大学)举办了首届大学生创业计划大赛(Business Plan Competition)
1984	创新创业教育师资培训项目普莱兹—百森伙伴项目成立
1985	创新创业教育师资培训项目"普莱兹—百森项目"创立; 《创业风险杂志》(Journal of Business Venturing)创刊;管理大师彼得·德鲁克《创新与企业家精神》一书出版
1986	美国首届全国创业计划大赛在迈阿密大学举办

续表

年份	主要事件
1987	《家族企业评论》（Family Business Review）发行
1988	仁斯利尔理工学院新技术创业中心成立
1992	考夫曼基金会的创业领导中心（Center for Entrepreneurial Leadership）成立
1998	美国创业中心全国联盟（the National Consortium of Entrepreneurship Centers）宣告成立，并建立了21世纪创业研究伙伴项目（the 21st Century Entrepreneurship Research Fellows）； 为了迎接创新创业者年轻化的挑战，美国开始实施"金融扫盲2001年计划"，对高中生普及投资、理财、金融、营销、商务等"超前教育"； 中小企业虚拟大学（VuSME）通过互联网提供一个远程创新创业教育

表1-2 美国创新创业教育先进院校概览

院校	概览
百森商学院（Babson College）	商学院一直是美国创新创业教育的主体，尤以百森商学院最为突出。百森商学院是一所私立商学院，成立于1919年，坐落于美国东海岸名城波士顿郊区，占地约170公顷（2500亩）。百森商学院以专注于"创新创业教育"而著称，是创新创业学领域的领导者，其在创新创业管理方面的专长世界公认。 百森商学院开设本科、MBA和专业性硕士学位教育，并向全球企业管理人员提供高级管理培训课程。早在1967年，百森商学院就在全球首开创业管理研究生课程。百森商学院的创新创业教育主要由创业教育研究中心承担，该中心由专职教师、助理教师和全职职员组成，其旨在全力帮助学生发展"创业式的思维方式、进取心、灵活性、创造力、冒险的愿望、抽象思维能力以及视市场变化为商机能力"。百森商学院创新创业教育课程包括"新生管理体验""新企业创立""成长性企业管理""创业企业融资"等必修课，"连锁经营、授权和分销途径""组织内部的创业""家族企业管理学""经营和税务""管理收购""创业企业营销""风险投资和成长资本""创业领域专题学习和研究"等选修课。这些课程设计独特，理论与实践并重。百森商学院创新创业教育拓展计划包括百森种子基金、百森孵化器、创业者日等。 百森商学院一直在不遗余力地推动全球创新创业领域的学术研究和师资培养，开设了Arthur M.Blank创业研究中心、William F.Glavin全球管理研究中心、亚洲中心、欧洲中心以及国际项目办公室，领导着百森—考夫曼创业研究大会、全球创业观察（GEM）等研究培训项目。由Arthur M.Blank创业研究中心支持的百森创业交流（BEE）多年来一直是成功企业家们传授经验以及互相交流的良好平台。百森商学院还一直在全球范围内致力于创新创业师资的培训（Price Babson），为了推动中国的创新创业学科的建设与发展，该项目于2005年移植到中国
哈佛大学（Harrard University）	哈佛大学作为一所全球知名的综合性大学，其对创新创业教育的研究和实践也独具特色。哈佛大学商学院将"创业精神"定义为"追求超越现有资源控制下的机会的行为"，创业精神代表一种突破资源限制、通过创新来创造机会的行为，创业精神隐含的是一种创新行为，而不是一个特别的经济现象或个人的特质表现。 与其他院校相比，哈佛大学的最大优势在于建立了完整的创新创业管理的资料库和案例库，为学生提供良好的学习和研究环境。其开设的最有代表性的创新创业课程包括"创业精神、创造性与组织""开创新企业""创业管理""风险投资与个人股权""创业财务""创业营销""专业服务公司""小企业经营与成长"等

续表

斯坦福大学（Standford University）	美国有句名言：政治在华盛顿、金融在纽约、娱乐在好莱坞、财富在硅谷。硅谷的生产、发展与成功，始终离不开斯坦福大学。 美国硅谷地区是美国创新创业的典范，"硅谷模式"是世界各国创新创业教育效仿的对象。硅谷位于美国加利福尼亚州旧金山的海湾地区，拥有斯坦福大学、加州大学伯克利分校、圣克拉拉大学和圣何塞州立大学在内的8所大学、9所专科学校和33所技工学校。在硅谷的发展历史中，斯坦福大学发挥了特别重要的作用，被誉为硅谷的"心脏"，诞生了普惠、思科、Google、SUN等著名企业；斯坦福大学师生拥有的创新创业精神和创新创业能力是斯坦福大学能够迅速崛起并成为一个在许多领域尤其是高科技领域具有重要影响力的大学的重要因素，创新创业教育增强了斯坦福大学和硅谷地区的竞争优势。 1967年斯坦福大学开创了现代MBA创业教育课程系统，并经过近30年的发展完善，在20世纪90年代逐步形成了成熟的创新创业教育课程体系，并从商学院扩展到其他院系。斯坦福大学将培养学生的创新创业精神和创新创业技能作为自身的使命和目标，其创新创业教育系统包括课程教育、非课程教育、研究支持、国际交流等部分。其中，课程教育处于基础地位，非课程教育是有益补充。斯坦福大学创新创业课程教育在商学院、工学院、医学院、法学院等不同院系有所差别，但都非常注重理论与实践的紧密结合，鼓励校内外的交流和互动，并且允许不同院系学生跨院选修。斯坦福大学创新创业非正式课程包括MBA俱乐部活动、每年举办一次的年度创业者大会（Entrepreneurship Conference）、斯坦福创业者年度大会、斯坦福大学创业计划大赛等。同时，斯坦福大学在创新创业教育研究领域也处于领先地位，创新创业教育国际交流方面非常活跃。 作为著名的理工科大学，斯坦福大学非常注重应用导向和学科间的优势互补。斯坦福大学创新创业教育充分利用学校优厚的地理优势，非常注重吸引校外力量参与并形成有效互动。譬如通过开放互动办学方式聘请许多企业家和创业投资家担任客座讲师、课堂嘉宾或者进行演讲、参与各种论坛。通过不同院系之间、项目之间、师生之间、产学研之间的多方互动，形成了一个开放的、网络式的层次结构。这种教育模式极大地促进了斯坦福创新创业教育的发展以及硅谷地区的创新创业活动。如今，斯坦福大学坚持"学术—技术—生产力"的办学目标和"学以创业，学以致用"的教育精神，秉持成功创业、发展和提高生产力才是科学知识的教育价值观，注重向大学生灌输创新创业的文化与精神，已形成一套先进的自主创新、创业、创富的办学理念，造就、孵化和培育了硅谷神话

（二）国内的创新创业研究

1. 国家、政府对创新创业空前重视

1998年，我国正式将创新创业确定为教育改革的重要内容，同时国家颁布的《关于深化教育改革全面推进素质教育的决定》中提出：高校开展创新创业是高等教育教育方法和教育方式的改革与创新，实施创新创业不仅是缓解目前毕业生就业压力的权宜之计，更重要的是通过创新创业培养了大学生的综合素质水平和适应社会发展的创新意识与能力。1999年1月，我国高等教育领域在公布的《面向21世纪教育振兴行动计划》中认可了创新创业，大学生创新创业作为我国高等教育发展史上全新的理念具有更加深远的意义和研究价值，并赋予它更多新的内涵。

教育部于2002年确定清华大学、中国人民大学、北京航空航天大学等9所高校作为我国创新创业试点院校这一行动，标志着我国政府支持创新创业的序幕正式拉开。2010年《国家中长期教育改革和发展规划纲要》（2010—2020年）明确提出要把推进创新创业作为今后10年提高人才培养质量的重要举措。同年，教育部专门出台《关于大力推进高等学校创新创业和大学生自主创业工作的意见》（教办〔2010〕3号）文件，被认为是第一个推进创新创业教育的全局性文件，提出关于创新创业的四点要求，同时也提出"提高自主创新能力，建设创新型国家"和"促进以创业带动就业"的发展战略。大学生是最具创新、创业潜力的群体之一。在高等学校开展创新创业，积极鼓励高校学生自主创业，是教育系统深入学习实践科学发展观，服务于创新型国家建设的重大战略举措；是深化高等教育教学改革，培养学生创新精神和实践能力的重要途径；是落实以创业带动就业，促进高校毕业生充分就业的重要措施。

2012年出台了《普通本科学校创新创业教学基本要求（试行）》（教高厅〔2012〕4号）促进大学生创业的政策文件。

2014年5月，刘延东副总理在全国普通高等学校毕业生就业创业工作电视电话会议上指出，要激励高校毕业生自主创业，高校要将创业教育纳入人才培养全过程中，全社会要为高校毕业生创业提供更多支持。加强典型引导，用身边的榜样激发学生的创业热情。2014年6月，人力资源和社会保障部、教育部等九部门一起出台了《大学生创业引领计划》（人社部发〔2014〕38号），要求进一步普及创业教育、加强创业培训、提供工商登记和银行开户便利、提供多渠道资金支持、提供创业经营场所支持、加强创业公共服务。

2015年国务院发布的《国务院关于大力推进大众创业万众创新若干政策措施的意见》（国发〔2015〕32号）指出：推进大众创业、万众创新，是发展的动力之源，也是富民之道、公平之计、强国之策，对于推动经济结构调整、打造发展新引擎、增强发展新动力、走创新驱动发展道路具有重要意义，是稳增长、扩就业、激发亿万群众智慧和创造力，促进社会纵向流动、公平正义的重大举措。根据2015年《政府工作报告》部署，为改革完善相关体制机制，构建普惠性政策扶持体系，推动资金链引导创业创新链、创业创新链支持产业链、产业链带动就业链。

时任教育部部长袁贵仁强调，深化创新创业改革是一项深入细致、艰巨繁重的长期任务、系统工程，各高校要以深化创新创业改革统领学校改革发展的各项工作，深化和弘扬育人为本、知行并举、协同育人的理念，以教育理念的深刻变革带动人才培养质量的全面提升，形成全社会关心支持创新创业和学生创新创业活动的良好环境。要把党中央、国务院提出的各项任务要求落小、落细、落实，抓住修订人才培养方案、健全课程体系、改进教学方法、提升教师能力、加强创新创业实践、改革教学管理制度等关键环节，着力推动创新创业改革向纵深发展。要不断完善创新创业的管理机制、服务保障机制、评价监督机制，确保创新创业改革遵循规律、扎实推进、久久为功，为创新创业人才培养清障搭台、提供保障，让千千万万大学生的创新创业活力能够竞相迸发、充分释放。

2015年10月21日，首届中国"互联网+"大学生创新创业大赛在吉林长春闭幕，李克强总理对首届中国"互联网+"大学生创新创业大赛做出重要批示，强调"把创新创业融入人才培养,厚植大众创业万众创新土壤"。时任教育部部长袁贵仁在闭幕式上强调,要全面贯彻落实习近平总书记重要讲话和李克强总理对大赛做出的重要批示精神,全面深化高校创新创业改革,为促进大众创业、万众创新和建设创新型国家提供有力人才支撑。刘延东副总理也对深化创新创业改革做出了重要指示。要全面贯彻落实党中央、国务院决策部署,以提高人才培养质量为核心,以创新人才培养机制为重点,以完善条件和政策保障为支撑,促进高等教育与经济社会紧密结合,加快培养规模宏大、富有创新精神、勇于投身实践的创新创业人才,为建设创新型国家、实现"两个一百年"奋斗目标和中华民族伟大复兴的中国梦提供强大的人才智力支撑。

2015年《政府工作报告》将大众创业、万众创新提升到中国经济转型和保增长的"双引擎"之一的高度,显示出政府对创业和创新的重视。当前,我国正处于经济增长速度的换挡期、经济结构调整的阵痛期、前期刺激政策的消化期的"三期叠加"时期,面对制造业"去产能化"、房地产"去泡沫化"、金融体系"去杠杆化"、环境"去污染化"带来的经济增速放缓,要推动产业链和价值链从低端转向中高端,保持经济持续稳定增长,必须通过大众创业、万众创新,建立以市场需求为导向的创业生态,充分激发和释放新的消费潜力,引导社会资本投向新技术、新产品、新业态和新商业模式,加速中国经济结构转型升级。2015年7月李克强总理一周之内三提"创新创业"意味着什么?意味着中央政府下半年将继续鼓励创新创业,以有效破解就业难题;意味着中央政府将继续鼓励创新创业,以催生经济社会发展新动力。

2. 高等学校陆续开展各类创新创业教育改革

伴随各类政策文件的出台,高校的创新创业也开始进行全新的试验。2006年3月,浙江商业职业技术学院尝试运行在校学生登记注册办企业,在全真环境中进行创新创业,当时这在我国高校尚属首例,该项创新创业工作被《光明日报》等主流媒体誉为"中国创新创业的破冰之旅"。这些都预示着我国创新创业开始进入新的发展阶段。然而,随着创新创业重要性的体现,问题也随之产生:创新创业如何与专业教学相融合?创新创业如何体现在人才培养模式中?如何提高创新创业的成效?如何协同社会力量形成创新创业的合力?这些问题已成为我国目前推进创新创业的共同难题。

近年来,各地很多高校在健全创新创业组织体系、完善创新创业基础设施、开展创新创业教学与课外活动、加大创新创业资金支持等方面做出了诸多努力与探索,取得了一定的成绩。但整体来看,我们对大学生创新创业的关注度还不高,对创新创业的内涵和本质领会还不深、不透。总体而言,当前我国的创新创业存在以下主要问题:一是认识不到位,解放思想不够,没有把创新创业与素质教育和人才培养相结合;二是理解不到位,工作开展不够,将简单的创业技能或技巧培训等同于创新创业;三是落实不到位,模式构建不系统,没有形成融合教学综合改革和人才培养于一体的创新创业模式,且缺乏面向全体、分类施教的模式体现;四是硬件不到位,创业支持不够,不论是创新创业师资队伍、创业资金还是创业场地,我国用于创新创业的资源还比较匮乏。

综上所述,我国创新创业较之于美国、日本等发达国家,起步较晚,尚处于"创业期",且存在诸多问题。如何在认识创新创业核心内涵及现状的基础上,积极探索创新创业新模式,是新形势下稳步推进教育教学改革亟待解决的重要问题。

(三)中外高校创新创业教育发展比较及启示

当前新常态下的中国经济增长下行压力加大,导致我国社会整体转型,也带来了日益严重的就业问题。据国家人力资源和社会保障部最新统计数据显示,2015年全国高校毕业生总数将达到749万人,达到历史新高,就业形势十分严峻,扩大就业已刻不容缓,根本出路在于创业。大力加强大学生创新创业教育,全面培养大学生的创新创业素质,既对缓解就业压力、构建和谐社会有益,还对促进经济增长、建设创新型国家起到积极而重要的作用。与起步较早的国外高校创新创业教育相比,我国高校开展的创新创业教育仍然处于萌芽阶段。研究国外高校创新创业教育的历史、发展与现状,可以为我国高校发展创新创业教育的开展提供有益借鉴。

1. 国外高校创新创业教育的发展特征

(1)先于国内,教育理念先进。

欧美国家创新创业教育始于20世纪初期,其中美国的青年商业社早在1919年便对高中生实施商业实践教育。1947年,哈佛大学商学院开设了第一门创新创业课程《新创业管理》。20世纪50年代,德国职业院校纷纷创建"模拟公司",成为当时创业教育中最具影响力的实践教学法。1966年,印度提出"自我就业教育"理念,鼓励高校毕业生积极创业。澳大利亚在20世纪60年代开始了专、本科层次的创业教育,80年代中期扩展至研究生水平,主要由技术和继续教育学院完成。1994年,日本高校开设"综合学科"的课程结构,其中就有一门创业必修课程《产业社会与人》。1999年11月,英国财政部投入7000万英镑巨资促成剑桥大学同麻省理工学院的合作,推动了英国高校创业教育的发展。

作为一种全新的教育理念,始于欧美的开放式创新创业教育,旨在培养全面发展的创新创业型人才。美国创业教育特别注重创新意识的培养和创业精神的塑造,把创新创业教育上升到国家发展的战略地位。例如,百森商学院创始人蒂蒙斯教授就认为创业教育是为未来的人设定"创业遗传代码",以培养他们的创业意识和创业精神为价值取向。日本则通过创业教育培养学生的创业意识和创业精神,提高创业技能,使学生能够很好地面对社会现实的挑战,并具有冒险精神。英国将创业作为一种未来的职业选择,认为学生接受创业教育的目的在于培养学生的创业精神,适应知识经济时代的挑战。澳大利亚通过建立"小企业创业机构"重点培养学生的创业意识,激发创业激情,挖掘潜能,使学生具备开办小企业的能力。新加坡确立创业教育要适合经济和工业发展的指导思想,其创业教育起步虽然较晚,但由于高校、企业单位和国家之间的联动合作,实现了跨越式发展。

(2)创新创业教育及课程体系完整。

由于国外创新创业教育发展较早,也形成了完整的创新创业教育体系和系统的创新创业教育课程。美国创新创业教育涵盖了从小学、初中、高中到大学专科、本科、研究生全部正规教育范围,教育内容与形式、教学方式与方法都有了重大改进,成为美国教育尤其是高等教育的重要组成部分,并与专业教育、职业教育紧密结合。同时,其创新创业教育课程也非常系统,内容涵盖创新创业构思、新企业设立、项目融资、企业管理等各个方面，并且本科课程与研究生课程有所差异。以著名的美国百森商学院"创业学"课程体系为例，其开设的创新创业课程涵盖了战略与商业机会、创业者、资源与商业计划、创业企业融资与快速成长等五个部分，整合了创新创业所需要的意识、个性特质、核心能力等"创业遗传代码"和创业相关的社会知识。日本尤为重视创业教育的衔接，开展连贯性的创业教育，高校非常重视与小学、初中、高中的校际合作，在每个教育阶段开展有针对性的创业教育。而创新创业教育课程体系则由高到低，由专业到普及，系统地涵盖了依次递升的以下四种典型模式：培养实际管理经验的创业家专门教育型模式、培养系统的创业知识和创业技能的经营技能演习型模式、创业技能副专业型模式、培养创业意识和创业精神的企业家精神涵养型模式。澳大利亚的创业教育主要在职业教育与培训中进行，积极推行模块化教学，大多院校采用了四套模块化教材：综合性介绍类、工业类、商业发展类和远程教育类。

（3）注重师资队伍建设并成效卓著。

国外创新创业教育所取得的成就是与重视教师队伍建设分不开的。美国创新创业教育师资由一支理论功底深、实战经验强的专、兼职教师队伍组成。专职教师根据专业需求来确定数量，同时引进社会上有创业实践经历又具有一定学术背景的人士负责兼职创业教学与研究工作，尤其是聘请成功企业家为客座教授。此外，不断组织教师参加创业活动以获得真实的创业体验，通过系统的专门培训习得创业教育相关知识，举办创业案例示范教学或研讨会促进经验交流。例如，斯坦福大学开设的"创业管理"课程就安排两位教师同时授课，一位是理论知识丰富的学校专职教授，另一位则是拥有丰富创业实战经验的企业客座教授。日本高校通过产学合作机制培养建设创新创业师资队伍，如通过聘请社会企业人员到学校任教、教员到企业参观学习或锻炼等计划，提升教师创业理论和实践知识。新加坡理工学院强调培养"双师型"师资，既注重教师的理论培养，又关注实践经验提升，80%的教师都曾在相关企业从事实践工作。澳大利亚高校也建立了专、兼职结合的师资队伍，其中技术与继续教育学院小企业培训中就有许多兼职教师，他们大多是具备一定理论知识的小企业家，师资的专兼职比例达到了4∶6。德国的12所高校通过设立创业首席教授，鼓励他们专门讲授创业课程并从事创业研究工作。

（4）学生创业实践能力得到显著提升。

国外高校创新创业教育尤为关注学生创业实践能力的培养。在美国百森商学院的"新生管理体验"课中，入学新生们被分成若干个团队进行创业实践，每个团队均有创业指导老师并获得3000美元的启动贷款资金，待学年结束后要还本付息。日本的创业实践教育则较为系统。低年级学生接受创业启蒙教育，一般是参观企业、工厂，听取创业方面的讲座；高年级学生则接受创业实践教育，参加创业技能培训、项目研发、创业大赛；研究生学生主要投入到创业实践中，加入创业园、高校创业孵化基地，体验创业实践过程。印度高校纷纷成立创业中心以协调创业过程中产生的各种问题，还每年举办国际性商业计划书大赛，同时许多高校常年组织举办全国性或国际性创新创业大赛，大幅提升了学生的创新创业实践能力。

（5）校内外创新创业教育氛围浓厚。

成熟的国外创新创业教育经过几十年的发展已经展现出良好的氛围。得州大学奥斯汀分校、麻省理工学院、斯坦福大学等十几所高校常年举办创业计划竞赛，每年有五六家新企业从麻省理工学院的"五万美元商业计划竞赛"中产生，还有不少创业计划及团队被企业高价买走。创业计划直接孵化出的企业中有几年内就发展成年营业额超10亿美元的大型公司。美国高校鼓励大学生边学习边创业，甚至像比尔·盖茨那样停止学业去创业的成功案例也不在少数。美国高校的创业中心密切联系孵化器、科技园、风投机构、创业培训机构、创业资质评定机构、小企业开发中心、创业者校友联合会与创业者协会等组织，促成了高校、社区、企业良性互动式发展的创业教育浓厚氛围。美国的创新创业教育也得到了社会各界的广泛支持，自从1951年成立了第一个主要赞助创新创业教育的基金会——科尔曼基金会以来，美国出现了许多支持创业的基金会，譬如考夫曼创业流动基金中心、国家独立企业联合会等。这些社会机构提供的基金赞助创新创业竞赛，激励学生创新创业，开发创新创业教育课程。部分亚洲国家通过法律法规建设来促进创新创业教育的发展，如印度1986年颁布的《国家教育政策》和日本1998年颁布的《大学技术转移促进法》；而欧洲国家则主要通过实施创业项目和计划来激励大学生创业，如"青年创业计划"与"大学生创业项目"（英）、"青年挑战计划"（法）、"独立精神计划"（德）等。国外创新创业教育氛围的营造除了政府的高度重视外，也少不了民间组织的参与，如隶属于英国贸工部"小企业服务"中心与学校合作，成立了大学生创业委员会，为大学生进行创业提供了咨询、服务、决策参考及资金支持。

2. 国内高校创新创业教育的发展现状

（1）起步较晚但政府支持力度渐增。

我国社会形式的创业教育始于1978年党和国家规划深圳经济特区；1997年清华大学经济管理学院在MBA项目中开始开设创新与创业方向课程；2000年西北工业大学率先开始开设创业课程并编写教材；2002年4月教育部确立清华大学等9所创业教育试点院校；2006年3月，浙江商业职业技术学院尝试运行在校学生登记注册办企业，在全真环境中进行创业教育，被誉为"中国创业教育的破冰之旅"。总的来说，我国高校创业教育仍处于探索阶段，还未像国外那样将创业作为研究方向或专业，也还未形成完善的适合我国国情的完整化、制度化的教育体系与模式。但是，中央至地方各级政府为支持创新创业教育陆续制定并颁布了一系列相关规章、政策并给予资金资助和保障服务，如《国家中长期教育改革和发展规划纲要》《国家中长期教育改革和发展规划纲要》《关于大力推进高等学校创新创业教育和大学生自主创业工作的意见》《普通本科学校创业教育教学基本要求（试行）》《大学生创业引领计划》《关于深化高等学校创新创业教育改革的实施意见》。

（2）教育模式雏形已定。

自2002年教育部确定9所试点院校开展创业教育以来，国内高校的创新创业教育主要采用三种模式：第一种是以中国人民大学为代表的将第一课堂和第二课堂结合起来开展创业教育，重在培养学生创业意识，构建创业知识结构，完善学生综合素养，为多数高校所普遍采用；第二种是以黑龙江大学、北京航空航天大学为代表的通过组建职能化、实体化的创业教学机构来推进创业教育；第三种是以上海交通大学、复旦大学与武汉大学为代表的以创新为核心的综合式创业教育。

（3）课程设置体系初步形成。

2012年8月，教育部颁布《普通本科学校创业教育教学基本要求》，要求本科高校创造条件面向全体学生开设"创业基础"必修课，将创业教育与学生的专业教育有机地结合起来，培养创新型人才。当前，国内高校创新创业课程设置主要有基础理论课程、专业课程与实务和实践类课程三大模块。创业教育基础理论课程模块主要有"职业生涯规划""企业家精神"等课程，目的在于激发学生的创业意识、拓宽知识结构、提高素质、培育商业道德等；专业课程包括"市场预测与企业风险管理""企业运营和管理"及"新创企业融资"等课程，以必修课和选修课的形式进行；实践类课程以创业大赛、实地考察、创业体验和野外拓展训练等方式展开。同时，课程教材也在逐渐摆脱以往依靠翻译国外专著或教材的局面，先后出版了大量由国内高校教师编写的高水平教材。

（4）教学方法和手段逐步丰富。

当前国内高校创新创业教育主要通过课堂教学、校园模拟、校外实践等多条途径来实施，教学中逐步采用角色模拟、师生互动、案例分析、创业计划大赛、实地见习等手段和形式，不断提升学生的创新创业综合知识、素养与能力。

（5）研究机构及实践教学活动渐多。

截止到2015年年底，由科技部和教育部联合启动的国家大学科技园建设项目共有10批，达到117个，另外国内高校自建的创业园数量也在迅速增长。为了更好地开展创业实践教学，许多大学纷纷建立了创业者协会、创业教育顾问团、"双实双业"基地和创业孵化园。为了更专业地为创新创业教育提供智力支持，有些高校还专门设置了创新创业教学机构，如厦门大学的埃塞克斯创业教育中心、黑龙江大学的创业教育学院、复旦大学的创业教育研究指导中心等机构，2015年4月清华大学还率先发起倡议成立"中国高校创新创业教育联盟"。

3. 国内高校创新创业教育普遍存在的问题

在我国经济社会发展转型的新时期，培养理论水平较高、实践能力强的创新创业型人才，是高等教育人才培养模式改革的重要着力点。创新创业教育与专业教育相融合，是高等教育发展整体化和综合化趋势的标志。高校创新创业教育具有实践性、多样性、综合性等特征，鼓励学生走出教室，在开展的过程中容易与专业教育产生矛盾。因此，加强创新创业教育和专业教育之间的融合刻不容缓。目前，我国高校现行教育模式下培养出的人才与社会的需要存在一定程度的脱节，创业教育的特征使其成为培养创新人才的有效手段。因此，厘清创新、创业、创业教育与专业教育之间的关系，借鉴发达国家开展创业教育的成功经验，中国高校的创业教育应该改变"千人一面"的现状，立足于自身办学特色与优势开展创业教育，制定面向全校、立足长远的创业教育发展战略，加强创业教育与专业教育之间的融合，构建创业教育师资的成长平台，逐步形成各具特色的创业教育体系。

（1）创业多、创新少。

创业和创新内在关联，密不可分，创业是创新的重要载体和外在表现形式，创新是创业的支撑、核心和本质。创业教育注重培养学生的创业意识、精神、素质，使学生掌握创业初步管理技能，以满足社会生存需求，促进经济社会全面发展；而创新教育重视对人的发展的总体把握，培养学生的创新素养，提升学生的创新潜能，并将创新的新鲜活力注入教育活动，二者的价值取向与培养目标最终是一致的，因此高校的创业教育与创新教育应相互渗透与融合。当前，国内高校开展创业教育时纷纷提出"以创业促就业""先就业再创业"等口号，鼓励大学生通过创业途径来实现充分就业，但同时也有不少高校的做法是把就业看作创新创业教育的全部目的，显然有失偏颇，直接导致的后果便是大学生创新精神不够、创新能力偏低、创业意愿不足、创业规模偏小、生存型创业多于知识型创业。

（2）外延不足、内涵欠缺。

国内大部分高校先后都开设了创业理论课程，启发学生的创业意识，向学生传授创业知识；也有不少高校尝试设置了创业实操类课程，用来给学生传授创业步骤和规避创业风险等；部分高校还将创业与社会实践、专业实习相结合，让学生走进企业，耳濡目染管理好企业所应具备的能力和素质。但总的来说，目前国内高校开设的创业课程都偏功利性，教授学生解决创业过程中所遇到的一些实际问题的方法。同时也未能像国外高校那样，与政府、行业、企业密切联系，亦即创业教育行动的外延拓展不足，使得学生创业训练平台不够。相比之下，国内高校创新创业教育的内涵建设则更为欠缺，主要问题在于创新创业教育仍游离于专业教学之外，没有融入学科建设规划、人才培养方案、第一课堂与质量评价体系。

（3）高校角色定位不够清晰。

国内许多高校凭借自身的优秀人才和科技产品开发能力强的科研优势，纷纷创立校办产业，也有部分授课教师凭借自己的技术专利直接创办企业。在不断转化科技成果成为生产力的同时也给创新创业教育带来了不少问题。例如教师精力明显分散，学校及教师的科研再生产能力也得不到充分发展，从而影响到学校的整体教学水平和人才培养质量，必然要面对学术职能与商业价值的冲突。因此，在创新创业教育各个环节之中，高校要清晰自己的角色定位，担负起自身应负的职能，而不能过度迷失于商业价值的追求之中。

（4）引领性人才培养力度不够。

适应性人才具备一定的专业技能，能够适应经济社会发展的需要，并为现有产业发展做出贡献。但他们欠缺的是对未来、未知行业的知识创新和职业创造能力。当前多数国内高校开展的创新创业教育仍然局限于学生的就业需要，培养出了一大批各行各业的适应性创业人才，过分集中于创办服务业或加工制造业企业。而国家层面的战略产业升级与结构调整急需高校通过创新创业教育培养出更多的引领性创业人才，以引领经济社会全面发展。

4. 国外高校创新创业教育的启示

国外高校创新创业教育经过多年发展，日趋成熟并逐步趋于专业化，其在实施过程中积累起来的经验有许多地方值得国内高校吸收与借鉴。结合我国高校创新创业教育的实际情况与普遍存在的一些问题，本书认为有以下几点有益启示：

第一，教育观念上要坚持创业与创新联系。如果创业与创新联系不够密切，其视野与层次都具有局限性，而与创新密切联系起来，创业就会迸发出无穷无尽的能量。创新与创业紧密关联的欧美大学早已成为国家与企业的智库，成为社会经济发展的核心动力，并引领支撑着整个国家的经济社会发展。国内高校不应过分投入于缓解毕业生就业压力的低层次创业项目，本科院校尤其是研究型大学要带头将专业教育、学术创新与大学生创业项目融合优化，协助学生将学术创新成果转化成创业项目，激励他们通过创业项目大胆革新，催生出更多类似北大方正、清华同方、中科大讯飞科技这样一批优秀的高科技企业。

第二，教育行动上要做到内涵和外延并重。欧美高校的创业教育行动上倾向非功利性，认为创业教育是大学教育的重要组成部分，要充分挖掘创业教育内涵并使其渗透在人才培养全过程中，使学生在潜移默化之中接受创业教育。课程上重视培养未来职业所需的跨学科知识、能力和素养，并教会学生进行知识创新，同时走出学校教育层面，争取学校科研与企业或政府项目关联以获取资助。在当前注重内涵式发展的教育理念下，国内高校应将创业教育纳入人才培养方案，在专业课程中渗透创业教育理念，在校园内营造"全员创业教育"的氛围，而远非在编制计划中挂牌一个创业机构，或在课程设置中增加几个创业学分，或开设几门创业课程那么简单。同时，还需要不断加大创业教育外延拓展力度，强化高校人才培养与科学研究的社会服务功能。

第三，教育角色定位上要职责清晰。无论在国内的"产学研"模式还是欧美"官—产—学"螺旋结构里，作为创新创业教育实践主体的大学在从事科学研究和人才培养时都必须考虑产业和政府的需求。国外高校正是通过履行清晰职责并通过自身努力赢得了产业和政府的信任，获得了发展的良好外部环境。例如，斯坦福大学在美国创业实践中承担着研究中心与人才培养基地两大职责，以知识更新与技术创新为使命但却从未以任何实体方式介入到硅谷企业的经营与管理中来。正因为如此，欧美很多高校已经发展成为国家重要支柱产业的研究基地，甚至一些美国高校已然成为军工企业的技术支持者和专利提供者，也赢得了政府和社会更多的支持。因此，国内高校要积极主动地融入国家的新兴战略产业中来，发挥自身知识与技术优势为国家的经济社会发展做出更大贡献，同时也要克服贪大求全思想，要将校办企业交由市场经营管理，全力致力于技术与产品创新。

第四，培养目标上要倾向引领性人才。欧美大学大致分为教学型、研究型和创业型三个类别，创业型大学在研究型大学基础上发展而来，着力在研究创新的基础上开展创业教育。而我国的应用型高校，或新建转型或办学时间短，也注重社会需求开展创业教育，但主要培养社会适应性人才。国外的创业型大学却并未止步于培养适应性人才，而是坚持以学术创业为己任，更加注重培养引领性创业人才。1938年，斯坦福大学的两位优秀毕业生David Packard与Bill Hewlett成功创办惠普公司，此后影响并带动了思科、雅虎、谷歌等许多全球领先高科技企业的问世，其公共关系部门更是宣称：有5000多家公司的起源可以追溯到斯坦福的创意、教职工或者学生。而要解决国内高校培养同质化倾向的问题，本科教育与高职教育在培养目标上就应做到各司其职：高职及应用型本科院校的创新创业教育要以培养适应性人才为己任，而研究型高校则应致力于培养引领性人才，从课程体系开发、师资队伍建设、学校角色定位等各个方面不断进行尝试和探索，开创研究型大学创新创业教育的新局面。

第二章 创新创业的内涵概述

一、解读创新

1. 创新的概念

商务印书馆出版的第5版《现代汉语词典》解释"创新"为：抛开旧的，创造新的，指创造性，新意。对于创新教育，上海辞书出版社出版的第六版缩印本《辞海》给出的解释是"产生于20世纪90年代的一种教育思想。主张教育以培养创新型人才为目标，着力促进人的创新精神和创新能力的发展。"创新教育活动已在我国一些中小学开展。汉语"创新"义出《大学》："苟日新，日日新，又日新。"《新华汉语词典》对创新的解释为：创造新的从而抛弃旧的。

社会学家认为创新是人们为了发展的需要，运用已知的信息，不断突破常规，发现或产生某种新颖、独特的有社会价值或个人价值的新事物、新思想的活动。其本质是突破，即突破旧的思维定式，旧的常规戒律。创新活动的核心是"新"，它或者是产品的结构、性能和外部特征的变革，或者是造型设计、内容的表现形式和手段的创造，或者是内容的丰富和完善。

经济学家认为创新是利用已存在的自然资源或社会要素创造新的矛盾共同体的人类行为，或者可以认为是对旧有的一切所进行的替代、覆盖。创新是以现有的思维模式提出有别于常规或常人思路的见解为导向，利用现有的知识和物质，在特定的环境中，改进或创造新的事物（包括但不限于各种方法、元素、路径、环境等），并能获得一定有益效果的行为。

创新到底是什么？创新是以新思维、新发明和新描述为特征的一种概念化过程。起源于拉丁语，它原意有三层含义：第一，更新；第二，创造新的东西；第三，改变。创新是人类特有的认识能力和实践能力，是人类主观能动性的高级表现形式，是推动民族进步和社会发展的不竭动力。一个民族要想走在时代前列，就一刻也不能没有理论思维，一刻也不能停止理论创新。创新在经济、商业、技术、社会学以及建筑学这些领域的研究中有着举足轻重的分量。在中国大陆，经常用"创新"一词表示改革的结果。改革被视为经济发展的主要推动力，促进创新的因素也被视为至关重要。准确地说，创新是创新思维蓝图的外化、物化。

2. 创新的哲学内涵

创新从哲学上说是人的实践行为，是人类对于发现的再创造，是对于物质世界的矛盾再创造。人类通过物质世界的再创造，制造新的矛盾关系，形成新的物质形态。创意是创新的特定形态，意识的新发展是人对于自我的创新。发现与创新构成人类对于物质世界的解放，即为人类自我创造与发展的核心关系，代表两个不同的创造性行为。只有对于发现的否定性再创造才是人类产生及发展的基本点，实践才是创新的根本所在，创新的无限性在于物质世界的无限性。创新包含了以下几个方面：

（1）物质的发展。物质形态对于我们来说是具体矛盾。我们认识的宇宙与哲学的宇宙在哲学上代表了实践的范畴与实践的矛盾世界两个不同的含义。创新就是创造对于实践范畴的新事物。任何有限的存在都是可以无限再创造的。

（2）矛盾是创新的核心。矛盾是物质的本质与形式的统一。物质的具体存在者与存在本身都是矛盾的。任何以人的自我内在矛盾创造的新事物都是创新。

（3）人是自我创新的结果。人以创新创造出人对于自然的否定性发展。这是人超越自然达成自觉自我的基本路径。人的内在自觉与外在自发构成规律，在物质的总体上形成对立的内在必然与外在必然的差异。创新就是人的自觉自发。

（4）创新是人自我发展的基本路径。创新与积累行为构成一个矛盾发展过程。创新是对于重复、简单的劳动方式的否定，是对于人类实践范畴的超越。新的创造方式是创造新的自我。

（5）从认识论上看创新是自我意识的发展。自我意识的发展是自我存在的矛盾面，其发展必然推动自我行为的发展，推动自我生命的发展。

从认识的角度来说，就是更有广度、更有深度地观察和思考这个世界；从实践的角度来说，就是能将这种认识作为一种日常习惯贯穿于生活、工作和学习的每一个细节中，所以创新是无限的。

从辩证法的角度来说，它包括肯定和否定两个方面，从而也就包括肯定之否定与否定之肯定。前者是从认同到批判的暂时过程，而后者是一种自我批判的永恒阶段。所以创新从这个角度来说就是一种"怀疑"，是永无止境的。

3. 创新的社会意义

创新是一个民族进步的灵魂，是一个国家兴旺发达的不竭动力，也是一个政党永葆生机的源泉，这是从20世纪世界各国政党，特别是共产党兴衰成败的历史经验和教训中得出的科学结论。

近代以来人类文明进步所取得的丰硕成果，主要得益于科学发现、技术创新和工程技术的不断进步，得益于科学技术应用于生产实践中形成的先进生产力，得益于近代启蒙运动所带来的人们思想观念的巨大解放。可以这样说，人类社会从低级到高级、从简单到复杂、从原始到现代的进化历程，就是一个不断创新的过程。不同民族发展的速度有快有慢，发展的阶段有先有后，发展的水平有高有低，究其原因，民族创新能力的大小是一个主要因素。

4. 科学界对创新的解读

创新是美籍奥地利经济学家约瑟夫·阿洛伊斯·熊彼特经济发展理论的核心。熊彼特在其重要著作《经济发展理论》中提出创新，并加以深入系统的阐述。虽然其研究的载体是资本主义生产过程本身，但丝毫没有影响"创新理论"对包括经济学、管理学、社会学和政治学在内的社会科学等领域产生深远影响。

对于创新的研究，熊彼特从静态经济学研究入手，以"经济循环流转"为研究对象，认为各经济主体如果按照过去的经验和习惯来"下意识"地完成以往各自的工作，属于简单再生产，这个过程只能使规模增加，而不能实现"发展"。熊彼特所说的"发展"就是创新。他认为,"创新"就是"建立一种新的生产函数",也就是把"生产要素和生产条件的'新组合'引入生产体系"。只有在打破原有循环流转的基础上产生了新组合,才能推动企业的"创新发展",企业才能产生利润。不改变旧有循环模式,只是在原有基础上的小修小补,不算是真正意义上的创新,为此,他形象地比喻:"你不管把多大数量的驿路马车或邮车连续相加,也决不能因此获得一条铁路。"

正如他所说,如果"没有在质上产生新的现象,而只有同一种适应过程,像在自然数据中的变化一样",那并不算是真正意义上的"创新","只要发明还没有得到实际上的应用,那么在经济上就是不起作用的"。创新不仅要产生"质变",而且这种"质变"还要能够得到应用,没有得到应用的和没有促进生产力发展的,最多只能算作发明。而这种"质变"很容易进入到"价值判断"的范畴,因为"质变"产生了"新事物",经济社会发展对这种"新事物"的需要程度形成了对其的"价值判断"。所以,这种在促进经济社会发展和生产力进步方面的价值内涵,便是"创新"深层次的"价值观"。

而"新组合"并不容易"立"起来,因为存在着打破旧有"循环模式"的阻力。正如熊彼特所说:"虽然他在自己熟悉的循环流转中是顺着潮流游泳,如果他想要改变这种循环流转的渠道,他就是在逆着潮流游泳。从前的助力现在变成了阻力,过去熟知的数据现在变成了未知数。"

熊彼特的"创新价值观"理论,对于创新型人才培养观念上的重要启示是:要在创新型人才培养内涵中树立"创新价值观"的理念。培养出来的创新者首先要明确自己的"行为"在未来会产生什么样的"价值",当然这种价值既包括宏观层面的促进生产力的发展,又包括微观层面的以在市场上进行交换而产生价值的过程。

从创新价值角度来定义创新型人才,如"创新型人才指具有创新意识和创新能力,从事创新性活动,并能为社会和组织创造价值和贡献的人才",但更多偏重于从微观层面看待创新价值。因此,有必要在创新型人才培养的理念中树立兼顾宏观和微观价值含义的"创新价值观",这使得对于创新型人才培养内涵的认知不会只泛泛地停留在理论层面,而是在实践层面使创新型人才培养有了统一的价值判断和检验标准;也不会将创新的价值含义定义在只是产生价值推动社会发展的层面,而是能够将创新型人才培养放在社会发展的大背景下进行宏观思考,摒弃了从单一视角评价创新型人才培养价值的局限性和片面性,这对于明确"培养什么样的创新型人才,怎么培养创新型人才"有了更加显著的作用,对于培养和挖掘创新型人才具有重要的理论指导意义。

对于创新型人才培养模式问题,国内外很多学者都对创新人才的成长和培养体系进行了系统性的研究,但研究偏重于对各种要素重新组合的理论的探索,少有如何克服"新组合"过程中产生的各种惯性思维和矛盾冲突的研究。实际上,"惯性思维常会造成在思考事情时存在某些盲点,且缺少创新或改变的可能性"。惯性思维是创新的最大障碍,解决了所设计要素之间的相互冲突才能向创新的方向前进,这一点在世界级的创新方法——TRIZ(发明问题解决理论)的思想中得到了印证:"TRIZ 认为产品创新的核心是解决设计中的冲突或矛盾，解决发明问题的核心是克服冲突，未克服冲突的设计不是创新设计。"借此，可以获得这样的启示，在研究创新型人才培养模式的过程中，不能只研究"新组合"内各要素之间的结构关系，更重要的是要研究"新组合"形成过程中需要克服哪些惯性思维和行为，需要解决哪些要素间的冲突与矛盾。或者说，改革创新型人才培养模式的过程就是克服旧有模式中形成的惯性思维以及要素之间的矛盾冲突的过程，对原有培养模式的优化有助于对创新型人才培养模式进行改革。

5. 马克思与创新理论

马克思主义经济学的根本在于劳动概念，而创新是劳动的基本形式，是劳动实践的阶段性发展。基于科学的人类进化、自我创造的发展学说的经济学思想，是来自人类自我内在矛盾创造的实践思想。劳动价值论是马克思主义经济学的核心，其揭示出社会发展的本质变量，其在广义上是一切社会存在的基本决定要素。

马克思指出：创新作为一种实践，涉及人与人、人与自然以及人与观念，贯穿自然界、人类社会和人本身三大领域。创新劳动是劳动的阶段性发展，是对于同质劳动的超越。劳动的基本矛盾关系是生产工具与劳动力，劳动力与生产工具的发展推动生产力整体的革命性进步。创新是人类对其实践范畴的扩展性发现、创造的结果，创新在人类历史上首先表现为个人行为，在近代实验科学发展起来后，创新在不同领域就不断成为一种集体性行为，但个人的独立实践对于前沿科学的发现及创新依然起到引领作用。创新的社会化形成整体的社会生产力进步。

（1）人类创造自我的行为就是以发现、创新的质变到重复、积累的量变。对自然及社会的发现是创新的前提条件。人类来自自然物质世界，以创新自我的物质形态为起源。对社会本身的发现与创造构成新的社会关系。在个人的发现及创新以各种信息系统传播开来形成社会化的大生产后，就形成普遍以人民为主导的生产力体系。这个体系主要是重复新生产技术的生产过程，同时积累财富与实践范畴。在某个时期后被一个新的劳动者发现的新领域及创新新的生产方式所超越。这是一个质变与量变交替发展的阶段。

（2）在经济领域，创新是劳动的一个重要阶段性成果，是生产力发展的阶段性标志。创新是社会经济发展的前置因素，形成规模性效益的源泉。创新与积累劳动形成经济发展的两大矛盾性劳动根源。创新的价值在于以新的生产方式重新配置生产要素形成新的生产力，创造新形式的劳动成果或者更大规模的生产。创新在于创新成果的社会化过程对于经济领域的路径选择或者创新新的路径。创新价值是从个别主体的垄断价值到社会再生产的普遍价值转化。

（3）创新行为的社会化与创新成果的社会化是相辅相成的。创新社会是依赖创新成果有效社会化而存在的。创新成果的有限社会化同时是创新劳动的社会价值实现。同时其创造了创新理念的社会化。从社会历史发展的过程看，创新的社会化根本是创新劳动行为的社会化。创新行为的社会化与分工的社会化结合在一起形成总体对于简单劳动的超越性发展。

（4）创新劳动的价值论在于创新成果的分配过程，分配又在于所有制。从社会关系的发展史能看出财富的流通过程就是形成社会各个主体之间关系的直接路径。但社会财富生产过程中的生产分工才是最根本的决定通道，决定分工的竞争要素根本上取决于劳动者的劳动素质。所以一个创新的价值直接来自财富分配和流通，根本反映的是劳动者本人劳动素质的实现。

（5）创新劳动的根本问题在于创新劳动者自我，劳动者的劳动是对于自我的劳动素质的创造。人来自自然却是自我创造了自我的人格与生命的统一。人的内在矛盾要素都是人的自我创造并在有意识的连续发展中。人在一定实践范畴中，却无时不在超越已有的生命经历。

（6）社会创新是社会人对于社会关系的创新性发展。其对于社会关系的内在本质及范畴的发现及创新是对人类自我解放的自觉实践的反映。只有人类自我自觉的自我解放行为才可以是真的社会创新，才可以形成整体的社会革命性创新。社会的革命性创新路径依赖的是生产力的解放，是劳动人民内在自我解放能力的提升，是劳动科技中劳动者素质及工具的整体进步。其最终表现为所有劳动者的社会化总体生产力的提升与劳动者作为人的存在的发展。

6. 其他相关解读

20世纪60年代，美国经济学家华尔特·罗斯托提出了"起飞"六阶段理论，将"创新"的概念发展为"技术创新"，把"技术创新"提高到"创新"的主导地位。

1962年，伊诺思（J. L. Enos）在其《石油加工业中的发明与创新》一文中首次直接明确地对技术创新下定义，"技术创新是几种行为综合的结果，这些行为包括发明的选择、资本投入保证、组织建立、制订计划、招用工人和开辟市场等"。伊诺思是从行为集合的角度来下定义的。而首次从创新时序过程角度来定义技术创新的林恩（G. Lynn）认为技术创新是"始于对技术的商业潜力的认识而终于将其完全转化为商业化产品的整个行为过程"。

美国国家科学基金会（National Science Foundation of U.S.A.）从20世纪60年代开始兴起并组织对技术的变革和技术创新的研究。迈尔斯（S.myers）和马奎斯（D.G.Marquis）作为主要的倡议者和参与者，在其1969年的研究报告《成功的工业创新》中将创新定义为技术变革的集合，认为技术创新是一个复杂的活动过程，从新思想、新概念开始，通过不断地解决各种问题，最终使一个有经济价值和社会价值的新项目得到实际的成功应用。到70年代下半期，他们对技术创新的界定大大扩宽了，在NSF报告《1976年：科学指示器》中，将创新定义为："技术创新是将新的或改进的产品、过程或服务引入市场。"

厄特巴克（J. M. Utterback）在70年代的创新研究中独树一帜，他在1974年发表的《产业创新与技术扩散》中指出，"与发明或技术样品相区别，创新就是技术的实际采用或首次应用"。缪尔赛在20世纪80年代中期对技术创新概念作了系统的整理分析。在整理分析的基础上，他认为："技术创新是以其构思新颖性和成功实现为特征的有意义的非连续性事件。"

著名学者弗里曼（C. Freeman）把创新对象基本上限定为规范化的重要创新。他从经济学的角度考虑创新。他认为，技术创新在经济学上的意义只是包括新产品、新过程、新系统和新装备等形式在内的技术向商业化实现的首次转化。他在1973年发表的《工业创新中的成功与失败研究》中认为，"技术创新是一个技术的、工艺的和商业化的全过程，其导致新产品的市场实现和新技术工艺与装备的商业化应用"。他在1982年的《工业创新经济学》修订本中明确指出，技术创新就是指新产品、新过程、新系统和新服务的首次商业性转化。

我国从20世纪80年代开始开展技术创新方面的研究，傅家骥先生对技术创新的定义是：企业家抓住市场的潜在盈利机会，以获取商业利益为目标，重新组织生产条件和要素，建立起效能更强、效率更高和费用更低的生产经营方法，从而推出新的产品、新的生产（工艺）方法、开辟新的市场，获得新的原材料或半成品供给来源或者建立企业新的组织，它包括科技、组织、商业和金融等一系列活动的综合过程。此定义是从企业的角度给出的。彭玉冰、白国红也从企业的角度为技术创新下了定义："企业技术创新是企业家对生产要素、生产条件、生产组织进行重新组合，以建立效能更好、效率更高的新生产体系，获得更大利润的过程。"

进入21世纪，信息技术推动知识社会的形成及其对技术创新的影响进一步被认识，科学界进一步反思对创新的认识：技术创新是一个科技、经济一体化的过程，是技术进步与应用创新"双螺旋结构"（创新双螺旋）共同作用催生的产物，而且知识社会条件下以需求为导向、以人为本的创新 2.0 模式进一步得到关注。《复杂性科学视野下的科技创新》在对科技创新复杂性分析的基础上，指出了技术创新是各创新主体、创新要素交互复杂作用下的一种复杂涌现现象，是技术进步与应用创新的"双螺旋结构"共同演进的产物；信息通信技术的融合与发展推动了社会形态的变革，催生了知识社会，使得传统的实验室边界逐步"融化"，进一步推动了科技创新模式的嬗变。要完善科技创新体系，急需构建以用户为中心、需求为驱动、社会实践为舞台的共同创新、开放创新的应用创新平台，通过创新双螺旋结构的呼应与互动形成有利于创新涌现的创新生态，打造以人为本的创新 2.0 模式。《创新2.0：知识社会环境下的创新民主化》进一步对面向知识社会的下一代创新，即创新 2.0 模式进行了分析，将创新 2.0 总结为以用户创新、大众创新、开放创新、共同创新为特点的，强化用户参与、以人为本的创新民主化。

还有众多名人、学者曾在他们的著名论著中提及创新这一概念，如福特公司创始人亨利·福特指出，"不创新，就灭亡"；畅销书《追求卓越》的作者托马斯·彼得斯指出，"要么创新，要么死亡"；创新魔法师李响指出，"创新是企业持续壮大的唯一出路"等。

7. 如何培养大学生创新能力

（1）注重创新环境的完善、优化和利用。

首先，建立创新伟大、创新崇高的社会认识，培植支持创造、欣赏创新的社会观念和形成创新光荣、创新可贵的社会风气。其次，创新者应以马克思的环境观，即环境创造人，同样人也可以创造环境的观点，为自己创造一个良好的创新环境。此外，完善和优化创造环境还可以：运用管理职能，给予有创造性的人才适当的奖赏和评价；建设一种开放、自由、自主和宽容的心理气氛；形成志趣相投、和衷共济的创造性群体；促进人才的合理流动；承认个人的创造；健全保护创造和创造人才的社会机制；形成适当的压力刺激、竞争气氛和危机意识，使群体处于一种兴奋状态。

（2）开发影响创新能力的非智力因子。

第一是养成和巩固创新意识。创新意识是创新能力形成和发展的前提和条件。创新

意识并非与生俱来,需要在学习和工作过程中逐步建立和发展,一般可采用如下方法:

①培育强烈的创新动机。创新动机是激励思考、推动行动的内在力量。大学生应当结合国家发展、社会进步的宏伟目标,树立正确的事业观、责任观和行为观,培育强烈、积极、正确的创新动机。

②树立坚定的创新信念。信念是事业的立足点,是成功的领航灯。大学生应当相信创新力人人可有、时时可见、处处可用,又要相信尽管创新无坦途,但只要努力奋斗和不懈追求,终会取得成功。

③保持强烈的好奇心。好奇是创新的起点、动机和驱动力,也是人们产生坚强毅力和持久耐心的源泉。由好奇心驱使的观察往往是科学创新的前奏。大学生必须在创新活动中不断添加探索未知事物的精神动力。

④坚持旺盛的求知欲。求知欲是人们对知识和真理的渴求程度。大学生必须立足于掌握已知、探索未知,发挥求知欲旺盛的热点和优势,努力学习基础理论、专业知识和实验技能,使自己在才干和学识方面均获得突破,成为复合型的创新人才。

⑤维持适度的怀疑感。适度怀疑是创新的向导、思维的解剖刀和放大镜。但适度怀疑不是怀疑甚至否定一切,而是告诫大学生不要被事物已知的结论所束缚,要敢于对这种结论进行逆向思维和怀疑思维,要在自我探索过程中培养自己敏锐的质疑能力和判断能力。

⑥培养献身的精神。献身是一种高尚的心理品德,它极易转化为强大的精神力量。大学生必须培养自己为真理、为创新、为人民献身的精神。

⑦强化进取的心态。进取心是大学生积极向上、奋力拼搏的动力来源。大学生应强化自己的进取心态,与保守平庸、无所作为的消极心态彻底决裂,发扬"开拓进取,只争朝夕"的精神。

⑧形成开放的意识。这是创新意识的重要组成部分。当大学生具有开放的意识后,对新知识和新事物的追求将更为执着。

⑨铸造自立的观念。这是成为创新性人才的重要一步。以自立观念激励大学生,让他们思想的基点和行动的起点放在自我努力的基础上,才能有强烈的创新欲望、足够的创新动力。

⑩破除定式思维。思维定式是阻碍大学生创新力发挥的重要障碍。应让大学生不断吸纳新思维精髓,不断培养新思维精神,不断研究新思维方式,破除思维定式带来的刻板性、僵化性和固定性。

第二是激发和维持创新动机。创新动机是推动大学生进行创新活动的原动力,对于开发大学生创新能力具有十分重要的指导作用、激励作用和强化作用。首先,要从强化动机着手,培养他们的好奇心、好胜心、挑战心理,同时要培养他们的时代感、使命感、奉献精神,使他们产生巨大的前进动力。其次,要充分认识到,动机是由人的需要引起的,并在这种需要达到某种强度时产生。因此,要深入实际,了解和研究大学生在学习、生活和工作中的各种需要,特别是了解和研究国家和社会的需要,从而引发出强烈的创新动机。

第三是培养良好的创新个性。创新的人生就是一个不断完善自身个性的过程,而良好的个性特征也为创新活动提供了必不可少的心理保障。良好创新个性的养成应从以下几方面着手：

①培养大学生勤奋守时的品德。只有这样，才能真正成为时间的主人，在有限的时间内发挥无限的创新才华。

②培养学生独立自主的意识。首先，要尊重学生的独立意识和成人感。其次，要培养学生学会选择、学会决定的能力。最后，要倡导自我教育。

③培养学生善于推陈出新的品格。因为，新颖性和独特性是创新产品的两个基本特色。

④培养学生勇于质疑问难的品格。首先要激疑，即引导学生发现疑点。其次要集疑，即听取疑问的过程。再次是设疑，要求教师根据教学内容，设计出具有针对性和启发性的问题，引导学生思考探讨。之后可组织学生辨疑，通过辩论，问题有所集中，教师再进行定疑，筛选归纳出体现难点的代表性问题，和学生一起解疑。最后进行纠疑，要求学生自我批评，发现整个过程中的不足和错误，及时纠正更改。

⑤培养学生善于合作交往的能力。创新不仅是个人独具匠心的智慧结晶，也是集体智慧碰撞而发出的耀眼夺目的火花。首先，要有针对性地训练学生的交往技能；其次，要有意识有目的地改善学生的"交往圈"；再次，要采取多种合作形式；最后，要有效地合作，除了要把握好时间和控制好次数外，更要坚持人人参与、目标明确、收获结果的有效组织标准。

第四是激发和培养创新情感。良好的创新情感可使大学生保持高昂的创新热情和饱满的创造斗志。

①培养学生高尚的道德情感，这是创新情感培养，乃至创新人格塑造的重要一环。

②培养学生发现美、欣赏美、创造美的情感体验。要让学生享受自然美，鉴赏艺术美，聆听科学美，体味社会美。

③适当的幽默和适时的放松。富有幽默感的人一般想象力丰富，有很高的创造力，健康积极的幽默感对创新活动的发生和发展具有巨大的推动作用。

④培养创新激情。创新激情是创新的基础、动力和前提。培养和激发创新激情，需要坚韧、勤勉、自信等品德、品质、情操、性格及正确的世界观、人生观、价值观的教育。

第五是锻造和培养创新意志。当代大学生面临的创新竞争日趋激烈，面临的创新环境日趋复杂，大学生要实现自己的创新目标，成就自己的创新事业，必然会经历各种困难与坎坷，这就需要大学生具有顽强的创新意志。①消灭畏难情绪，确立勇敢果断的决心；②克服自卑心理，树立大学生坚定不移的信心；③改变懒惰习性，培养坚韧不拔的恒心；④要有雄伟的胆魄；⑤要有顽强的毅力。

（3）开发、培养和提升创新能力。

①创新能力开发的方法（模式）。

其一，戴维斯AUTA模式。G. A. 戴维斯提出由4个环节构成的创新能力开发模式，描述了开发创新能力的各个步骤，概括了有关原理，从而为强化创新意识和态度，提高创新思维能力，掌握创新方法提供了一个合理安排教学内容和教学活动的框架。

这个模式由意识（Awareness）、理解（Understanding）、技法（Techniques）和实现（Actualization）4个环节组成，各取第一个字母，即AUTA模式。

其二，奥斯本—帕内斯创新性解题训练模式。根据奥斯本的创新过程理论，帕内斯制定了创新性解题模式（CPS）。CPS的5个阶段都要首先进行发散思维，随后进行收敛思维。该模式教学目标：使学习者善于发现问题；使学习者能够确定问题；使学习者能够打破习惯性思路；学习者应学会推迟判断；学习者应学会看出新的关系；学习者应能评价行动的后果。

②创新能力开发的专项训练模式。

其一，提高认识问题能力的训练。哈佛大学商学院的"创造性销售战略"课程，安排学生与商业公司的经营人员一起讨论公司遇到的问题，要求学生通过讨论发现该公司存在的具体问题，经过这种训练，提高学生认识问题的能力，使其创新能力得到开发。

其二，树立创新的积极态度的训练。梅根鲍姆以各种职业的成年人为对象开设的改变自我形象、开发创新能力的课程，采取了自我教学方法。要求学习者遇到问题和解决问题时，对自己做三种陈述：心理能力自我陈述，即估量所遇到的问题，我能够、我必须做什么；返回幼稚状态的自我陈述，即放松控制，让意识随意漂浮，自由联想；态度和人格自我陈述。这些训练可以明显提高创新能力测验中的流畅性和独创性得分。

其三，提高说服力的训练。说服别人支持自己的创新性设想是设想得以实施的一个重要条件。佛罗里达创新性解题课题中，专门有一个单元是说服他人的训练，由确定目标、寻找说服对象、制定说服策略、口头表达和文献写作等步骤组成。

（4）训练、养成和提高创新性思维。

①创新性思维的训练。

加强大学生创新性思维的训练和提高，目的在于促使大学生努力探索事物存在、运动、发展和联系的各种可能性，摆脱习惯思维的单一性及传统思维模式的僵化性。主要着眼于以下几类思维能力的训练：探索性思维能力，体现在大学生是否敢于对已知的结论和实施产生怀疑，是否敢于面对压力提出自己的新见解，是否敢于在自己不太熟悉的领域去探索新问题；运动性思维能力，即要敢于并善于打破思维僵化的禁锢，使思维朝着正面、逆向、纵向、横向以及全向自由运动；选择性思维能力，在无限的创新与发明课题中，选择的能力尤为重要；综合性思维能力，创新的过程是人类大脑将收集到的信息综合起来并产生新信息的过程，为适应这种需要，必须训练并培养大学生提炼内涵、把握精髓、举一反三、高度概括的综合性思维能力。

开发创新性思维的常用方法：头脑风暴法，由美国发明家奥斯本首创，是一组人员通过开会的方式对某一特定问题出谋献策、群策群力、解决问题；纵向思维法，即将思维发展方向从纵向的发展上延伸，依照各个步骤和发展阶段进行思考，从上一步想到下一步，从而设想、推断出下一步的发展趋向，确定研究内容和目标；颠倒思维法，即将思考对象的整体、部分或有关性质颠倒过来，以求得新的思维产物；克弱思维法，即在求异思维时，克服有关事物的弱点，以此作为创新性思维的突破点；信息交合法，即在求异思维中，利用各种信息进行重新组合排列，从而产生新颖、独特的创新性信息。

②激发灵感思维。

第一，创新灵感要在长期积累的前提下偶然得之。灵感的出现离不开知识素材的积累，积累是量变，灵感跃现是质变；第二，创新灵感要在有意追求的过程中无意得之，有意追求是指紧张勤奋的思维劳作加上矢志不渝的创新指向；第三，创新灵感要在循常思维的基础上反常得之，循常思维是一种遵循常规路线的循轨思维；第四，创新灵感要在良好的精神状态下怡然得之，灵感的出现有赖于良好的精神状态，忧心忡忡、萎靡不振、心绪烦乱会把灵感赶走；第五，创新灵感要在和谐的环境中欣然得之，优美、整洁、宁静的自然环境和宽松、愉悦、祥和的社会环境，更利于灵感的引发。

③充分发挥学校在培养学生创新思维中的作用。

第一，应树立学生在创新思维培养中的主体地位，让学生从自己的摸索中找到答案，从而激发学生的创新兴趣，了解创新方法，培养创新精神；第二，积极开展艺术教育，全面发展学生创新思维；第三，为学生提供轻松环境，尽量减少对学生思维的限制，对学生的想法不批评、不指责，而是引导；第四，改变测试方法和评价标准，促进学生创新思维发展；第五，鼓励学生尝试，只有不断地尝试，学生才会体会到创新的乐趣，体会到创新成功后的成就感。

8.创新与相关概念

马克思曾评价说：《科伦日报》以"此外"一词开头，谈到这个问题，即事情的实质，像手艺工人在手艺工人节发表演说时以"总之"一词开头一样，不过决不应低估《科伦日报》在创新方面的功劳，因为我们始终愿意承认该报的一种既独特又值得赞扬的习惯，即在研究普遍感兴趣的问题时，"此外"也涉及"事情的实质"。这虽然有黑色幽默，揶揄了《科伦日报》，但是其对创新的密切关注于此可以管窥。既然创新被重视，那么自然有其他相关概念的支撑、说明和补充，共同构建起对创新的具体认识。这些相关概念有：创造、创立、发展、发明、发现、革命、改革、革新、进步和"新事物"等。我们要考察马克思主义经典作家对相关概念的使用，以明确它们与创新概念的内在联系。

（1）创造与创新。

创造是一个与创新相近的概念。马克思的创造概念是一个人类学的概念，是一种以人为中心，把人的创造活动理解成人类世界的自我构成原则的人类学世界观。当然，这种世界观看到的人类创造活动的历史展开过程是以一种"异化"的方式实现的。马克思确认：只有人才是世界上唯一能够从事自主的、独立的、全面的创造性活动的存在物，只有人的活动才称得上真正的创造。资本主义创造是通过工人阶级实现的，在《雇佣劳动与资本》《哲学的贫困》等作品中，马克思、恩格斯揭示了以剥削雇佣劳动为基础的资产主义社会的实质，说明阶级对抗体现的是劳动和资本的利益对立，指出资本家通过"自由"交换得到"劳动"，即工人的生产活动，亦即创造力量，使"劳动力"成为商品。工人创造的商品越多，他就越变成廉价的商品。物的世界的增值同人的世界的贬值成正比。劳动生产的不仅是商品，它生产作为商品的劳动自身和工人，而且是按它一般生产商品的比例生产的。这一事实无非是表明：劳动所产生的对象，即劳动的产品，作为一种异己的存在物，作为不依赖于生产者的力量，同劳动相对立。

由此可见，创造是劳动、生产的主要内容，如果看作是创造性劳动的话，那么就与重复性劳动一起构成劳动。但创造并不一定给劳动者带来好处，在资本主义条件下，创造越多商品，劳动力商品就越廉价，"物的世界的增由于不知道剩余价值规律，也没有掌握生产资料和政权，工人创造得越多就给自己创造越多的窘境和危机，受苦于异化劳动，"工人在他的产品中的外化，不仅意味着他的劳动成为对象，成为外部的存在，而且意味着他的劳动作为一种与他相异的东西不依赖于他而在他之外存在，并成为同他对立的独立力量；意味着他给予对象的生命是作为敌对的和相异的东西同他相对立。

如此观之，创造孕育创新，以之为目标，需要把握规律和增加利益总量，才能转化为创新；同时，创新需要创造，以之为基础，必须有利于创造者。

（2）创立与创新。

马克思认为，创立专门用来指理论的、制度的、组织的创新。例如在创立组织方面，恩格斯说，"国际本身只存在了9年，但它所创立的全世界无产者永久的联合依然存在，并且比任何时候更加强固"，而且"奠定了工人国际组织的基础，使工人做好向资本进行革命进攻的准备""让市民社会和舆论界创立本身的、不依靠政府权力的机关"。在制度的创立方面，如"资产阶级摧毁了封建制度，并且在它的废墟上建立了资产阶级的社会制度"，"现代资本主义生产方式所造成的生产力和由它创立的财富分配制度，已经和这种生产方式本身发生激烈的矛盾，而且矛盾达到了这种程度：以至于如果要避免整个现代社会毁灭，就必须使生产方式和分配方式发生一个会消除一切阶级差别的变革"。在创立理论方面，"如果不是先有德国哲学，特别是黑格尔哲学，那么德国科学社会主义，即过去从来没有过的唯一科学的社会主义，就绝不可能创立。如果工人没有理论感，那么这个科学社会主义就绝不可能像现在这样深入他们的血肉。"又如，恩格斯说："我和马克思共同工作40年，在这以前和这个期间，我在一定程度上独立地参加了这一理论的创立，特别是对这一理论的阐发。"此外，创立还与发展密切相关，分别从质变和量变角度来说明创新。例如毛泽东在《上海太原失陷以后抗日战争的形势和任务》中写到：1938年春，新四军挺进华中敌后，开展抗日游击战争，先后创立、发展和巩固了苏南、苏中、苏北、淮南、淮北、鄂豫皖、皖中、浙东等敌后抗日根据地。马克思认为，创立从不用来指技术、工具或机器等具体生产资料方面的创新。

马克思、恩格斯19世纪40年代开始在批判地吸收人类文明优秀成果的基础上创立新的世界观，并同工人运动结合起来。在《关于费尔巴哈的提纲》中，马克思指出包括费尔巴哈在内的一切旧唯物主义忽视实践作用的缺点，说明了实践是认识的基础和标准，人们的思维是否具有"客观的真理性"，是一个实践问题，只能由实践来证明。他还指出，人的本质不是单个人所固有的抽象物，在其现实性上是一切社会关系的总和。进而揭示新旧世界观的根本区别，提出了马克思主义哲学的使命："哲学家们只是用不同的方式解释世界，而问题在于改变世界。"为此，1847年他们参与创立第一个无产阶级政党，同工人运动中的各种错误思潮进行斗争；又在19世纪50年代后半期创立剩余价值理论，促使社会主义从空想变成了科学。由此可见，创立是创新在组织、制度或者理论方面的体现，要创造新的组织、制度或者理论，并立得住，能发挥作用。正因为这样，前人的知识通过科学社会主义的创立，使人们对思想和历史的认识被提高到科学水平，使各种科技创新互相联系，创立各种理论的、制度的、组织的体系，反过来在一个新的水平上促进科技创新。显然，创立在本质上是创新，创新可以表现为创立。

（3）发明、发现与创新。

1842年11月至1844年8月恩格斯在英国期间考察了英国工人阶级状况，强调科学技术的进步、机器的发明和应用对生产的发展以及对社会生活的影响。他指出，1787年卡特赖特博士发明了动力织机，这种机器又经过多次改进，到1801年才可以实际应用。他又写到："牛顿由于发明了万有引力定律而创立了科学的天文学。"可见，发明与创新有一定差距，不但需要"多次改进"以便应用，即使在科学理论领域也还没有达到"创立"的高度。恩格斯说，专利局的大量档案废纸证明在许多情况下发明和发现不见得提高了劳动生产力。同时也论述了解决问题的手段"不应当从头脑中发明出来，而应当通过头脑从生产的现成物质事实中发现出来"，客观世界为一切发明提供了想象的样本。显然，发明强调的是发挥主观能动性，发现则强调客观真实性，较为基础，更注重把握客观规律，要求必须是正确的认识。科学发现一定是创新，是认识上的创新。但是发明却只有可能是创新，只有在增加利益总量例如提高了劳动生产力时，才会转化为创新。正因为如此，发明与创造一样都孕育着创新，被合称为发明创造。发明在理论、工具、机器之外，还可以用来指创造新的方法，工艺方面例如"1780年发明了搅炼，即用高温和抽出碳素的办法把生铁变成锻铁"，制度方面例如"需要发明一套新的更完善的社会制度，并且通过宣传，可能时通过典型示范，从外面强加于社会"。客观规律基础上的发明，虽然并不直接等于创造经济价值，但是为新的经济创新提供了生产力基础。"科学就是靠这些发明来驱使自然力为劳动服务的，劳动的社会性质或协作性质也由于这些发明而得以发展。劳动生产力越高，消耗在一定量产品上的劳动就越少，因而产品的价值也越小。"因为产品的市场价格由生产这种产品的社会必要劳动时间决定，价值比先应用新发明的产品高。所以，这些发明就使企业含较低价值的产品能够在市场上按照较高价值交换，获得超额剩余价值，体现在财务报表上就有较高的利润。这时，发明才实现了新的经济效益。

发现是把握了规律、真相的认识创新；发明虽然可以用于生产资料、制度和理论等，但还只是创新的准备阶段，需要一方面确保各环节的配套，另一方面得到正确的实际应用，获得效益，才能转化为创新。这由发明的英文对应词"invent"的释义得到证实："invent"意为实现创意，侧重于发挥人的能动性，并不直接增加效益。

（4）革命、革新与创新。

马克思主义的创新之一是唯物史观，阐明了物质生产对人类历史的决定作用，认为生存是人类历史的第一个前提，首先需要衣、食、住等生活资料。因此，第一个历史活动就是生产满足这些需要的东西，即物质生活本身的生产。唯物史观揭示了生产力和生产关系的辩证关系，生产力决定生产关系，发展到一定阶段就同现存生产关系发生矛盾，需要变革生产关系，使其与生产力的发展相适应。这种矛盾是一切历史冲突的根源，引起历史上不同所有制的更替，产生各阶级之间的冲突和社会革命，表现为思想斗争、政治斗争甚至武装斗争。最终要废除私有制，消灭任何阶级的统治和阶级本身；随着阶级和分工的消灭，城乡对立、脑力劳动和体力劳动的对立也将被消灭，劳动成为自由自觉的活动，每个人都得到自由全面发展。为此，无产阶级必须先夺取政权，争得民主。这就是无产阶级革命的目的和最重要条件，无产阶级"通过革命使自己成为统治阶级，并以统治阶级的资格用暴力消灭旧的生产关系，它在消灭这种生产关系的同时，也就消灭了阶级对立的存在条件，消灭了阶级本身的存在条件"。显然，物质生产满足衣、食、住等的需要是为了基本生存；阶级之间的冲突和社会革命变革生产关系是为了顺利生产；夺取政权，争得民主，消灭三大差别是为了幸福生活。生存包含于生产，生产包含于生活。因此，所谓革命并不是庸俗化的"革掉别人的命"，而是革新生命，这里的生命包括生存、生产和生活三个层次。革命是重大创新。马克思、恩格斯对工业革命变革英国的论述如下："英国这种变革很可能会比法国的政治革命或德国的哲学革命在实践上更快地达到目的。英国的革命是社会革命，因此比任何其他一种革命都更广泛，更有深远影响。"我们发现，革命包括却绝不限于革命战争，可以指一切领域的决定性创新。一提起革命就想起暴力，这是刚从战争年代走过来的惯性思维。革命是指各个层次的影响重大的创新实践。正是在这个意义上，"精简机构是一场革命"，改革是中国的第二次革命；邓小平在《社会主义也可以搞市场经济》一文中指出"离开了生产力的发展、国家的富强、人民生活的改善，革命就是空的"。

革命或者改革都是从创新实践的角度说明创新，当要突出创新效果的时候，多处用的是革新一词。例如说"劳动过程的技术条件可以大大革新"；"革新了的犹太教"；蒸汽纺纱厂也像"较晚的革新"一样，异常迅速地得到推广。列宁也从强调创新效果的角度说，我们现在要问"大喊大叫要'革新'这个理论的人，究竟对这个理论有什么新的贡献呢"？这也表明革新必须有新贡献。列宁还要求政策必须"改造和革新人民的生活"，要求中央委员会的工人"真正致力于革新和改善机关"；五四运动被毛泽东称为文化革新运动，也是因为其具备反帝反封建的创新效果。当然，围绕着创新还有很多其他概念，例如在强调创新效果的时候还用了"进步"概念："使革命成为社会进步和政治进步的强大推动力"；"蒸汽织机得到了实际应用，给予工业进步以新的推动"。因此，也就有了"理论进步""生产的进步"和"人类的进步"等提法。但"进步"仅限于人化事物的范围，而从不用于自然界。与进步一样可以用来强调人化事物的创新效果的是发展一词。因为"真实的、具体的同一性自身包含着差异、变化"，马克思主义基本原理认为发展的实质是新事物代替旧事物，不难发现所谓"新事物"是对创新结果的静态描述，是创新的最终结果。但"新事物"并不限于有人参与的积极变化，可以指一切新出现的符合规律的事物。这样看来，发展可以产生"新事物"，创新也可以产生"新事物"，但是发展可以用于没有人参与的"新事物"，可以忽略能动性的作用，创新则必须有人的参与，强调的正是能动作用。创新不能用来表述自然界的"新事物"。守旧作为创新的对立面，其反动性就表现为用旧事物来抵制新事物，用唯心主义、形而上学反对唯物辩证法。因此，旧事物的拥护者是反动派，新事物的拥护者就是革命派。在这种较广泛的意义上，创新性人才都是革命者，具有革命性。这些概念都从各自角度具体说明了创新，丰富了创新内涵。

总之，马克思认为，创立、发展、发现、革命、改革、革新和进步等都涉及创新的内涵。但主要用革命、改革来描述创新实践，突出创新过程；而用革新、进步来描述创新效果，突出结果。当发展用于人化事物时是从动态角度来说明创新，以前一阶段的创新成果为基础。"新事物"则从静态角度描述创新结果。发现则主要指把握了规律、真相的认识创新。创立专门指对理论、制度和组织的创新，与革新、进步一样都着眼于创新成果。发明是创新的准备阶段，与创造相近，都需要实践检验。创造是劳动与创新之间的过渡概念，需要把握规律和增加利益总量，才能转化为创新。创新则以创造为基础，必须有利于创造者。

二、解读创业

（一）"创业"的概念内涵

商务印书馆出版的《现代汉语词典（第6版）》解释"创业"为创办事业。上海辞书出版社出版的缩印本《辞海（第六版）》将"创业"解释为创立基业，并举证：《孟子·梁惠王下》有"君子创业垂统，为可继也"。

我国有学者认为创业有广义和狭义之分，广义的创业指创办新的企业，以谋取商业利益的活动。狭义的创业是指创业者的生产经营活动，主要是开创个体和家庭的小业主。我们认为，创业在本质上是一种新价值的创造活动，其既包括创办新的企业，也包括企业内部新业务的开展。前者可称为个人创业，后者可称为公司创业。

根据杰夫里·提蒙斯（Jeffry A.Timmons）所著的创业教育领域的经典教科书《创业创造》（New Venture Creation）的定义：创业是一种思考、推理结合运气的行为方式，它被运气带来的机会所驱动，需要在方法上全盘考虑并拥有和谐的领导能力。创业是创业者对自己拥有的资源或通过努力能够拥有的资源进行优化整合，从而创造出更大经济或社会价值的过程。创业是一种劳动方式，是一种需要创业者运营、组织并运用服务、技术、器物作业的思考、推理和判断的行为。

科尔从商业领域的角度，把创业定义为：发起、维持和发展以利润为导向的企业有目的性的行为。在商业意义上，创业被理解为创造新事物（新产品，新市场，新生产过程或原材料，组织现有技术的新方法）的机会，如何出现并被特定个体发现或创造，如何运用各种方法去利用和开发它们，然后产生各种结果。通俗来讲，即发现了一个商机并加以实际行动将其转化为具体的社会形态，获得利益，实现价值。

（二）创业者的类型

随着经济的发展，投身创业的人越来越多，《科学投资》调查研究表明，国内创业者基本可以分成以下类型：

1. 生存型创业者

生存型创业者大多为下岗工人、失去土地或因为种种原因不愿困守乡村的农民，以及刚刚毕业找不到工作的大学生。这是中国数量最大的创业人群。清华大学曾做的调查报告指出，这种类型的创业者占中国创业者总数的90%。其中许多人是被逼上梁山，为了谋生混口饭吃。一般创业范围均局限于商业贸易，少量从事实业，实业也基本是小型的加工业。

2. 主动型创业者

主动型创业者又可分为两种，一种是盲动型创业者，另一种是冷静型创业者。前一种创业者大多极为自信，做事冲动。这种类型的创业者，大多是博彩爱好者，喜欢买彩票，喜欢赌，而不太喜欢检讨成功概率。这样的创业者很容易失败，但一旦成功，往往就是一番大事业。冷静型创业者是创业者中的精华，其特点是谋定而后动，不打无准备之仗，或是掌握资源，或是拥有技术，一旦行动，成功概率通常很高。

3. 赚钱型创业者

赚钱型创业者除了赚钱，没有什么明确的目标。他们就是喜欢创业，喜欢做老板的感觉。他们不计较自己能做什么，会做什么。可能今天在做着这样一件事，明天又在做着那样一件事，他们做的事情之间可以完全不相干。甚至其中有一些人，连对赚钱都没有明显的兴趣，也从来不考虑自己创业的成败得失。奇怪的是，这一类创业者中赚钱的并不少，创业失败的概率也并不比那些兢兢业业、勤勤恳恳的创业者高。而且，这一类创业者大多过得很快乐。

4. 反欺诈委托加盟

反欺诈委托加盟是一个新的业务模式。加盟投资商委托一家公司帮着加盟策划，以达到规避加盟风险和引进合适的加盟项目，比如万城网推出的各县区区域加盟就是典型的加盟创业。反欺诈委托加盟绝对不只是简单地为加盟投资商推荐一家连锁企业，而是从加盟创业、维权、店铺经营这三个方面进行整体策划。这一全新的概念是由伦琴反欺诈加盟网提出的。

三、解读创新创业教育

（一）何谓创新教育（Innovation Education）

学界对"创新教育"的概念定义林林总总，代表性的观点有如下几种：①创新教育是指利用遗传与环境的积极影响，发挥教育的主导作用，充分调动学生认识与实践的主观能动性，注重学生的主体创新意识、创新精神、创新技能的唤醒和开发培育，形成创新人格，以适应未来社会需要和满足学生主体充分发展的教育。②创新教育是随知识经济兴起而出现的一种新的教育理念，要求教育以创造为本体，培养学生的创新意识、创新能力、创新人格。③创新教育可以理解为知识经济和信息时代所需要的，以培养学生创新意识、创新精神、创新能力、创新技能为目标的，以现代大学为主要实现机制的教育观念、教育思想、教育形式和教育模式。

究其大类，可以分为两种：一是把创新教育定义为一种相对于守成教育、接受教育等传统模式而言的新型教育；二是把创新教育定位为以培养创新素质（包括创新意识、创新思维、创新精神、创新能力、创新人格等）和创新人才为目的的教育活动。

我们认为，创新教育首先是一种新的教育理念，是对传统教育观念和模式的反思、否定和升华，也是现代教育的灵魂。同时，创新教育还是一种教育活动，是培养学生创新精神和创新能力的一系列教育实践。故而，创新教育是与"客体"教育、精英教育相对立的，坚持"创造本位"，是培养学生再次发现能力、实践能力的教育理念和教育实践的统一体。

（二）何谓创业教育（Entrepreneurship Education）

1989年12月，联合国教科文组织在北京召开的"面向21世纪教育国际研讨会"正式提出了"创业教育"的概念——从广义上说，创业教育是为了培养具有开拓性的个人。

关于"创业教育"的概念和内涵，学界存在诸多观点，大致有以下表述：①大学生创业教育，就是通过高校课程体系、教学内容、教学方法的改革以及第二课堂活动的开展不断增强大学生的创业意识、创业精神和创业能力，并将其内化成大学生自身的素质，以催生时机成熟条件下的创业人才；有学者认为，创业教育是指以创办企业所需要的创业意识、创业精神、创业知识、创业能力及其相应实践活动为内容进行的教育。②创业教育是开发和提高学生创业基本素质的教育，是一种培养学生的事业心、进取心、开拓精神、创新精神，进行从事某项事业、企业、商业规划活动的教育。③创业教育应体现为以人的创新能力和综合素质的培养为核心的广义的创业教育和以创业基本素质与具体创业技能的培养为主要目标的狭义的创业教育的结合。④创业教育是指开发和提高青少年的创业精神和创业能力，培养未来企业家的教育思想和教育实践，是相对就业教育而言的一种教育理念、教育模式。创业教育就是培养学生创业意识、创业精神和创业能力的教育。

此外，众多学者都从广义和狭义两方面对"创业教育"进行定义，但对两方面内容的界定则存在诸多不同：有学者认为广义的创业教育指以激发学生创业意识，培养、开发学生创业素质与能力为核心，以培养可能的未来企业家为最高目标的教育；狭义的创业教育即指创业培训，以培养自主创业、自谋职业的小老板为唯一目标，通过培训为受训者提供创业所需的知识、技能、技巧和资源，使其能开创自己的事业。有学者则认为广义的创业教育就是要培养开创性个性的人；狭义的创业教育是一种培养学生从事商业活动的综合能力的教育，使学生从单纯的谋职者变成职业岗位的创造者。还有学者认为，广义的创业教育是"培养具有开创性的人，通过相关的课程体系，提高学生的整体素质和创业能力，使其具有首创精神、冒险精神、创业能力、独立工作能力以及技术、社交和管理技能"；狭义的创业教育则指"为创办企业所接受的职业教育"。

学界对于"创业教育"的具体范围虽然认知不一，但不存在本质区别。我们认为，从广义和狭义两个角度认识创业教育则更为全面和合理，狭义的创业教育，即为创办企业所进行的教育活动；广义的创业教育则是创业素养教育，即为培养创业素质和开创性人才的教育理念和教育实践。

（三）创新教育与创业教育

关于创新教育与创业教育的关系，学界存在诸多看法：①创新教育是创业教育的基础与起点，创业教育在一定意义上是创新教育的逻辑延伸。创新教育的质量在很大程度上决定了创业教育的质量，创新教育甚至可以说是创业教育的生命。②创新教育是创业教育的基础，创业教育是要培养受教育者的创新意识、创新思维、创新人格，锻炼创新能力，"创业教育是创新教育的进一步延伸和实用化，是一种更高层次的素质教育"。③创新教育和创业教育在很大程度上有交集，在很大程度上是重合的。两者的目标取向是一样的，都是要培养具有创新精神和实践能力的人；两者的作用是同效的，创新教育使创业教育融入了素质教育的要求，创业教育则使创新教育变得更为具体实在。当然，两者也有差别，创新教育注重的是对人的发展的总体把握，更注重创新思维的开发。而创业教育则更注重如何实现人的自我价值，侧重于实践能力的培养。但两者的共性要远远大于其个性。④创新是人类社会发展的根本动力,没有教育领域内的创新,就难以有人类社会的发展,创新教育是知识经济时代的内在要求,是中国高等教育顺应经济全球化的需求。有学者则认为,创业教育在我国具有十分重要的地位,实施创业教育对推动我国经济发展和保持社会稳定具有十分重要的价值。对于当下中国社会而言,创业教育比创新教育更重要、更迫切。

我们认为,创业教育与创新教育密不可分。首先,"创新"与"创业"二者实质上紧密相关,创新是创业的本质,创业是创新的载体和表现形式,创新也只有通过创业才能实现其更大的价值。"在创新中创业,在创业中创新"是创新创业的应有之义。其次,创新教育与创业教育更是密不可分。二者都是一种全新的教育理念和教育模式,相辅相成。创新教育与创业教育的目标取向是一致的、功能作用是同向的,都是为了培养学生的创新精神和实践能力。创新教育是创业教育的基础、本质与核心;创业教育是创新教育的典型形式和延伸,也是衡量和检验创新教育质量的主要标准。

创新教育与创业教育的区别则在于创新教育更侧重于理念,创业教育更侧重于实践。创新教育是以培养学生创新精神和创业能力为基本价值取向的教育,注重的是对人的发展总体的把握,表现更抽象,注重观念、思想和制度等主观层面的把握,不易量化,主观性更强;而创业教育是开发提高学生创业基本素质,培养创业意识,形成创业初步能力的教育,注重的是人的价值的具体体现,表现更具体,注重行动、结果等客观层面的把握,容易量化,客观性更强。

从发达国家创新创业教育的成功实践来看,基于创新创业教育天然的内在联系,也通常把创新创业教育视为一体,即便某个学校明言自己某个计划是"创业教育",实质上还是"创新创业集合"。因此,在创新创业教育中,不应把"创新"与"创业""创新教育"与"创业教育"割裂开来。

(四)创新创业教育的内涵性质

1. 创新创业教育是"四创"合一教育

创新创业教育是创造、创新、创业、创优合一的教育。创造是一种思维方式,创业是一种生存方式,创新是一种发展能力,创优是一种精神品质。从最广泛意义上讲,所有新颖的、独特的、具有价值的物质或者精神成果都属于创新,试图做出这种创新性成果的活动过程就是创造,利用商业机会和社会资源将这种创新性成果(产品及服务)具体应用于生产经营活动、增长社会财富的动态过程就是创业,而创优则贯穿于创造、创新和创业的始终。也即是说,创造就是提出新想法、造出新产品、构建新理论的一个从无到有的过程;创新就是对现有事物的再认识、再发现;创业则是在创新和创造的基础上,将创新和创造的结果应用于资本、技术、管理、制度等方面,产生经济效益和社会效益;创优则是创造、创新和创业的升华。

创新创业教育就是以培养创造性思维、创新精神、创新能力、创优意识为目的的教育形式,其注重人的主体精神和全面发展。

2. 创新创业教育是新型素质教育

人类社会的教育经历了从守业教育到素质教育再到创新创业教育的伟大变革。守业教育属于传统教育模式，即以保守的教育思想为指导，以注重传统和维护现有秩序为宗旨的教育活动。守业教育以继承为本位，忽略了人的创造性，在我国具体体现为应试教育。"重教有余，重学不足；灌输有余，启发不足；复制有余，创新不足"是守业教育的典型特征，学生"应试能力强，动手能力、实践能力差"是守业教育的结果描述。在反思传统教育模式的基础上，一种新的教育理念和教育模式——素质教育应运而生。素质教育注重培养人的健全人格和综合能力。

随着工业4.0时代的到来，高等教育迈入大众化阶段，创新创业教育成为历史必然。创新创业教育是素质教育发展的新阶段，是知识经济时代素质教育的具体要求和新型体现。创新性思维、创新精神、创业能力、创优意识是新时代人最重要的素质，创新创业教育则是以上述学生素质为培养目标的教育实践活动，具有创新性、实践性、主体性、互动性等特征，是素质教育的深入与发展、延伸和拓展。创新创业教育也使得素质教育的目标更具体、更升华、更具有操作性，也更与时俱进。当今各国都非常重视创新创业教育，我国亦将创新创业教育作为突破口，改革教育体制，全面推进素质教育。

3. 创新创业教育并非独立的教育体系

与基础教育、职业教育、继续教育三大教育体系相比，创新创业教育在国外发达国家的独立化趋势越来越明显，但其本身并不是一个独立的教育体系。创新创业教育仍采用建立在这三大体系基础之上的教育理念、教育思想、教育形式和教育模式，创新创业教育融合、贯穿于三大教育体系之中。诚然，创新创业教育模式是对传统守成性、适应性、专业性教育模式的几大改造、延伸和提升，但其不能脱离传统教育模式而存在，只是其更强调基础教育、职业教育、继续教育的融合，更注重知识教育、能力教育和情感教育的结合。

（五）创新创业教育的基本特征

创新创业教育是传统教育模式的超越，突出表现为教育受众的主体性和全员性、教育形式的实践性和多样性、教育方法的引导性和前瞻性、教育过程的开放性和互动性。

1. 教育受众的主体性和全员性

创新创业教育是一种面向未来的教育模式。高等教育已经从精英化迈入大众化阶段，创新创业教育是高等教育改革和发展的方向。创新创业教育面向的不只是那些拥有创业意向的毕业生或者大学生，而是面向所有学生，因为那些走向工作岗位的学生在自己的领域、战线上开创自己的事业也属于创业。因此，创新创业教育具有全员性，它面向全体学生，应与专业教育相结合，注重培养创新精神和创业能力，将创新创业教育融入人才培养的全过程。

创新创业教育与传统教育模式的最大区别就是：充分尊重学生的主体地位和独立人格，鼓励学生发扬个性，注重挖掘学生潜质，其课程设计、教学内容、教学方式方法等都是以学生为中心，培养学生的独创性、开创性，使其具备批判性思维、创新性思维和发散性思维。

2. 教育形式的实践性与多样性

创新创业是一种实践性活动，这决定了创新创业教育同样必须具备非常明显的实践性。成功的创新创业活动要求创新创业者不仅要掌握全面的创新创业知识，更重要的是具备创新创业能力,包括能把握商业机会的能力、交际能力、分析能力、管理能力等,而此类能力的培养离不开实践性教学,其教育内容、教学课程、教学方法均需体现实践教学的特点。

创新创业教育的实践性教学需要多样化的教育形式做支撑。通过丰富的、多样化的课程体系设置、教育教学形式,使教学与社会生活和生产紧密结合,使学生不仅成为教育的主体,而且成为实践的主体、创造的主体。

3. 教育方法的引导性与前瞻性

创新创业教育重在鼓励、引导和指导。与单纯的知识教育和技能教育相比,创新创业教育更注重学生创新创业意识、思维、精神等创造性观念的培养和创新创业能力的养成,注重塑造学生的创造价值观。创新创业教育不能代替创业活动本身,只能通过创新创业教育积极引导和鼓励学生创新创业。

创新创业教育除了承担着教育的知识传承功能,还承担着知识和技能的发展创新功能。因此,可以说,创新创业教育是一种引导性、前瞻性教育。也正因为创新创业教育的前瞻性使其具有极强的生命力和竞争力。

4. 教育过程的开放性与互动性

与传统的封闭教育模式不同,创新创业教育是一种个性化教育,尊重教育主客体在学习时间、学习内容、学习空间的自由选择,突出开放性的办学模式和多样化的教学内容,充分挖掘和整合课内外、校内外教学资源。

创新创业教育个性化培养模式要求师生之间、学生之间有更多的交流、沟通、合作,要求学生参与教学的程度更高。在这种互动性教学中,通过讨论、辩论乃至争论,理解对方的观点和看法,进一步修正自己的创新创业计划,提升创新创业能力。

(六)创新创业教育的价值意义

创新创业教育在全球的勃兴具有深刻的社会背景,是知识经济时代的需要,是经济增长的内在动力,是国家兴旺发达的迫切要求,还是教育改革的必然趋势。联合国教科文组织明确指出:培养学生的创业技能和主动精神,应为高等教育主要关心的问题,并提出创新创业教育是"21世纪的教育哲学"中学习的"第三本护照",和学术教育、职业教育具有同等重要的地位。

1. 创新创业教育是知识经济时代的客观需要

20世纪90年代后,以信息技术、生物技术为代表的知识经济迅猛发展,这预示着人类已迈入知识经济时代。企业的竞争从资本、价格、产品等有形资源转变为智力资本、技术革新和管理创新等无形资源。在日趋复杂、激烈的竞争环境中,企业的管理者更需要用创新的眼光审视环境、识别风险、把握机会,用创造性的方式进行管理。

近年来德国政府提出工业4.0这一高科技战略计划,2014年中德双方宣布两国将开展工业4.0合作,《中国制造2025》应运而生。工业4.0时代带来人才需求的重大挑战:一是人在生产制造中的角色将由服务者、操作者转变为规划者、协调者、评估者、决策者、高智能设备和系统的维护者,这是对人才能力的高层次创新要求,需要通过新时代的创新创业人才培养来实现;二是智能化时代的到来必然导致更多的企业员工富余,失业率高涨,高校就业率下降。时代呼唤创新创业人才的涌现,创新创业型人才的培养主要靠教育，大力发展创新创业教育是知识经济时代的客观需要。可以说，谁占领了创新创业教育，谁就占领了知识经济的制高点，在未来竞争中将立于不败之地。

2. 创新创业教育是经济持续增长的内在动力

"二战"之后，人们普遍担心困扰资本主义的经济萧条、经济衰退会再次出现。然而，半个世纪过去了，经济衰退和经济萧条并没有出现，相反世界经济持续繁荣。对此，经济学家进行了深入研究和分析。研究发现，与传统促进经济增长的资本、劳动力等要素相比，技术和教育为经济增长要素增加了一项新的测算指标，即"技术进步指数"。20世纪80年代，西方经济学家提出来"经济增长的四要素"，把知识经济作为经济增长最重要的因素，视其为经济增长的主动力。

如今，创新创业被视为经济增长的原动力和经济发展的"寒暑表"。而创新创业的活跃得益于创新创业教育的发达。国外发达国家旺盛不衰的创新创业热潮源自创新创业教育的成熟，西方国家发达的创新创业教育大大提升了学生的创新创业能力，培养了学生的创新创业精神，塑造了学生的创新创业人格。以美国为代表的西方发达国家积极开展创新创业教育，形成了多种成熟的创新创业教育模式，创新创业教育课程颇具规模，创新创业教育体系相当完备，基本涵盖了初中至研究生阶段的正式教育。创新创业教育培养了大批创新创业人才，进而成为一国经济持续繁荣、稳定发展的强大动力。因此，创新创业教育已成为经济持续增长的内在动力。

3. 创新创业教育是国家兴旺发达的显著要求

创新创业是一个国家兴旺发达的不竭动力、发展进步的灵魂。美国著名心理学家和教育学家泰勒说过："哪个国家能最大限度地发现、发展、鼓励人们的创造潜能，哪个国家在世界上就会处于十分重要的地位，就可立于不败之地。"创新创业对于个体而言是一种生存方式，对于国家则是一种发展模式。也正因为如此，许多国家都把创新创业置于国家战略的地位。尤其是在知识阶级全面到来的21世纪，各国之间的竞争归根结底是创新力的竞争，是人才的竞争。

创新创业教育在培育创新型人才，鼓励、帮助和支持毕业生从事创新创业等方面有着无可替代的作用，有利于毕业生拓展就业门路，为社会创造更多就业岗位，创造更多的社会财富，从当前的经济构成看，中小企业在整个国民经济的比重越来越大，而毕业生创新创业初期都是中小企业，甚至是微型企业。这些企业在激发经济增长活力、推动社会发展方面至关重要。

无论是毕业生创新创业活动的活跃、成功，还是国家创新性人才的培养都离不开创新创业教育。创新创业教育是国家兴旺发达的迫切要求。具体到我国而言，党的十七大明确提出：教育是民族振兴的基石，要优先发展教育，建设人力资源强国；教育部2007年下发了《关于进一步规划本科教学改革，全面提高教学质量的若干意见》，全面实施质量工程，将培养创新型人才为重点。强化创新创业教育，进一步提高人才的创新精神和创新创业能力，是我国教育质量工程的重要内容。

4. 创新创业教育是教育改革的必然趋势

创新创业教育是知识经济时代对高等教育的必然要求。知识经济时代是一个变革时代，高科技产业迅猛发展，环境日趋复杂多变，社会竞争加剧，越来越强调创新、合作、共享。而高等院校是创新创业人才的培养基地,如何构建创新创业人才的培养体系,是当前教育改革的重大课题。未来学家奈斯比特在《大趋势》一书中指出:"作为社会发展重要推动力的高等教育应当而且必须对这一特征做出反应,那就是充分重视知识的共享和人才培养对技术进步、经济增长、社会进步的重要作用,重视传统教育模式的变革,把创新创业人才的培养作为其首要任务。"这就要求国家、社会、学校重视创新创业教育的发展,转变人才培养模式,把培养创新创业人才作为教育改革的主要目标。

创新创业教育是教育现代化的时代反映。高校具有人才培养、科学研究、社会服务、引领文化四大职能,其中,人才培养是首要的、基本的也是核心的职能。而人才培养具有其自身的规律,那就是根据社会需求培养人才,把社会需求作为人才培养质量标准。广泛开展创新创业教育,对高等教育进行改革和发展,提高人才培养质量,以创新创业教育为核心,构建创业创新型人才培养模式和培养体系,培养具有创新精神和创业能力的高素质人才,是时代的需要,是高等教育自身完善的需要。

创新创业教育是高校教育改革的必要举措。创新创业教育越来越受到国家和社会的关注。尤其是对我国而言,高等院校如何转变观念,深化教育改革,改变传统教育模式全面推进素质教育,培养创新创业型高素质人才,从而适应社会主义市场经济的需求,是高等教育改革工作的重中之重。国务委员陈至立在上海召开的第三届中外大学校长论坛上指出:"大学是科技进步和人才培养的结合点,在建设创新型国家中担负着重要的使命,肩负着不可替代的历史责任。大学要构建创新型人才的培养体系,成为培养和造就高素质人才的摇篮。"可以预见到,高度重视创新性创业人才的培养,探索创新创业教育模式将成为高校教育改革的一个重点。

(七)我国创新创业教育的不足及根源

在政府的推动下,创新创业教育作为我国教育改革和发展的新领域,已经在高校中全面展开,并取得一定成就,呈现出比较强劲的发展态势。但与发达国家相比,仍有很大差距。我国的创新创业教育整体尚处于起步阶段,发展规模较小,且不平衡、不成熟,甚至在部分高校成了"鸡肋",因而亟须创新。故很有必要考察我国创新创业教育的现状,总结其不足,反思其根源,解决我国创新创业教育面临的问题与挑战。

1. 我国创新创业教育的不足之处

有学者对我国创新创业教育中存在的问题和不足已多有研究,大致产生以下三类看法:①部分学者认为,高校创业教育还处于起步阶段,创业教育效果不明显,覆盖面不够广泛,创业意识教育并没有普遍深入到大学生群体当中;大学生普遍缺乏创业所必须具备的相关知识,缺乏创业知识的职业培训,对创业相关政策法规不了解;大学生从业经验不足,融资困难并缺乏创业能力。②也有一部分学者认为,我国创新创业教育存在的问题主要是:认识不足,重视不够,资源投入不大,创业教育效果不明显,学生创业信心不足,自我定位不明确等。③还有学者认为,我国创新创业教育存在的问题主要是:认识不到位,事实不到位,教育理论研究不够,创新创业教育急功近利等。总之,我国创新创业教育的不足可归纳为以下几个方面:

第一,创新创业教育学科尚未形成。我国创新创业教育远未形成一门学科,目前许多高校都没有把创新创业教育作为高等教育主流体系的一个组成部分,没有给予足够的重视,大多把创新创业教育纳入到企业管理学科,创新创业的分类指导做得还不够,学科地位边缘化倾向明显。

第二,创新创业教育整体水平较低。虽然我国政府非常重视创新创业教育,尤其是在大学生创新创业教育方面进行了诸多尝试,但我国的创新创业教育整体水平目前还处于"全球创业观察组织"(GEM)所统计的平均水平之下。由于创新创业教育教师缺乏等原因,我国创新创业教育水平不高,教育规模小,系统性不够,创新创业教育质量也较低。

第三,创新创业教育实效较差。我国创新创业教育的实效性较差,主要体现在大学生创新创业率较低,成功创新创业率更低;科技成果转化率较低;学生创新创业能力较差、创新创业教育辐射幅度和受益面较窄等方面。据清华大学创业中心调查,我国大学生创新创业率不到毕业生总数的1%(发达国家一般占20%~30%),成功率只有2%~3%,甚至一些大学生创新创业计划的获奖者也表示不会自主创新创业,创新创业计划真正实现成果转化与产业化的比例更低。有学者以江苏为例,调查了高校自主创新创业的学生占毕业生总数的比例,调查结果显示,截至2006年12月,江苏省高校毕业生自主创业比例有近2/3的高校低于1%,低于5%的高校超出80%,大学生创业比例之低仍然令人忧心。再以科技成果转化率为例,我国科技成果的转化率仅有6%~8%,而发达国家为50%左右,即使是在中关村这样一个人才密度远高于美国硅谷的地方,科技成果的转化率也仅有20%,而硅谷却高达60%~80%。同时,我国有些高校的创新创业教育仅使一小部分学生受益,没有形成大学生创新创业教育的大氛围。因为精英色彩较浓,成了少数人参加和关注的活动,绝大部分学生成了"看客"。总之,我国大学生自主创新创业没有为缓解我国就业压力做出显著贡献,大学生创新创业的积极性远远未能发挥。究其原因,创新创业教育的落后是主要因素之一。

第四,创新创业教育课程多于形式。许多高校对创新创业教育重视不够,创新创业教育仍处于空缺状态。许多高校即使开展了创新创业教育,也仅仅是停留在表面,流于形式,培养目标不清,对创新创业教育的重视度有待提高。

第五,创新创业教育发展不平衡。我国创新创业教育发展非常不平衡,东西部地区、经济发达地区与落后地区之间的差异非常明显,这与我国经济发展不平衡、教育资源不平衡有很大关系。甚至在校际之间也存在较大差异,教学内容、课程设置、教学对象因校而异,有些学校侧重于本科生创新创业教育,有些学校侧重于研究生创新创业教育;有些学校侧重于文科生创新创业教育,有些学校侧重于理工科学生创新创业教育。

2. 我国创新创业教育问题的根源所在

第一,创新创业教育理念偏差。我国创新创业教育理念不成熟,功利化、简单化、狭隘化倾向严重。我国的创新创业最初设定的目标就是为了缓解就业压力,具有极强的功利性。这种功利性的教育理念导致我国对创新创业教育的理解存在很大的片面性和误区。许多高校并没有真正深刻地认识到创新创业教育的重要性,并没有将创新创业教育上升到国家战略和高校发展核心竞争力的高度；许多已经开设创新创业教育的高校，也没有把创新创业教育纳入正规教育体系中，创新创业成为一种"业余教育"，注重形式，舍本逐末。其结果就是注重学生创新创业操作层面、技能层面的培养，忽视了创造性思维，创新精神、创业意识等精神层面的塑造。可以说，高校和社会对创新创业教育认识的不足，是制约我国创新创业教育的根本原因。

第二，创新创业教育目标模糊。我国在创新创业教育的目标上认识不清楚，远未达成共识。有人认为，创新创业教育属于精英教育；有人认为，创新创业教育的目的在于创业能力的培养；也有人认为，创新创业教育等同于职业教育中的技术训练；甚至有人认为，本科教育属于通识教育，研究生教育属于学术教育，创新创业教育不是高等教育的内容，当然也就不是高校的主要职能。

我国绝大多数高校并没有把创新创业能力的培养看成高等教育主流教育体系的一部分，在教学管理方面没有给予充分的重视，学科地位的边缘化倾向明显。一方面，创新创业教育被当成是企业家速成教育，开展创新创业教育活动就是成立大大小小的"学生创业公司"，培养大大小小的"学生老板"，显然这种"拔苗助长"式的创新创业教育活动无法满足我国经济发展对高素质人才的需求。另一方面，创新创业教育仅仅局限于技术创新，而忽略了创意型创业与社会创新。

第三，创新创业教育师资缺乏。有学者以江苏为例进行了调研，调查结果显示，全省高校创业教育排在前三位的主要障碍：一是师资问题（占74.80%），二是教育政策不到位（占34.96%），三是资金不足（占21.14%）。其中，创业教育师资缺乏最为突出。我国创新创业教育师资问题主要体现在这几个方面：首先，师资数量少，结构不合理，稳定性较差。我国目前创新创业教育师资非常匮乏，创新创业教育专职教师大都是从"两课"教师或者学生管理人员等转变过来的，其知识结构缺陷较为明显。很多高校缺少"双师"型教师和企事业单位的兼职教师。其次，现有师资创新创业实战经验缺乏。我国目前的创新创业教育教师虽然大多数是专家、教授，但大都缺乏实际的创新创业经验或体验，在教学中也很难做到理论联系实际，缺乏对学生创新创业实践的指导。最后，创新创业教育师资管理不善。目前各高校从事创新创业教育工作的教师缺乏组织协调和管理机制，亦没有利益推动机制发展，教师归属感较弱。有必要以一定的组织、领导形式推动机制的建立并对资源加以整合，使其上升到办学理念的高度。

第四，创新创业课程体系不健全。首先，创新创业课程广度不够。我国目前的创新创业教育课程大都是在专业教育课程基础之上作为素质教育课程设置的，由于受到教学计划等因素的制约，课程设计广度不够，兼职课程多，专职课程少，限制了创新创业教育的范围。其次，创新创业教育课程开课率较低。从总体形式来看，不仅实际开设比例较低，且课程分散，有待进一步提高。以江苏为例，虽然开设创新创业类课程已成为江苏高校的普遍共识，开设创新创业类课程呼声也很高，但近年来实际开设或近期拟开设相关课程的院校只占1/3。再次，课程体系化程度不够。我国高校开设创新创业教育课程的做法主要有：在学校公共选修课中开设一些经济管理、企业管理类的课程，在就业指导课中增加部分创新创业内容，开设"KAB创业基础"选修课，邀请企业家做创新创业报告等。这些零散的课程类型比较单一；研究型学习课程较多，时间操作性较少；

选修课较多，必修课较少；尚未形成完整的大学生创业课程体系，课程体系化程度有待提高。最后，课程设置与实践相脱节。很多学校把创新创业教育作为培养学生的业余兴趣的方式，往往会采用讲座、培训等形式。这些泛泛而谈的课程往往只重视理论忽视实践，或者只重视实践忽视理论。

第五，创新创业教育内容陈旧。我国目前的创新创业教育学内容整体比较陈旧、片面，成为制约我国创新创业教育发展的重要因素。这主要体现在以下几个方面：①创新创业教育内容大多以入门知识为主，在案例选择上也是以成功案例或者励志教育为主，甚至渲染一夜暴富的神话，缺少商业技能的传授和创新创业精神的培养，忽略了创新创业的深层基础。②目前许多高校局限于操作层面，注重创新技巧的掌握，把创新创业教育与专业教育割裂开来，导致创新创业教育成为与专业教育脱节的"第二课堂"，包括创业计划大赛、创办科技园、创业孵化器等在内的诸多创新创业教育活动都成为开展第二课堂的创新创业实践活动。③创新创业教育体系不规范，不完整。由于我国创新创业教育起步较晚，没有考虑到创新创业教育涉及多个学科，有其自身的规律，因而尚未形成规范的、完整的教育体系。④创新创业教育与社会需求严重脱节。我国创新创业教育普遍存在专业面较窄、知识结构单一、与社会实际需求脱节等问题，学生亦不能根据自己的兴趣爱好、创业需要选择学习内容和组建知识结构。

第六，创新创业教育模式落后。我国目前创新创业教育在很大程度上是传统的"应试教育"模式的翻版和延续。以考试结果论优劣，以培养"专业对口"的传承性人才为目标，以灌输知识为手段，导致"知行分离"。在创新创业教育实施过程中，仍然是以教师为中心、为主导，以传授沿袭已久的知识为主要内容；学生以听、记为主，考试以书本知识和听课笔记为依据。这种陈旧的、封闭的教学模式"共性有余，个性不足"，忽视了学生的个性差异，忽视培养和挖掘学生的创新精神和创业能力。这跟源于我国过于集中的教育体制。我国的教育体制属于"模式化"的教育体制，过分追求"统一"：学制统一、教学计划统一、课程安排统一、教学大纲统一、学习程序统一、评定方式统一，最后培养出的学生也是模式化的"同一产品"，从而造成我国教育培养的同一类型、同一层次的"人才"过剩，社会真正需要的创新创业型人才严重不足。

另外，由于创新创业教育尚未被纳入正规教育体系，创新创业教育与原有教育体系存在两张皮的现象，至今还未被列入高校考核评估的指标体系。虽然大多数学校设立了创新创业教育管理机构，但这些机构大都不是专门的，职能分工并不明确，而是分散于学校各个部门，其功能还主要体现在举办创业大赛、创业沙龙或者创业讲座等学生活动层面，甚至作为就业指导工作的一个补充。

第七，创新创业教育支撑体系不完善。创业教育的成功开展，需要良好的创业教育支持环境。这涉及法律环境、政策环境、社会环境等诸多方面。我国目前创新创业教育整体环境较好，但还需进一步完善。

在国家政策环境方面，创新创业教育具体措施不够，法律政策落实不力。政府和有关教育部门在推行创业教育宏观决策方面缺乏足够明确的、强有力的政策和规定；出台的一些鼓励政策，也难以真正贯彻执行。

在学术科研环境方面，创新创业学术研究还有待系统化和深化。创新创业教育研究取得了一些初步的成绩，但研究整体上还很落后。这主要体现为：其一，创新创业教育研究关注点较为片面，研究的范围还非常有限。目前创新创业学术研究侧重于研究创新的激励机制，缺乏对创新创业教育的系统深入研究。其二，创新创业研究方法和成果还不成熟。在研究方法上，偏重于文献归纳式的定性研究，忽视定量研究和实证研究；在研究内容上，忽视我国创新创业教育实际。其三，教学教改研究大多缺乏可执行性。研究成果简单重复较多，创新不够，尤其是国家层面的"创新创业教育的国家标准体系"还未形成。其四，科技队伍缺乏专业性、稳定性，尚未形成规模化。目前从事创新创业教育研究的学者大都属于"兼职"学者，创新创业研究稳定性、连续性不足。其五，创新创业教育学术环境还有待优化。虽然我国已经在高校教育学会下设立了创新创业教育分会，但是各地方的创新创业教育研究型社团组织尚未成立，这使全国和各区域创新创业教育科研成果难以在期刊发表，尤其很难在权威的顶级刊物上发表。

在社会力量支撑方面，创新创业教育还缺乏企业、公司等社会环境的支持。从西方发达国家创新创业教育的经验来看，创新创业教育绝不仅仅是学校的事情，社会系统应发挥更大的作用，承担更大的责任。但是，我国目前很少有社会风险投资商主动与大学生进行合作，很少有企业愿意提供机会，让学生学习实际的企业治理和经营。政府、大学、企业、其他组织没有形成开放的、多方互动的合力结构。

从文化氛围支撑方面看，创新创业教育环境有待进一步优化完善。尽管我国大力宣传和鼓励创新创业，但对创新创业教育重视、引导力度不够。长期以来，我国教育人才培养目标一直局限于研究型人才，本科毕业生面临的无非就是"就业、考研、出国"，缺乏对学生创新精神、创业意识的培养。

第八，创新创业教育教材混乱。目前，我国创新创业教育的教材使用非常混乱。外来培训教材大多是管理学教材，与创业相关的专业内容相对较少，很多创业学教材都是机械抄袭杰弗里·蒂蒙斯与小斯蒂芬·斯皮内利的《创业学》，忽视了我国创新创业的规律和实践。就国内培训教材而言，相当一部分高校创新创业教育都是采用自编教材，而这些自编教材鱼龙混杂，标准化程度太低。

第九，创新创业教育形式僵化。我国目前的创新创业教育普遍存在教育形式僵化、单一，教学方法落后的问题，停滞于浅层形式。这表现在：创新创业教育的形式上，以论坛、讲座为主，忽视创新创业实践和创新创业平台建设；在校学生的参与方式上，以创业计划竞赛为主，忽视商业实战演练；在教学方法上，以教师为中心，忽视学生参与，实践教学环节薄弱，没有充分调动学生学习的积极性和主动性。

目前我国创新创业实践教育形式主要停留在创业竞赛上。创业竞赛与创业报告一样，虽然其能引起学生的强烈共鸣，但其在本质上属于一种情绪化、表面化、浅层化的教育，持续性作用不够，很难全面提高学生的创新创业综合素质，致使其"激情有余而内功不足"。虽然很多高校在创新创业教育中加入了一些实践环节，但这些创新创业实践主要局限于创办创业园，指导学生自主设计、创办、经营商业企业或科技公司，从事商务活动、技术发明、成果转让技术服务等。由于资金、条件、专业的局限，这些最典型的创新创业教育与创新创业实践，并不能在大学生中普及，往往把大多数学生排斥在创新创业教育之外。实际上，树立创新创业价值观和塑造创新创业人格——创新创业教育的根本目的，决定了各种专业、各种特长的学生都可以也都应当适当接受创新创业教育，开展创新创业实践，不能仅限于上述典型的创新创业实践。

第三章 "创新创业+"人才培养模式构建

一、"创新创业+"人才培养模式内涵分析

"创新创业+"代表一种新的人才培养模式,是适应我国经济新常态下的一种教育模式改革的发展导向,是将创新创业理念深度融入传统的人才培养模式中的一种创新。"创新创业"作为核心概念,其内涵是以构建培养拔尖创新创业人才为指向的现代高等教育模式为目的,引导学校师生不断更新和升华教育观念,深化教育教学改革,将人才培养、科学研究、社会服务紧密结合,实现从注重知识传授向更加重视能力和素质培养的转变,强化对学生创新创业精神、创新创业意识和创新创业能力的培养,切实提高人才培养质量。"+"作为模式外延,即将创新创业与高等教育中各类专业的人才培养及专业建设相结合,以创新创业教育为导向,改革传统的专业人才培养模式,提升专业建设质量,以适应我国经济新常态下对人才培养的需求。

"创新创业+"的人才培养模式,其外延是无限延展的,是可推广、可复制的。该模式不仅适用于高职高专的专业人才培养模式,同样适用于综合型大学、研究型大学的专业、学科建设及人才培养模式的改革创新研究。简单地说,就是"创新创业+××专业=基于创新创业导向的专业人才培养模式",当然其成效绝不是简单的相加,如图3-1和图3-2所示。

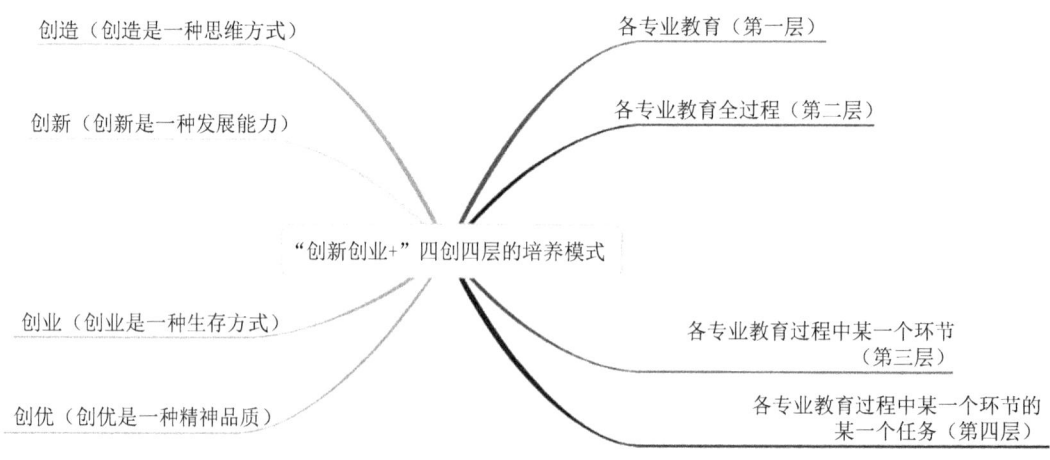

图3-1 "创新创业+培养模式"

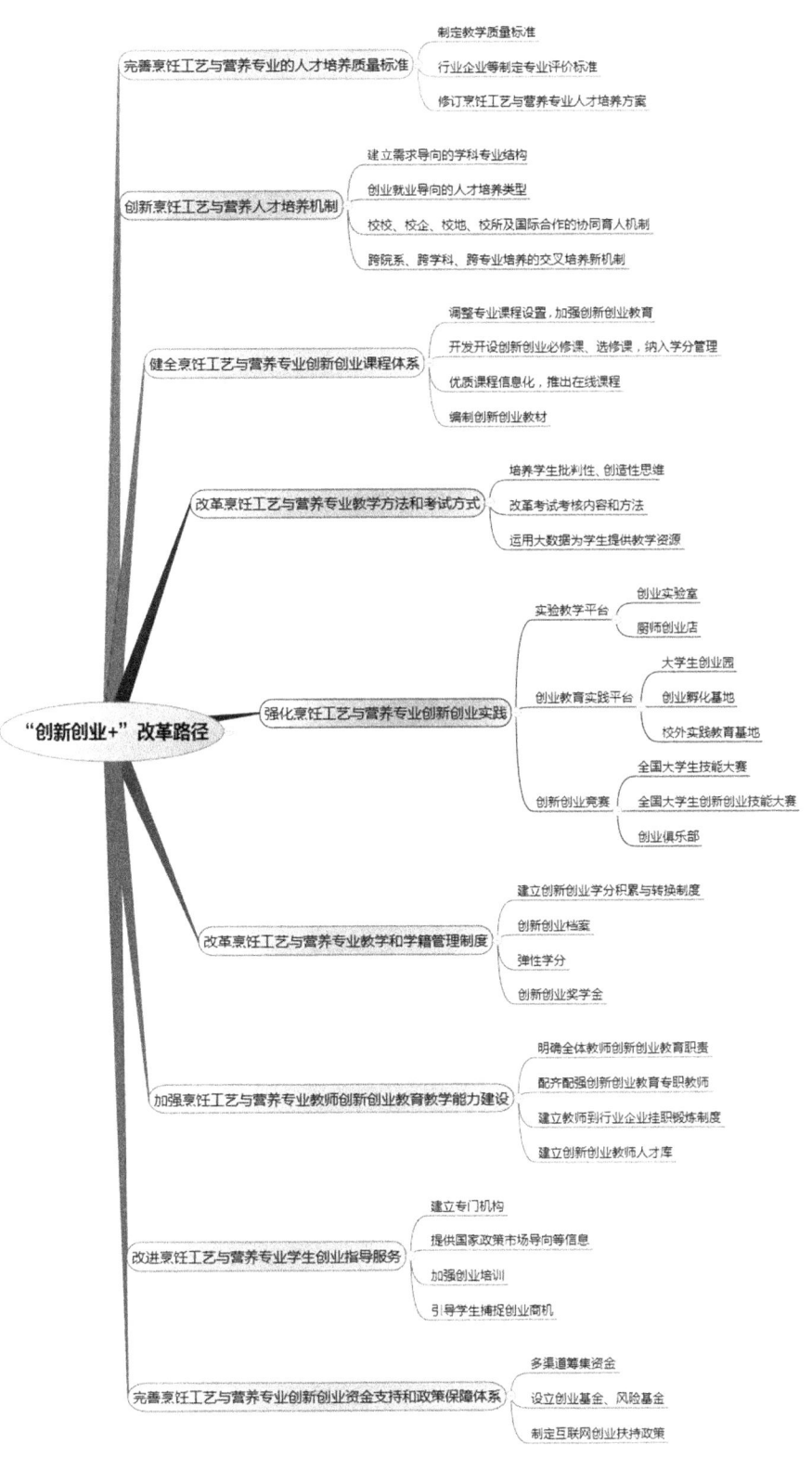

图3-2 "创新创业+改革路径"

二、"创新创业+"人才培养模式改革背景分析

当前,我国已进入全面建成小康社会的关键时期和深化改革开放、加快经济发展方式转变的攻坚时期,形势凸显提高国民综合素质、培养创新创业人才的重要性和紧迫性。在2014年8月召开的中央财经领导小组第七次会议上,习近平总书记强调:"创新驱动实质上是人才驱动。为了加快形成一支规模宏大、富有创新精神、敢于承担风险的创新型人才队伍,要重点在用好、吸引、培养上下功夫。"高校创新创业教育工作与稳增长、调结构、促改革、惠民生提出的新要求相比,还有很大差距,特别是在人才培养工作中的短板效应越发明显。因此,加强大学生创新创业教育,提高其创新精神、创业意识和创业能力,鼓励其开展创新创业实践,是学校服务于国家转变经济发展方式、建设创新型国家和人力资源强国的现实要求。"创新创业+"的创新人才培养模式正是基于这样的背景而提出的。

(1)"创新创业+"人才培养模式是在理念论、思辨哲学和实用主义教育观的指导下,构建出的相对协调与完善的符合我国高等教育实际情况的创新创业理念体系,为在不同类型的高校、不同层次大学生中开展创新创业教育提供较为具体的认识定位与实践指导。理念是一个靠内在逻辑发展,其中包含着逻辑的起点和诸多的逻辑中介,最后形成的逻辑终点将起点与中介纳为自身有机组成部分的一个协调体系。高等教育的理念是对高等教育内在的本质规律、价值取向、外化的功能、目的和方法等一系列基本问题理论化、系统化的,具有相对稳定性和生长性的理论体系。高等教育的创新创业理念从属于高等教育的理念。因此,它将更为具体地揭示创新创业的诸多方面。

(2)"创新创业+"为我国高校培养大批的创新创业型人才提供较为具体的推进模型与行为方式,以促使我国高校的培养目标由知识型向创业型转变。人类的任何一种活动,都是目标引领性的活动。由于目标设定的层次、取向的不同,就使得行为主体要设计不同行为方式来达到不同层次的目标。创新创业的目标是一个体系、一种模式,由不同的创新创业板块的分目标所构成,其合力最终成就了创新创业的总目标:培养大批的创新创业型人才,为国民经济的活力与可持续发展提供源源不断的人力资源。"创新创业+"引导学校师生不断更新和升华教育观念,深化教育教学改革,将人才培养、科学研究、社会服务紧密结合,实现从注重知识传授向更加重视能力和素质培养的转变,强化对学生创新创业精神、创新创业意识和创新创业能力的培养,切实提高人才培养质量。

(3)"创新创业+"解决了创新创业教育与专业教育"两张皮""互为孤岛"的问题。近年来国内一些高校在创新创业教育方面进行过一些有益的探索,但普遍存在未能将创新创业渗透到学校教育教学全过程的问题,以及创新创业与专业教育严重脱节的现象。然而,创新创业教育同专业教育应当是有机融合的。首先,创新创业教育必须依赖专业教育,专业教育是高等教育承担的基本职责。脱离专业教育的创新创业教育只是舍本求末、缘木求鱼。其次,创新创业教育的实施,对专业教育的改革提出了新要求。高等学校应该将教育的触角从专业教育延伸至创新创业教育,实现创新创业教育与专业教育的有机融合。"创新创业+" 实现了创新创业教育与专业教育由"两张皮"向有机融

合的转变，充实素质教育的建设内容。

（4）"创新创业+"具有较高的实践意义和价值，它适应了学生和社会多元化的需求。"创新创业+"满足学生多元化的需求，大学生是最具自主创新创业能力的社会群体，是创新型国家建设过程中最为积极活跃的因素，因此实施"创新创业+"的人才培养模式，可以发挥大学生的创新创业素质，为其就业、创业提供直接的指导服务。同时还可以缓解社会就业压力，对于构建和谐社会、促进经济增长、建设创新型国家都起到积极作用。

三、"+创新创业"与"创新创业+"

近年来，大学生创新创业教育已成为高等教育领域的热门词汇，全国各地很多高校在健全创新创业教育组织体系、完善创新创业教育基础设施、开展创新创业教育教学与课外活动、加大创新创业资金支持等方面做出了诸多努力与探索，取得了一定的成绩。但整体来看，我们对创新创业教育的内涵和本质领会还不深、不透，大多游离在"+创新创业"的层面，即在专业教育的基础上，加上一些创新创业的元素。然而，这样的创新创业教育效果并不佳。要么把技术含量低、对传统市场"经营—消费"关系进行机械式复制的生存型创业视为创新创业教育的成果；要么把创新简单理解为"科技创新"，忽略了思想创新与意识创新，认为创业是管理学科或工科应该做的事，与其他学科无关，而创新创业教育就是简单地开几门创业课，开展几场创新创业活动或者比赛，与专业教学无关，使创新创业教育游离于专业教育、知识教育之外。

而"创新创业+"是立足创新创业教育核心内涵的一种新型人才培养模式。创新创业教育不是就业的"救命草"，不是挣钱的"孵化器"，也不是学生价值的"鉴别仪"，其本质是一种面向全体学生的、为其终身可持续发展奠定坚实基础的素质教育，不能简单地计算学生参加了多少创新创业活动，开展了多少科学研究，从事了多少创新或创业项目，获取了多少创业资金，或以这些指标作为衡量学生发展的参照物。其核心内涵应该是以构建培养拔尖创新创业人才为指向的现代高等教育模式为目的，引导学校师生不断更新和升华教育观念，深化教育教学改革，将人才培养、科学研究、社会服务紧密结合，实现从注重知识传授向更加重视能力和素质培养的转变，强化对学生创新创业精神、创新创业意识和创新创业能力的培养，切实提高人才培养质量。这便是"创新创业+"的出发点和立足点。

四、"创新创业+"的特征

（一）加强创新创业教育与专业教育的有机融合——培养理念

创新创业教育与专业教育是一个有机结合体，创造是一种思维方式，创业是一种生存方式，创新是一种发展能力，创优是一种精神品质。"创新创业+"倡导先进的创新创业理念，努力实现创新创业与专业教育由"两张皮"向有机融合的转变，由注重知识传授向注重创新精神、创业意识和创新创业能力培养的转变，由单纯面向有创新创业意愿的学生向面向全体学生的转变，切实增强学生的创新精神、创业意识和创新创业能力，努力造就大众创业、万众创新的生力军，不断提高高等教育对稳增长、促改革、调结构、惠民生的贡献度。

（二）关注综合素质与"四创"能力的培养——培养目标

"创新创业+"作为一种新型人才培养模式，是一种以构建培养拔尖创新创业人才为指向的现代高等教育模式，它引导学校师生不断更新和升华教育观念，深化教育教学改革，将人才培养、科学研究、社会服务紧密结合，实现从注重知识传授向更加重视能力和素质培养的转变，强化对学生创造、创新、创业、创优"四创"能力的培养，切实提高人才培养质量。

（三）注重人才培养每个具体环节的渗透——培养过程

"创新创业+"是将学校的创新创业融入专业教育的每个过程中，在专业教育过程的每个环节中不断地提高"创造、创新、创业、创优"的四创能力。

（四）强化创新创业研究内容的跨界融合——研究基础

"创新创业+"是跨界融合，"+"就是跨界，就是变革，就是开放，就是融合。敢于跨界了，教育创新的基础就更坚实；融合协同了，教育过程智能才会实现，从创新创业教育到专业教育的路径才会更垂直。

（五）注重创新创业哲学思维的有力指导——理论背景

"创新创业+"是道，是用创新创业的哲学、创新创业的思维去指导高职教育或完善提升传统教育，培养符合现代行业需求的学生。

（六）坚持开放生态、解构重塑的模式创建——研究方向

关于"创新创业+"，生态是非常重要的特征，而生态的本身就是开放的。我们推进"创新创业+"，其中一个重要的方向就是要把过去制约教育创新的环节化解掉，以生为本，创新思维，重塑结构，开放心态，改变创新创业教育与专业教育的"两张皮""孤岛式"的现实状况。

（七）力求多方位、多层次、多维度的辐射——社会效应

"创新创业+"模式，其中"+"的方式是多种多样的，是多方位、多层次、多维度的，是力求对多学科、各专业创新创业教育的辐射与带动。其根本出发点是以创新创业作为学校教育的发展方向，让它具有带动性、开放性、包容性和战略性作用，为相关专业以及其他院校创新意识、创业能力扩容、升级、增值。

（八）完善人才培养模式与经济新常态的有机结合——时代要求

"创新创业+"是在"创新创业"内涵的基础上的人才培养模式的外延，是一种新的人才培养模式，是适应我国经济新常态下的一种教育模式改革的发展导向。新常态下，信息革命、全球化、互联网业已打破了原有的社会结构、经济结构、地缘结构、文化结构。产业不断变化，新业态不断出现，知识的需求也发生根本性变化，迫使教育也必须适应时代的改革。"+"作为模式外延，即将创新创业与新常态下的人才培养及专业建设相结合，以创新创业为导向，改革传统的专业人才培养模式，提升专业建设质量，以适应我国经济新常态下对人才培养的需求。

五、"创新创业+"人才培养模式构建

(一)"创新创业+"人才培养模式构建

1. 国外有关人才培养模式的研究

(1) 德国的"双元制"模式。

德国双元制人才培养模式是德国职业教育的核心。所谓双元,是指职业培训要求参加培训的人员必须经过两个场所的培训。一元是指职业学校,其主要职能是传授与职业有关的专业知识;另一元是企业或公共事业单位等校外实训场所,其主要职能是让学生在企业里接受职业技能方面的专业培训。

德国双元制人才培养模式是企业(通常是私营的)与非全日制职业学校(通常是公立的)合作进行的职业教育模式。接受双元制的学生在学习过程中,学制一般为三年。第一学年主要进行职业基础教育,集中学习文化课和职业基础课,学生要从职业类别中(以经济、技术、社会工作或服务三个领域为主)选择并确定学习内容。第二学年转入所选定的职业领域进行专业实践训练。第三学年则向特定职业(专业)深化。这是一种将企业与学校、理论知识和实践技能结合起来,以培养既具有较强操作技能又具有所需专业理论知识和一些普通文化知识的技术工作者为目标的教育。德国双元制模式的本质在于,向年轻人提供职业培训,使其掌握职业能力,而不是简单地提供岗位培训;不仅注重基本从业能力、社会能力的培养,而且特别强调综合职业能力的培养,更加注重的是综合职业能力的培养。

德国双元制被看作是当今世界职业教育的一个典范。作为德国职业教育的主体,它为德国经济的发展培养了大批高素质的专业技术工人,被人们称为第二次世界大战后德国经济腾飞的秘密武器。

(2) 澳大利亚的TAFE人才培养模式。

TAFE(Technical and Further Education)是技术与继续教育的简称,产生于20世纪70年代,泛指职业教育的培训和办学单位,是澳大利亚一种独特的职业教育培训体系。TAFE由澳大利亚联邦政府和各个州政府共同投资兴建并进行管理,由澳大利亚联邦政府和所在州政府共同承担办学所需经费,其中75%由州政府承担、25%由联邦政府承担。毕业后100%就业是TAFE学院的教育理念和最终目标,形成了一种在国家框架体系下以产业为推动力量的,政府、行业与学校相结合的,以客户(学生)为中心进行灵活办学的,与中学和大学进行有效衔接的,相对独立、多层次的综合性职业教育培训体系。

该模式受北美和英国职业教育的影响,强调能力本位和资格证书,澳大利亚国家培训局制定全国统一的TAFE标准,推行国家能力标准体系,TAFE每年提供上百种课程,这些课程以就业市场为导向,不只是理论的学习,更注重实践操作技能,使学生一毕业就能上岗就业。澳大利亚的TAFE模式是建立在终身教育理念基础上的技术与继续教育,作为澳大利亚职业与培训体系的重要组成部分,表现出了前所未有的活力,得到了世界各国越来越多的关注。

(3) 美国、加拿大的CBE模式。

以美国、加拿大为代表的能力本位教育培养模式(Competency Based Education,

CBE），产生于第二次世界大战后。能力本位教育中的"能力"是指一种综合的职业能力，它包括四个方面：与本职相关的知识、态度、经验（活动的领域）、反馈（评价、评估的领域）。四方面均达到可构成一种"专项能力"，这个专项能力以一个学习模块的形式表现出来。若干专项能力又构成了一项"综合能力"，若干综合能力又构成某种"职业能力"。其核心是强调对受教育者的能力训练，以职业岗位的实际需求为出发点，合理制定受教育者的能力目标，再由能力目标服从具体岗位来设置相应的课程体系，最后利用能力分析表来评估人才培养的质量水平。

美国、加拿大的CBE模式强调以能力作为教学的基础，而不是以学历或学术知识体系为基础，对入学学员原有经验所获得的能力经考核后予以承认；强调严格的科学管理，灵活多样的办学形式。随时招收不同程度的学生并按自己的情况决定学习方式和时间，课程可以长短不一，毕业时间也不一致，做到小批量、多品种、高质量，从而打破了传统以学科为科目、以学科的学术体系和学制确定的学时安排教学和学习的教育体系。以岗位群所需职业能力的培养为核心，保证了职业能力培养目标的顺利实现。

由于能力本位职业教育显著的优越性，它引起了世界范围内的广泛关注，一度曾成为世界职教教学改革的发展方向。[1]

（4）日本的产学官模式。

日本的产学官人才培养模式是指在政府支持指导下推进高校与企业进行深层次合作的模式。具体表现在日本政府通过制定政策法规，提供资金支持等方式进行引导、扶持和干预；企业通过投资项目、接受实习生、参与学校的人才培养过程等方式与高等教育机构建立密切的校企合作关系；高等教育机构则为企业培养服务于一线的大批量的适应经济发展的应用型专业人才。[2]

近藤将日本产学官合作模式划分为知识的共同创造、知识的转移、基于知识的创业三种类型。其中知识的共同创造模式包括共同研究、委托研究、奖学捐助金；知识转移模式包括专利交易、技术研修、技术谈判、技术咨询、研究员的聘用；基于知识创业的模式包括大学的衍生企业、创业型大学。[3]

产学官合作模式，为日本产业界培养和输送了大量企业急需的熟练技术工人，建立适应社会发展需要的人才培养体制，使科研成果迅速转化为生产力。

2. 国内有关才培养模式的研究

关于人才培养模式的内涵，至今尚无公认的精准表述。目前有一种侧重从总体上把握。教育部在1998年下发的《关于深化教育改革，培养适应21世纪需要的高质量人才的意见》中，将人才培养模式表述为："学校为学生构建的知识、能力、素质结构，以及实现这种结构的方式，它从根本上规定了人才培养特征并集中地体现了教育思想和教育观念。"人才培养模式是在一定的思想和教育理论指导下，为实现培养目标而采取的教

---

[1] http://wiki.mbalib.com/wiki/%E8%83%BD%E5%8A%9B%E6%9C%AC%E4%BD%8D%E6%95%99%E8%82%B2.
[2] 苏雁. 日本产学官办学模式对创建校企合作理事会的启示——以高等职业教育为例[J]. 学园，2015(20).
[3] 陈劲，张学文. 日本型产学官合作创新研究——历史、模式、战略与制度的多元化视角[J]. 科学学研究，2008(4).

育教学组织方式和运行方式，它是关于人才培养过程质态的总体性表述，即对人才培养过程的一种设计、构建和管理，在人才培养中起着统帅作用。

现阶段，关于"人才培养模式"的定义主要有以下几种表述：

规范说：人才培养模式是一定的教育机构教育工作者群体普遍认同和遵从的关于人才培养活动的实践规范和操作方式，它以教育目的为导向，以教育内容为依托，以教育方法为具体实现形式，是直接作用于受教育者身心的教育活动全要素的总和和全过程的总和。它反映处于教育模式之下具体教学方法之上这样一个区间的教育现象，由培养目标、培养过程、培养制度、培养评价四要素组成。

过程说：李志义在《谈高水平大学如何构建本科培养模式》中指出，人才培养模式是人才素质要求和培养目标实施的综合过程和实践过程。① 也有人认为人才培养模式是在一定的教育观念、教育思想指导下，按照特定的培养目标和人才规格，以相对稳定的教学内容和课程体系、管理制度和评估方式实施人才教育的过程的总和。

方式说：杨杏芳在《论我国高等教育人才培养模式的多样化》中指出，人才培养模式指在一定的教育思想和教育理论指导下，为实现培养目标而采取的教育教学活动的组织样式和运行方式。② 也有人认为人才培养模式是学校为学生构建的知识、能力、素质结构，以及实现这种结构的方式，它从根本上规定了人才特征并集中地体现了教育思想和教育观念。

方案说：杨峻等在《面向21世纪我国高等教育培养模式转变刍议》中指出，人才培养模式是在一定的教育教学思想、观念的指导下，为实现一定的培养目标，构成人才培养系统诸要素之间的组合方式及其运作流程的范式，是可供教师和教学管理人员在教学活动中借以进行操作的既简约又完整的实施方案，是为实现一定的培养目标而采取的教育方案和教育方式。③

要素说：俞信在《对素质和人才培养模式的基本认识》中指出，人才培养模式是指在一定的教育思想指导下，培养目标、教育制度、培养方案、教学过程诸要素的组合，是为实现人才培养目标而把与之有关的若干要素加以有机组合而成的一种系统结构。④

机制说：阴天榜在《论培养模式》中指出，人才培养模式是指在一定的教育思想、教育理论和教育方针的指导下，各级各类教育机构根据不同的教育任务，为实现培养目标而采取的组织形式及执行机制。⑤

系统说：人才培养模式是一个系统，至少包括创新人才的培养模式和人才成长环境两大部分。创新人才培养模式是创新人才培养的核心，是在一定的教学组织管理下实施的，包括培养目标、专业结构、课程体系、教学制度、教学模式和日常教学管理；创新人才成长的环境是创新人才的保证，包括师资队伍、教学硬件和校园文化氛围。高素质

---

① 李志义.谈高水平大学如何构建本科培养模式[J].中国高等教育，2007(3).
② 杨杏芳.论我国高等教育人才培养模式的多样化[J].高等教育研究,1998(6):69-72.
③ 杨峻，刘亚军.面向21世纪我国高等教育培养模式转变刍议[J].兰州大学学报（社会科学版）,1998(2).
④ 俞信.对素质和人才培养模式的基本认识[J].工程教育研究,1997(4):9-11.
⑤ 阴天榜，张建华，杨炳学.论培养模式[J].中国高教研究,1998(8).

的创新人才培养应该是从教师到学生、从观念到制度、从软件环境到硬件环境进行全方位、多角度的综合建设。

从我国高等职业教育人才培养模式的发展历史来看，真正严格意义上的高等职业教育开始于20世纪80年代，这也是我国现代高等职业教育的孕育与发展时期。进入20世纪90年代中期，在大量吸收和借鉴国外先进的理论和经验基础之上，我国高等职业教育理论探讨和实践探索不断取得新的进展，出现了比较系统的有关培养模式的各种理论，逐步形成了一批相对成熟的人才培养模式：产学研结合人才培养模式、订单式人才培养模式、以就业为导向的人才培养模式、双证书制人才培养模式。

虽然当前国内外关于高校人才培养改革问题的论著不少，但从总体上看，存在着以下弊端：第一，研究重点主要集中在对人才的理论、现状、教育内容、教育方法等研究上，而对大学生的情感培养、创新创业教育则较少关注；第二，对人才培养途径和方法的可操作性等方面的研究，还鲜有人涉及；第三，对职业院校、民办高校的人才培养的研究成果比较缺乏。总体看来，单一视角的多，系统研究的少；问题、矛盾提出得多，对策措施提出得少，特别是能系统地上升到政策层面的建议措施更少。

3. "创新创业+"人才培养模式研究

（1）研究背景。

2015年3月2日，国务院办公厅印发《关于发展众创空间推进大众创新创业的指导意见》，针对高校鼓励科技人员和大学生创业、丰富创新创业活动、营造创新创业文化氛围。

2015年5月4日，国务院办公厅印发《关于深化高等学校创新创业教育改革的实施意见》。文件指出高等学校创新创业教育改革的主要任务和措施是：完善人才培养质量标准；创新人才培养机制；健全创新创业教育课程体系；改革教学方法和考核方式；强化创新创业实践；改革教学和学籍管理制度；加强教师创新创业教育教学能力建设；改进学生创业指导服务；完善创新创业资金支持和政策保障体系。

2005年10月28日，《国务院关于大力发展职业教育的决定》中指出：职业教育要以服务现代化建设为宗旨，为提高劳动者素质特别是职业能力服务。实施双元制教学模式，对推进职业教育改革，加强与企业生产实际的紧密结合具有积极的现实意义和广阔的发展前景。中国的高校也纷纷推行双元制教育模式，学习德国"双元制模式"成功的经验，使现在的毕业生与以往的相比，从方方面面都有着显著的提高。

2010年5月4日，教育部颁发了《教育部关于大力推进高等学校创新创业教育和大学生自主创业工作的意见》，主要内容是大力推进高等学校创新创业教育工作；加强创业基地建设，打造全方位创业支撑平台；进一步落实和完善大学生自主创业扶持政策，加强创业指导和服务工作；加强领导，形成推进高校创业教育和大学生自主创业的工作合力。

2015年12月29日，江苏省人民政府办公厅发布《江苏省深化高等学校创新创业教育改革实施方案》，文件主要要求：坚持育人为本，面向全体学生，把创新创业教育融入人才培养体系；以提高人才培养质量为核心，以创新人才培养机制为重点，集聚要素与资源推进教学、科研、实践协同育人，突破人才培养薄弱环节，增强学生的创新精神、创业意识和创新创业能力。坚持创新引领创业、创业带动就业，主动适应经济发展新常态，促进高等教育与科技、经济、社会紧密结合，加快培养规模宏大、富有创新精神、勇于投身实践的创新创业人才队伍，不断提高高等教育对稳增长、促改革、调结构、惠民生的贡献度。2020年左右，建立健全创新创业教育与专业教育深度融合、知与行相辅相成的人才培养模式，基本形成课堂教学、自主学习、强化实践、指导帮扶、文化引领融为一体的高校创新创业教育体系，人才培养质量显著提升，学生创新精神、创业意识和创新创业能力显著增强，投身创业实践的学生显著增加，高校创新创业教育改革走在全国前列。

（2）"创新创业+"人才培养模式的概念。

"创新创业+"代表一种新的人才培养模式，是适应我国经济新常态下的一种教育模式改革的发展导向，是将创新创业理念深度融入传统的人才培养模式中的一种优化和更新。"创新创业"作为核心概念，其内涵是在创造、创新、创业、创优合一的教育观念和教育思想指导下，以构建培养创新创业人才为指向的现代高等教育模式为目的，为培养学生的创新精神和实践能力，按照创新创业教育的培养目标和人才规格，以提高学生创业基本素质、培养创业意识、形成创业能力、实现人生价值的高素质人才培养体系。"+"作为模式外延，即将创新创业与高等教育中各类专业的人才培养及专业建设相结合，以创新创业教育为导向，改革传统的专业人才培养模式，提升专业建设质量，以适应我国经济新常态下对人才培养的需求。

（3）"创新创业+"人才培养模式的构成要素。

"创新创业+"人才培养模式分成四个层次：

第一层次，创新创业+各专业教育，以烹饪工艺与营养专业为例，见图3-3。

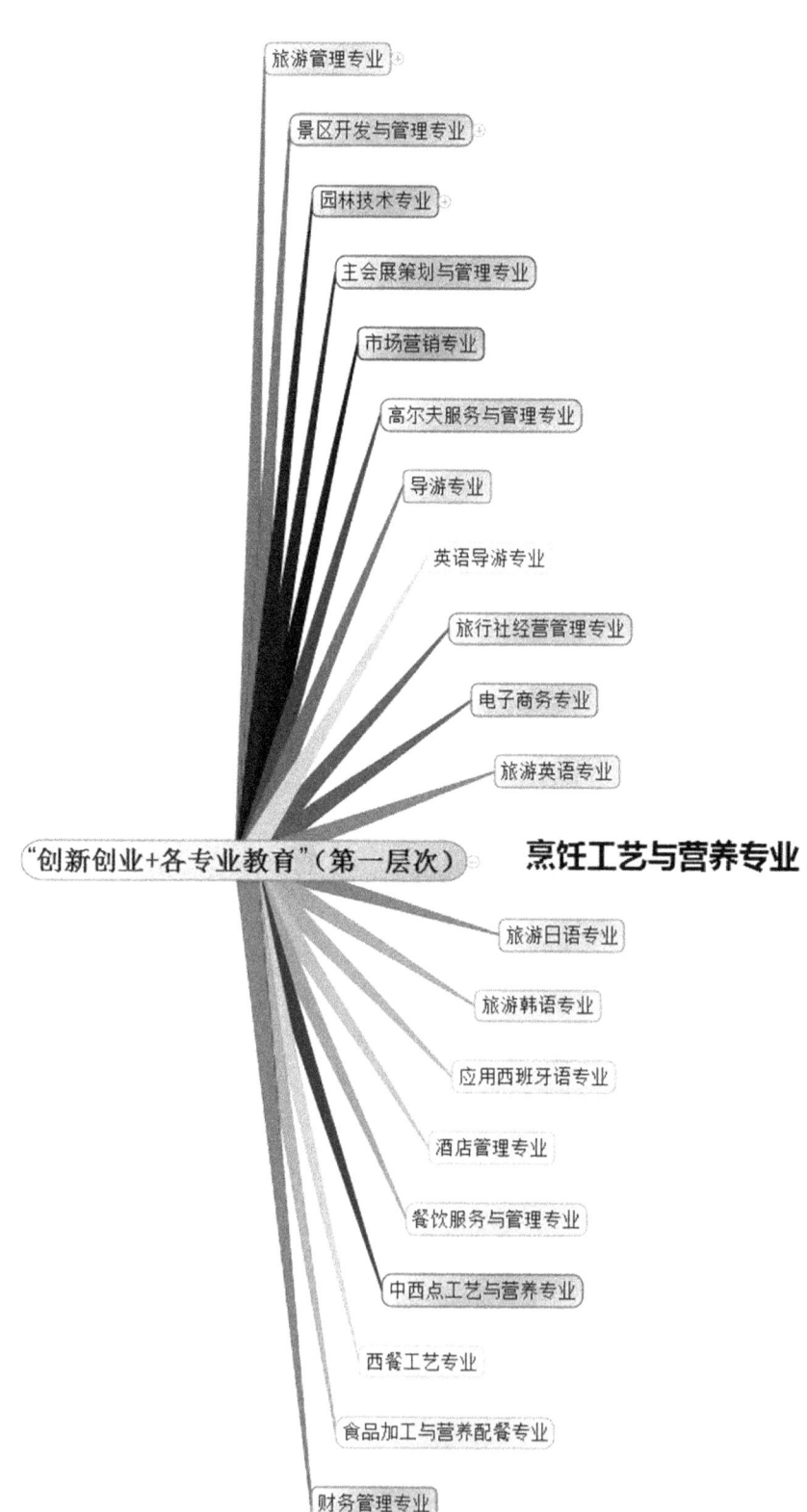

图3-3　第一层次

第二层次，创新创业 + 烹饪工艺与营养专业 + 教育各环节，见图3-4。

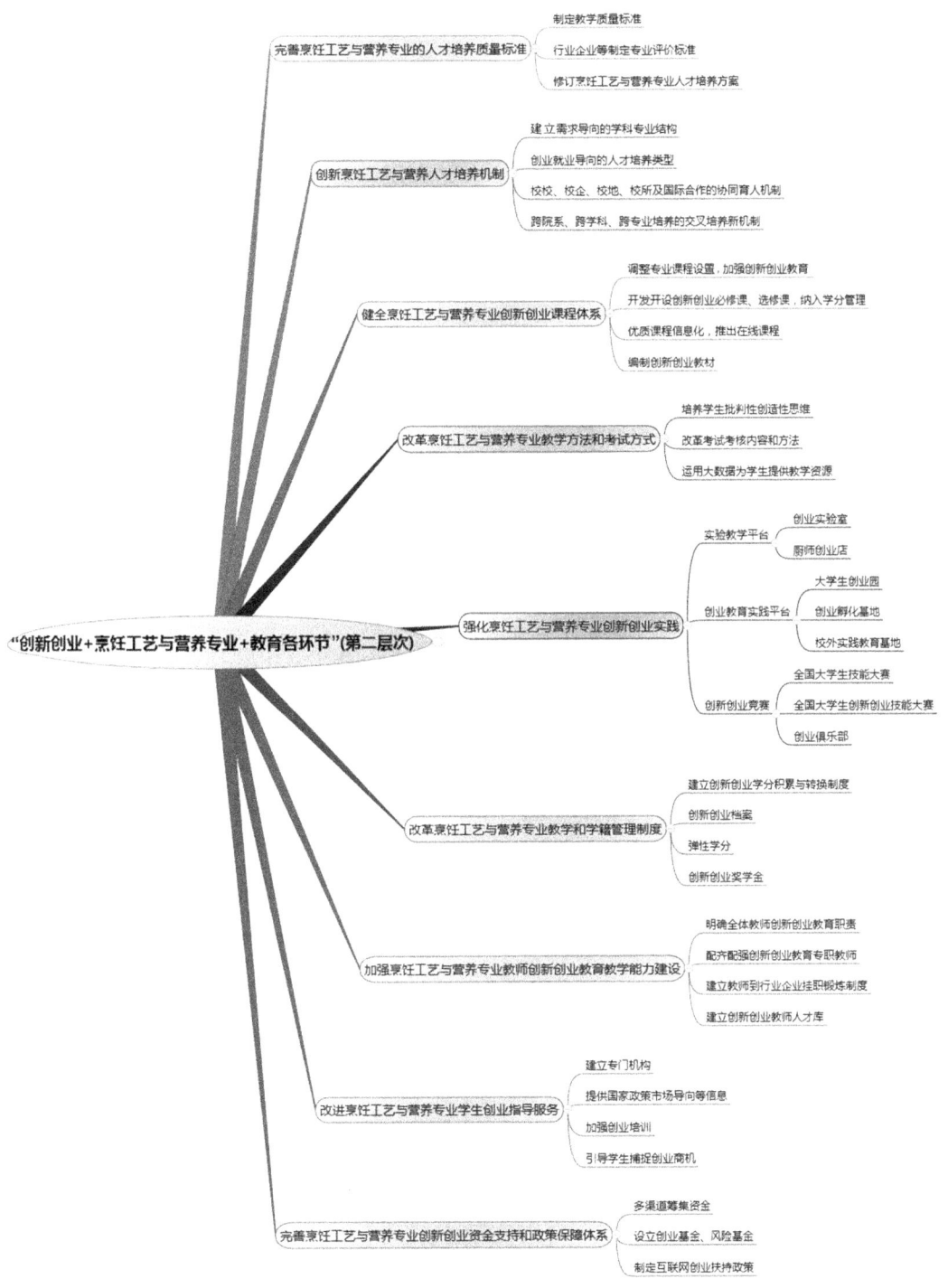

图3-4　第二层次

第三层次，烹饪工艺与营养创新创业教学环节，见图3-5。

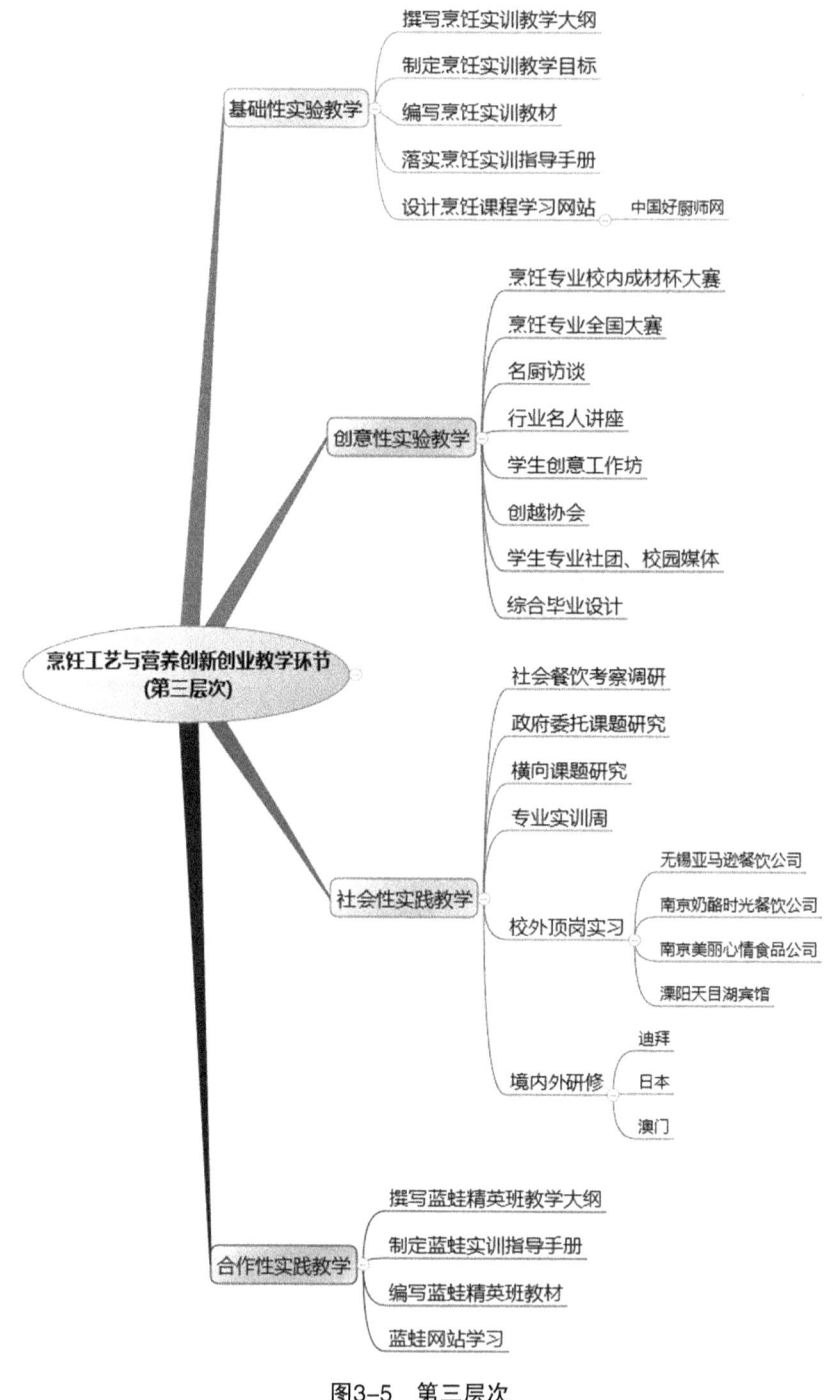

图3-5 第三层次

第四层次，创新创业+基本素质，见图3-6。

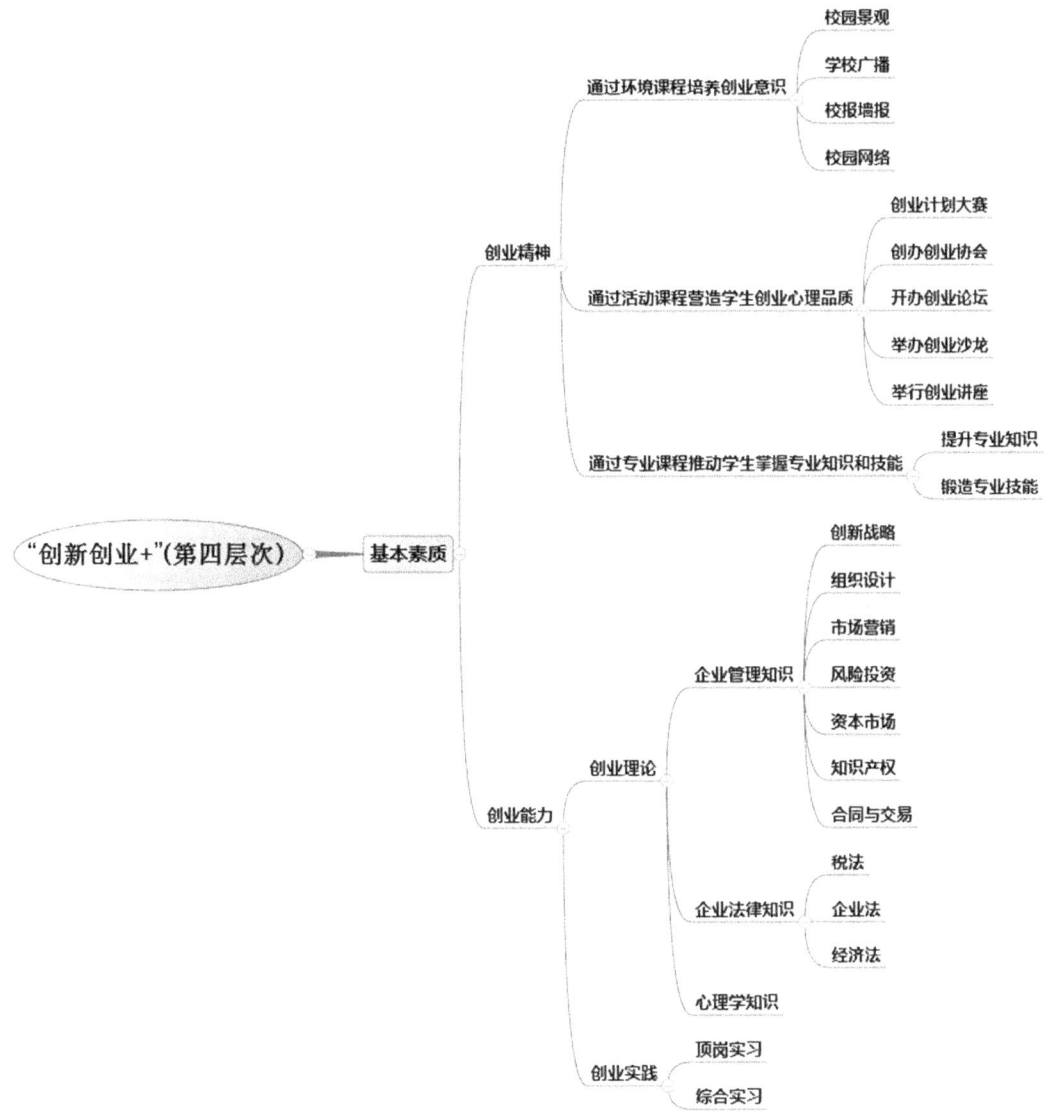

图3-6　第四层次

第四章 "创新创业+"人才培养模式课程体系构建

课程体系是"创新创业+"人才培养模式的核心组成部分,是"创新创业+"人才教育的核心环节,也是观念转化的桥梁。一个合理、优化的"创新创业+"课程体系可以最大限度地发挥创新创业教育的整体功能,从而更有效地实现"创新创业+"教育的预期目标。目前,我国高校与美国、日本、英国等高校的创新创业教育差距主要体现在学科课程、课程教学领域。因此有必要先从课程、课程分类、体系、课程体系、课程流派开展研究,再来研究创新创业课程体系的相关问题。

研究国内外许多先进理念和模式值得我们学习和借鉴,我们可以从教学目标、编排理念、教学内容、实施手段等方面探讨如何进一步完善适合我国国情的"创新创业+"教育课程体系。

联合国教科文组织早在1998年发布的《21世纪的高等教育:展望与行动世界宣言》指出,"必须把培养学生的创业技能和创业精神作为高等教育的基本目标","为使毕业生就业,高等教育应主要培养创业技能和主动精神,毕业生将越来越不仅仅是求职者,而首先是工作岗位的创造者"。

一、课程及课程分类

(一)课程

课程一词源于唐代孔颖达《五经正义》:"教护课程,必君子监之,乃得依法制也。"《示子全书·论学》里几处提及"课程",如"宽着期限,紧着课程","小立课程,大作功夫"等。这里的"课程"仅仅包含了教学时间、教学范围和工作进程等意义。

王伟廉指出,"课程是指学校按照一定的教育目的所建构的各学科和各种教育、教学活动的系统'"。有其他人认为:课程是"学习者在学校指导下获得的一切经验";课程是"一种预期学习结果的结构化序列";课程是"学校提供给学生的教学内容或特殊材料的一种综合性的总计划";课程是一种文化发展与创造的过程,是师生共同参与的探究活动中意义、精神、经验、观念、能力的生成过程等。在西方,"课程"(Curriculum)一词源于拉丁语"跑道"(Cursumrace Course),后被用作教育上的术语,意味着学习者的学习路线,与"对学科内容的学习进程"大体同义,较早、较系统地研究课程定义的学者是美国人奥利弗(Albert I. Oliver),他以从广义到狭义的顺序列出了"课程"的七种代表性解释。之后,又有一位课程学者奥利瓦(Peter F. Oliva)认为:"与教育的其他方面诸如管理、教学和督导等行动定向了的术语相比,课程确实具有一种神秘的味道。"他也对课程定义进行了归纳和总结,列举了13种较有代表性的课程解释。美国新教育百科全书"课程"条目将之界定为"在学校的教师指导下出现的学习者学习活动的总体"。美国课程论专家比彻姆就曾立足学校教育实践,概括出课程的三种基本用法：一是把课程作为实践性的现象。在这种用法的结构中，人们谈到的是一门课程，或简称"课"。因为不管与课程有关的各种含义如何，理论工作者一定要谈到一门课程。二是把课程当作课程系统的同义词。课程系统包括人员的组织，课程制定、落实、评价和根据经验修订课程所必需的组织程序。三是把课程看作是一门专业学科领域的同义词。这里所指的课程是作为学科总的领域。这三种用法是比彻姆根据西方尤其是美国教育实践概括出来的。

综观这些定义，我们可以看出"课程"表达的含义丰富多彩。美国的一位学者曾作过统计，课程这一术语至少有119种之多。尽管"课程"界定众多，含义各异，但人们并未被这种状况所困扰，反而彰显出课程研究领域的生机。

理解和运用"课程"这一概念，关注学校课程的实际情形和实际问题，才使"课程"研究百花齐放、百家争鸣。当课程作狭义解时，是指一门学科或学科的分支；作广义解时，是指所有学科的总和。这个界定近似于泰勒的"课程应该被设想为每个在校学生的全部现实生活的代名词"。然而，不论课程的定义及运用如何繁杂，其本质内涵是旨在使学生在学校教育教学环境中获得促进其全面发展的教育性的经验，是学校借以实现其教育目标的主要手段和媒介。它是经过特殊选择，并加以组织化的社会共同经验。从文化学的角度看，课程应该是过去的文化、现在的文化和改造后的文化的融合物。因此，课程的本质除了继承、传授的性质外，还具有批判、改革与发展的性质。课程的终极目的是要发展受教育者健全的精神、人格和体魄，完善下一代的整个人生，满足未来社会发展对人才的需求及个体全面发展的要求。此外，高等学校课程不同于普通初等、中等学校的课程，它具有课程目标上的专业性、课程内容上的探索性、课程实施上的主体性等发展逻辑与特点。这些是我们界定高等学校课程这一概念时需要考虑的主要内容。

根据课程的相关定义、高等教育的特点以及本文的需要，我们把它作一个广义的界定：高等学校课程就是高等学校按照一定的教育目的所建构的某一门学习科目及其教育、教学活动系统或教学的共同体。这一定义借鉴了王伟廉教授对"课程"的界定："课程是指学校按照一定的教育目的所建构的各学科和各种教育、教学活动的系统。"

从这一定义看出：高等学校课程是有目的的，是按教育目的所建构的；所建构的是学习科目和教育、教学活动，是为特定对象服务的；高等学校课程是教师和学生共同作用的系统，且具有一定的功能——培养人才。这一定义突破了以课堂、教材和教师为中心的局限，使学校教育活动克服了以学科、智育为转移的单一、唯理性模式的束缚，拓宽了我们的课程视域，为课程理论的研究和实践开辟了新天地，使更广泛的教学内容成为课程的有机构成。

（二）课程的各种类型

从课程制定主体来看，有国家课程、地方课程和校本课程。从传授内容来看，课程可分为理论型课程和技能型课程；基础课程和专业课程；单一课程和综合课程；学科课程和活动课程；人文课程和科学课程等。从层次构成上，课程可分为公共基础课程、专业基础课程以及专业课程；有横向课程和纵向课程。从修习的要求看，课程可分为必修课程、限选课程和任修课程。从作用来看，课程可分为传习性（接受性）课程和发展性（拓展性）课程；知识课程、能力课程和素质课程等。从规模来看，课程可分为大、中、小、微型课程。根据是否有明确的计划和目的,课程可分为显性课程(显形课程)和隐性课程(潜在课程)。

总之,课程分类之多,五花八门,令人眼花缭乱。不同的分类只是为我们从不同角度研究课程、了解课程在不同情况下的作用提供了方便。冯建军将课程分为知识课程、情意课程、活动课程和自我发展课程四大类,对我们进一步研究课程有较大的帮助。我们在本文中将课程分为通识教育课程和专业教育课程两大类。通识教育课程是为大学生在校学习和未来发展奠定基础的课程;专业教育课程是在通识教育课程之上为大学生进一步发展而设置的课程。从功能来看,通识教育课程突出对人类文化财富的传承性功能,包括知识课程和部分显性的情意课程;专业教育课程突出成长、进步和超越人类已有文化,包括发展学生的情意课程和活动课程等。这两大类课程在高等学校育人系统中统摄了各类课程,发挥着各自不同的功能,并结合在一起有机地构成了高等学校的课程体系。

二、体系与课程体系的含义

体系是指"若干有关事物互相联系互相制约而构成的一个整体"。这里,体系的含义至少包括三个方面的意思:①由若干事物构成,单个事物不能构成一个体系。②这些事物是相互联系和相互制约的,联系和制约存在一定的方式。③所有这些事物构成了一个整体,整体性是体系的基本特性。体系的英文是"system",有"体制"和"系统"的含义。实质上,一个体系作为一个系统而存在,它具有系统的整体性特征。

正如"课程"定义的纷繁复杂一样,不同学者从各自的角度及不同的层次出发,对"课程体系"的阐释也众说纷纭。我们先厘清与课程体系密切联系的课程结构这一概念。下面列出了一些知名学者对"课程结构"的定义,可以帮助我们实现对"课程结构"全面而正确的理解。

顾明远认为,课程结构概念包括广义与狭义。广义的课程结构是指"学校课程中各组成部分的组织、排列、配合的形式"。它要解决的是根据培养目标应开设哪些门类的课程及课程的编排,重点要考虑各种内容、各种类型、各种形态的课程的整体优化,它具体体现为教学计划。狭义的课程结构是指一门课程中各组成部分的组织、排列、配合的形式,它要解决的是每门课程的教学目标、教学内容、教学组织及教学评价等方面的问题,它具体体现为教材(主要是指教学大纲和教科书)。施良方指出,课程结构是指"课程各部分的组织和配合,即探讨课程各组成部分如何有机地联系在一起的问题"。廖哲勋指出:"课程结构是课程内部各要素、各成分、各部分之间合乎规律的组织形式。"它是以课程要素与课程成分为基础,由课程的表层结构和深层结构组成的有机整体。其中课程的表层结构是指一定学段课程的总体规划的结构,是由一系列学科与若干活动项目组成的整体;课程的深层结构是指一定学段的教材结构,包括每种教材内部各要素、各成分的组合以及各类教材之间的整体组合。司杨树勋认为:"课程体系,又称'课程结构',它是课程设置及其进程的总和。"他还指出,我国目前高等教育课程体系的结构模式包含两方面的内容:一是"层次构成",即公共基础课、专业(技术)基础课、专业课、跨学科课程;二是"形式构成",即必修课程、限定选修课程、任意选

第四章 "创新创业+"人才培养模式课程体系构建

修课程。在《简明国际教育百科全书·课程》中，与课程结构关系较为密切的词条是"curriculum organization"（课程组织）。该书指出："课程组织是指将构成教育系统或学校课程的要素，加以安排、联系和排列的方式。"鉴于"课程组织"与"课程结构"在内涵上的相似性，深入了解"课程组织"的内涵对于"课程结构"概念的认识也是大有裨益的。张华认为，"所谓课程组织，就是在一定的教育价值观的指导下，将所选出的各种课程要素妥善地组织成课程结构，使各种课程要求在动态运行的课程结构系统中产生合力，以有效地实现课程目标。"

要正确理解"课程结构"这一概念，对"结构"进行深入认识也是必不可少的。按照一般的理解，结构即事物"各个部分的配合、组织"。结构作为系统科学的一个术语，是指组成一个系统的各个要素间的稳定的相互联系，是系统内要素间的排列组合方式。具体来说，它包括如下含义：①系统内部各组成要素；②要素间的联系方式和相互作用形式；③诸要素的比例关系及其发展变化的条件和规律。从本质上讲，结构可分为两类：自在结构（即自然结构）和人为结构（即设计结构）；而依据结构所揭示事物内在联系的深浅程度这一维度，结构则可划分为形式结构和实质结构两种类型。

在课程结构的研究中，研究者都站在自己的角度讨论课程结构或课程组织，课程结构有时与课程体系混用。本书将课程结构界定为：在一定课程价值观的指导下，学校课程体系中的各个构成要素、要素间的组织、排列形式及各要素间的配比关系。课程结构属于一种人为结构，是人们思想中占主导地位的价值观念在课程实践中的具体体现，是课程体系的主体部分。

让我们再考察课程体系的含义。课程体系也有广、狭义之分。狭义的课程体系特指课程结构，是各类课程之间的组织和配合。如，在赫冀成等主编的《课程体系与人才培养比较》一书中，他们认为课程体系又称课程结构，"它是所设全部课程互相之间的分工和配合，是教学计划的核心"。广义的课程体系是在一定的教育价值理念指导下，将课程的各个构成要素加以排列组合，使各个课程要素在动态过程中统一指向课程体系目标（或专业目标）实现的系统。

一般认为，它包括三个层次：一指宏观的专业设置，涉及高等教育的学科及专业；二指中观的课程体系，涉及某专业内部课程体系的问题；三指微观的教材体系，是某专业内某具体课程的教学内容。本课题研究的课程体系指中观层面，是高等学校为了达到其专业培养目标而设计并指导学生学习的所有内容及其构成要素的总和。它包括课程在内并以培养方案所设内容为主体部分的学校教育教学系统。西方国家没有相应的"课程体系"一词，但"program"与之较接近。如卢晓东认为："program"仅指一个系列、有一定逻辑关系的课程组合，相当于一个培养计划或我们所说的课程体系。在美国，专门化的教育是通过主修不同方向的课程来进行的。其组织方式以及隐藏在这种组织方式背后的指导思想与我国有很大区别。但不管怎样，从形式上看，'主修'和'专业'都是由不同的课程组织来体现的。从这里可以看出，"不同的课程组织"即课程体系，应该是我们培养人才的主要方式和途径。如果把高等学校看作一个系统，那么，高等学校课程体系就是在学校教育系统之下的一个二级系统。这样《中共中央国务院关于深化教育改革全面推进素质教育的决定》所提出的课外活动、社会实践活动和校园文化活动等都可容纳在课程体系之中，都是为了一定的教育目的服务，就是情理之中的事了。

由上可见，在课程结构的含义中，广义的课程结构比较接近于我们的课程体系含义。广义的课程结构是指，根据培养目标设置哪些课程，如何设置这些课程，各种内容、各种形式、各种形态的课程的相互结合如何达到整体优化的效应，它涉及专业计划的制订，这是我们要讨论的课程体系。之所以作这种定位是因为高等学校课程体系是高等学校培养人才的载体，包容了课程各层面的性质，把课程的知识、目标、计划、学习、评价诸多要素整合为一体。它把教育传授文化遗产的功能、服务社会和发展社会的功能、发展智力和培养个性的功能整合了起来。这一课程体系界定把有关课程的定义所框定的内容，如课程即学科知识、课程即经验、课程即计划、课程即社会改造等，都融合为一体，为培养高素质的专门人才服务。

课程体系是一个具有特定功能、特定结构、开放性的知识、能力和经验的组合系统。它不仅要将内部的要素诸如各类课程（专业基础课、专业理论课、专业技术课、专业技能课、专业应用课等）联结成一个统一整体，还必须充分体现培养目标和培养规格，适应社会经济发展的需要，反映科学技术发展的现状与趋势，符合学制及学时限制。由于与系统相对应的概念是要素，而要素是构成系统的组成部分。一个系统通常具有目标、内容和过程，因此，高等学校课程体系可由目标要素、内容要素和过程要素三大部分构成。

高等学校课程体系的目标要素指贯穿课程体系的总目标、课程体系结构目标、课程目标等。课程体系的目标要素是一个系统，以课程体系总目标（或称为课程体系目标）或人才培养目标为总纲。

课程体系的目标要素是由课程结构目标和各门课程的分目标（又称课程目标）等所构成的内在和谐的有机整体。课程结构目标是指课程体系中课程组织状态的目标。不同的结构状态可以达到不同的结构目标。课程结构目标是一种过渡性目标，是由课程体系总目标导向课程目标的过渡。课程目标是指导整个课程编制的准则，也是指导教学的重要准则。当然，课程目标与课程体系总目标在本质内容上也是相通的，如两类目标都要体现德、智、体、美、劳等全面发展的教育要求。但在概括性、可操作性、可检测性和使用功能方面却有明显的区别。首先，课程体系总目标在概括性方面高于课程目标。它一旦制定，就要求某类高等学校的学科（二级学科）的各门课程乃至各项教育活动都要服从这一目标的要求，而课程目标则往往限定在该类学科（二级学科）的培养目标之内。其次，课程目标更具体，更具可操作性。它特别要求目标要体现学科（二级学科）的特点，要通过学科的个性，体现课程体系总目标的共性。课程目标是具体课程编制的指导目标，是课程编制的起点和终点。它的可能性、操作性和可检测性对课程内容、课程结构、课程实施和课程评价都具有指导意义和实践意义。最后，在使用功能方面，课程体系总目标是某一学科（专业或二级学科）人才培养的设计和蓝图，而且要对培养方向、人才规格、适应岗位等提出要求，要体现逻辑性、序列性、阶段性、整合性的特点。而课程目标对课程工作者要求非常明确，它还要关注教师的教与学生的学，充分照顾到大学生特点、学科内容及社会需求的关系，具有较强的方向性和规定性。课程体系目标是课程结构目标与课程目标的归总。

内容要素，又称课程要素，还可称为结构要素，主要是指课程体系的组成成分、课程的联系方式和组织形式，这是从静态来看的课程体系。这些结构要素主要包括通识教育（普通教育）课程要素和专业教育（专长教育）课程要素及其相互关系和组织方式。这两大要素内含：基础课程、专业课程、跨学科课程，理论课程与实践课程，必修课程与选修课程，大、中、小、微型课程，显性课程与隐性课程等。它们之间的比例及关系从不同侧面反映了课程体系的轮廓，也是研究课程体系的主要线索。结构要素应该是具有长远影响的内容，而不是具体的事实、习惯或非常具体化的内容。现代化的课程体系必须是科学知识内容齐全、课程配比合理、时序恰当的综合结构。它不仅是形式的，而且是实质的；既有特定内容，也是历史形成的。

因此，我们课程体系是从宏观、整体和动态上把握课程体系内部的要素及其相互之间的关系，探索课程体系构建的基本理论及其运行规律。

南京师范大学朱小蔓教授指出：学课程的过程就是一个人成长的过程，就是增长经历的过程，就是不断地增加经验的过程。课程完全是学生参与文化活动的过程。课程本质的"经验"性突出了学生的课程参与，使学习者不再只是课程的追随者，而且也成了课程的主人和占有者。教育是引导个体去领悟生活的艺术。因此，学生的求知欲和判断力，以及控制复杂情况的能力等，都必须靠有机的课程体系来唤起。

课程体系不是一种只有形式而无内容的外壳，它是一个既有思想内容，又具形式结构的育人的"文化场域"。

高等学校教育最终都要落实到一系列用以培养人才的课程上。一所高等学校，学校系统再好，如果没有作为实体或课程组织形式的整体优化的（或以"专业"为单位的）课程体系加以配合，学校的培养目标就无法实现。高等学校课程体系主要解决两个相关的问题：一是实现培养目标应选择哪些课程及其内容的深度与广度；二是各课程间在内容和呈现方式上如何互相配合和衔接。从宏观来讲，所谓课程改革，首先就要解决好课程体系的整体结构问题。课程改革绝不是增加或减少几门课程的问题。对于课程体系整体结构，应当多角度全方位地考察和探究。从课程内容上看，要解决好德、智、体等各方面的课程门类、课时比例及其相互关系的问题；从课程范畴上看，要解决好课堂教学与课外活动、社会实践活动的比例和相互关系的问题，正式课程与非正式课程的关系问题；从课程形态上看，要解决好分科课程与综合课程、活动课程的相互关系的问题；从课程类型上看，要解决好必修课程与选修课程的比例和相互关系的问题，在选修课程中又要处理好任选课程与必选课程的关系的问题等。这些问题的解决，都需要处理好课程体系内部的一些结构要素的关系，为学习者成为不同层次、不同类型、不同规格的人才打好基础，使他们成为全面发展的人才。

高等学校课程体系是培养未来人才的发展性系统。教育的力量是从整体发出的，课程体系并不是由互不关联的独立部分拼凑而成的，它是具有特定功能的指向未来人才发展的系统。教育不是为过去培养人才，高等教育更不是培养被动适应社会发展的高级人才，因此，高等学校课程体系作为影响大学生终生的知识结构和职业适应力，从而影响社会创造力的重要途径，是为人才设计的超越过去、改造社会的发展蓝图。这一设计蓝图不是预先给定的"专业框架"，而是大学生根据社会发展需要、学校的实际情况以及自己的兴趣爱好等，在目前条件许可的范围内对自己未来前途的理想谋划，是"以实际选修课程的主干性结构体现其专业和就业方向"的运筹。针对学习者身心发展要求，高等学校课程体系从强调学习内容到强调学习者的体验和经验，从强调计划到强调人才培养的本质，其根本规定之一就是人是创造的主体。把"人的培养"观念整合到课程体系中，促进人的创造性发挥，才能形成对人的全面发展的终极目标的追求。可见，高等学校课程体系是走向未来的，是发展的，是对大学生未来前途和生活的定向。

《苏联百科词典》对"课程"的解释是："科学、技术、艺术、生产活动某一领域选定的知识和技能的系统。根据内容分为通识教育课程或专业课程，后者决定人们培养专门人才的业务方向。"这个课程定义所框定的范围也是一个课程体系。这样就很容易混淆课程与课程体系的界定。将课程概念与课程体系内涵相对分开，有利于教育研究和人才培养思路的厘清。

如此，高等学校课程体系实质是提供给一个人让他如何去占领人类创造和积累的知识世界和选择文明方式的发展蓝图。高等学校通过以课程体系为主体的培养方案的实施，向每一位求学者提供一套学会生存与发展的知识、技能和素质体系。高等学校课程体系犹如大学针对社会的不同需要、向不同学科、专业及层次的学生提供的具有不同营养的"菜谱"，每一位学生可以据此选择喜欢的菜单并品尝其"美味佳肴"，以汲取自己需要的适合现实和未来社会经济发展的知识、能力和素质。

在人人都可以接受教育的社会，享受到自己所需要的教育就是每个人追求的理想。因此，高等学校课程体系是人才培养的总体蓝图，是大学生个体发展的适应指向。

三、课程体系及课程论流派

课程体系是指同一专业不同课程门类按照门类顺序排列，是教学内容和进程的总和，课程门类排列顺序决定了学生通过学习将获得怎样的知识结构。课程体系是育人活动的指导思想，是培养目标的具体化和依托，它规定了培养目标实施的规划方案。课程体系主要由特定的课程观、课程目标、课程内容、课程结构和课程活动方式所组成，其中课程观起着主宰作用。

课程体系是在一定的教育价值理念指导下，将课程的各个构成要素加以排列组合，使各个课程要素在动态过程中统一指向课程体系目标实现的系统。课程体系是实现培养目标的载体，是保障和提高教育质量的关键。课程体系是一个或一类专业所设置课程相互间的分工和配合，它是教学计划的核心所在。

课程体系是否合理，直接关系到所培养人才的质量。课程体系总是在一定的课程原理指导下进行的。最具代表性的课程论有以学科为中心、以经验为中心、以知识结构为中心和人文主义课程论等几大流派。以学科为中心的课程论一直在我国高校占有统治地位，该理论主张将各门课程包含的事实、法则、结论都配置在一定的程序和系统中，根据学科知识固有的逻辑体系编排课程。以经验为中心的课程论以学习者的经验和与之相关的社会生活过程为基础来组织课程，强调学习者"从做中学"，根据生活经验的发展顺序编排课程，着重于学习者本身的经验积累而不是知识点的传授。以知识结构为中心的课程论强调把学科基本结构与学生智慧发展的顺序有机结合，以学生可以理解的形式加以编排。人文主义课程论则主张课程应有益于人的尊严、人的潜能在教育过程中得到实现和发展，着重强调了对学生人文素养方面的培养。对于高等教育改革，观念转变是先导，体制改革是保障，教学内容和课程体系改革是核心，经费投入是前提。因此，高等教育改革进入核心时期时，课程体系就是我们关注的重点。

四、创新创业教育课程体系的特殊性

创新创业教育课程体系是创新创业教育的形式，也是创新创业教育的平台和依托。现阶段我国尚没有哪个学校设置独立的"创业专业"，创新创业教育更多地是在既有专业教育的基础上发展和延伸，其课程体系也依托既有课程以显性课程和隐性课程来实现，以单独的"创业学"学科为中心的创新创业课程体系也就没有生存的空间。而以经验为中心编排的课程体系，往往会使学生忽视知识本身的逻辑顺序，可能导致大学生只学习到一些零碎的经验、片段的知识。若以知识结构为中心来编排课程体系，往往又会过分强调理论而降低实践的重要性，无益于创新创业实践的落实和经验的积累。

五、创新创业教育课程体系的课程论选择

选择创新创业课程体系设置所依据的理论不必拘泥于某一种课程论。美国蒂蒙斯创业教育的课程体系设置就是以经验中心课程论为主导，同时又兼顾了学科中心课程论和人文主义课程论的指导，是结合了三种课程论各自的优势整合而成、取得成功的。借鉴蒂蒙斯的成功经验，结合我国国情，我国高校创新创业教育课程体系设置宜以人文主义课程论为基础，以学科中心课程体系为支撑，逐步发展以经验中心课程论为指导的课程体系。首先，我国高校隐性的人文主义课程较为丰富，只要稍加改造即能凸显创业教育，不需要在学校学科课程体系外另起炉灶，而可以把创业教育思想向学科专业课程渗透。这样就可以有效地利用现有课堂资源，使教育过程简约，有事半功倍之效。其次，我国高校学生一直受学科中心课程论的影响，有自觉、自然编排创业课程体系的可能，可以选择在文科类学科专业渗透"智力创新"思想、在理科类学科专业渗透"技术创业"思想。最后，我国高校内尚缺少创新创业型的教师，依赖教师开设实践性课程受到很大的制约，经验中心的课程有待逐步发展。

六、创新创业教育课程体系涵盖的内容及其模块选择

（一）创业教育课程体系应涵盖的内容

创业是具有创业意识、创业技能和创业资源的主体发现和捕获创业机会，并由此创造出满足社会需求的产品和服务以及实现其潜在价值的过程。创业基本素质包括创业精神、创业心理品质、创业知识与技能三个方面。创业教育课程体系必须涵盖这三个方面的内容。①创业精神。指在创业实践活动中对个体起推动作用的个性意识倾向，主要包括创业的需要、动机、兴趣、理想、信念和世界观等心理成分。表现为：一种自强自立的精神，坚信自己能够掌握自己的命运，并能通过自觉的奋发努力，实现自己的愿望和理想；一种艰苦奋斗的精神，不怕困难，勤俭节约，无私奉献，埋头苦干，务求实效；一种开拓创新的精神，有推陈出新的意识，实事求是，与时俱进，不断开创新的局面。

②创业心理品质。包括强烈的自立需要和创业欲望,独立性和合作性兼备、敢为性与克制性并存、坚韧性与适应性相依的心理品质。③创业知识与技能。以烹饪专业为例包括烹调的专业知识与技能、餐饮行业的经营管理知识与技能。后者具体指识别和评估市场机会、制订创业计划、获取资源、新创组织管理等几个环节。

借鉴国外创业教育经验,结合我国高等教育的实践,归纳和总结我国大学生创业教育在课程内容设置上应包括以下四个方面内容:创业意识、创业知识、创业能力和创业心理品质。创业意识主要包括创业需求、动机、兴趣、理想、信念、世界观的形成和培养,不仅要培养学生的创业自我意识,更要培养学生的创业社会意识;创业知识主要包括专业职业知识、经营管理知识和综合性知识的传授和教学,在传授职业知识的同时,重点是教会学生有效的学习方法,树立主动学习、终身学习的观念和善于运用知识,开阔知识视野的本领;创业能力主要包括专业职业能力、经营能力、独立工作能力以及技术、社交和管理技能的综合能力;创业心理品质主要包括独立性、敢为性、坚韧性、克制性、适应性、合作性、缜密性、外向型等品质的形成和发展。

(二)我国现有创业教育课程体系的构成

与一般的学科知识传授不同,我国高校所进行的创业教育是针对所有学科、专业的学生的,是素质拓展的一部分,也是就业工作的一个组成部分。它不以单独的学科或专业形式对学生进行理论和实践的教学,而以显性课程和隐性课程的配合渗透为特征进行创业理念和创业技能的传播。其中,显性创业教育课程是指高校以直接的、明显的方式呈现的课程,通过课堂教学和实践教学向学生传授创业知识,培养创业兴趣,包括学习创业基础理论知识的创业学科课程、进行创业演练的实践课程。隐性创业教育课程是指高校以内隐的方式间接影响学生身心发展、培养学生的创业能力和创业精神的课程,包括可以转化为创业资源的专业课程、强化创业意识的活动课程、营造创业文化氛围的环境课程。两者相互交叉融合,才能形成高校培养学生创业精神和提高创业能力的课程体系。

(三)创业基本素质的具体课程落实

(1)以培养学生创业精神为目标的隐性课程建设。

①通过校园创业环境的长期熏陶,高校可以养成大学生的创业意识。高校可以通过校园景观设置、学校广播、校报和校园网等资源,及时宣传国家针对大学生创业而实施的优惠政策,报道创业中涌现的先进人物,为大学生营造良好的政策环境和校园环境,逐渐激发学生的创业意识。

②通过活动课程塑造学生的创业心理品质。通过举办创业计划大赛、组织创业协会、办创业论坛和创业沙龙、请企业高层人员到学校做讲座等,促进大学生完善创业所需的心理品质;通过科技发明大赛激发学生的创造性,通过户外野营生活挑战活动培养学生的自信心,通过户外拓展训练培养合作性和竞争性,为学生创业奠定良好的心理基础。

③通过专业课程推动学生掌握专业知识和技能。学生通过所在学科专业的课程学习,为创业储备可转化为创业资源的本专业的专业知识和技能,为创业提供良好的支撑。

（2）以培养学生创业能力为目标的显性课程建设。

①通过创业学科课程掌握创业理论知识。创业学科课程主要包括与创业相关的企业经营管理知识、法律知识、心理学知识等。例如，通过开设"创业学""创业管理学"培养学生具备分析市场、运作项目、筹集资金、企业运营管理等方面的理论知识，使之能在创业实践中准确运用理论知识指导创业实践活动，在创业的不同阶段把握好不同的机遇，从容面对各种问题。通过开设"公司法和合同法"使学生了解在经济社会中与创业相关的现行法律制度，掌握企业在运行过程中的法律与政策问题，熟悉各种创业法律规范，从而使学生能够在创业的过程中运用法律的武器来维护自己的权益，做个懂法、守法的创业者。通过对"创业心理学"的学习，学生能够在今后的创业过程中积极调整心态，做到创业成功时不骄傲，创业失败时不气馁。

②通过创业实践课程提高创业实践能力。由于师资力量不强、教学时间不足、教学条件欠缺等原因，当前我国创业实践课程不多。现阶段大部分高校主要通过经营者角色模拟等方式落实市场调查、创业前期准备、创业步骤实施等实践课程，提高学生的创业实践能力。

七、我国创业教育课程体系现存的主要问题

我国创业教育课程体系现存的主要问题有以下几个：

（1）隐性课程为多、显性课程不足。当前我国的创业课程尚在探索中，仅有部分高校开设了"创业学""创业管理"等显性课程，学科建设还在萌芽状态。而美国已经建立了丰富的学科内容，涉及会计学、管理学、金融学等，典型课程有创业启动、风险投资、商业计划书撰写、创业营销、机会识别、创新评价和创业研究等。美国高校针对非商业类的研究生和本科生开发了系列创业课程，而中国尚没有独立的创业课程和系统的创业课程体系。

（2）隐性课程之间、显性课程与隐性课程之间的联结不明显。学科课程体系下，课程开发所依据的理论是学科中心论、基础论，认为"理论是实践的基础，理论知识是实践能力形成的充分必要条件，能力发展应遵循从一般到特殊的顺序"。在现有的课程体系下，思政课程、法律基础、管理学、营销学、心理学等基础课、专业课所组成的隐性课程主要传播各自的概念、理论，专业教学计划及教学大纲中没有对在课程中传播创业精神做出要求，教师引导、学生学习相关知识都处于自发状态；已开设的"创业学"等显性课程，与其他课程缺少围绕创业教育的分工和配合，创业教育的理念没有融合于学校整体育人的体系中。

（3）理论灌输为主，实践演练较少。由于身处传统学科教育框架下，缺乏具有创业实践经历的教师以及创业实践缺少必要的资金支持。在创业教育的实施上，我国的创业教育注重理论知识的灌输，而没能立足于培养学生的实践能力开展教学。设有"创业学"等显性课程的高校，课程板块的设计、课程内容的选择、教学方法的选用，多偏重理念、定义、分类的灌输，"在黑板上生产、书本里经营、课程中交往"，创业能力的培养和形成多为纸上谈兵。

（4）宣传创业精神较多，宣传风险意识、促进风险控制技能提高较少。在巨大的就

业压力面前，创业成了解决大学生就业问题的一个重要途径，在"就业指导"等课程中鼓吹创业的频次大大增加，创业教育的功利主义倾向加重。相对应地，对于创业会有多大的风险、如何把风险控制到更低、在风险来临的时候如何应对等，缺乏系统的教育和足够的警示。

八、分层组织创业课程体系，实施四阶梯实践课程

如前所述，我国现阶段创业课程体系宜以人文主义课程论为基础，以学科中心课程体系为支撑，逐步发展为以经验中心课程论为指导来设置和完善。以此为指导思想，我们可以分层组织创业课程体系，并以四阶梯法强化创业实践课程的实施。

（一）第一层——面向全体学生的普及性创业教育

针对"隐性课程为多、显性课程不足""隐性课程之间、显性课程与隐性课程之间的联结不明显"的现状，可以通过增设显性课程、加强制度化建设等方式加以改善，使面向全体学生培养创业基本素养的普及性创业教育得以实现。

（1）通过制度化建设在隐性课程中落实创业教育理念。基于社会变革对创业人才的需求，有必要在国家政策和高校发展战略中做出制度化的引导和规范。规定人才培养目标中应该增加创业人才培养，专业教学计划中要体现实施创业教育的课程体系，在相关隐性课程大纲中要适量加入创业教育的章节、案例或实践方案设计，明确与显性课程的连接。应将创业教育的精神融入文化课、专业基础课和专业课的课程教学之中，在专业知识的教学过程中渗透创业知识，培养创业意识与心理品质。

（2）通过增设与创业直接相关的经济学、管理学、法学等显性课程，弥补创业显性课程的不足，培养学生的创业意识。

（二）第二层——面向少数学生的进阶性创业教育

与普及性创业教育注重意识、品质培养相区别，针对"理论灌输为主，实践演练较少""宣传风险意识、促进风险控制技能提高的较少"的现状，进阶性创业教育着重创业体验和创业实践。笔者设计了"案例教学""模拟创业""草根创业"和"精品创业"四阶梯来落实进阶性创业教育，促成毕业生成为"工作岗位的创造者"这一创业教育目标的实现。

1. 案例教学

案例教学是教学过程中引用典型案例，通过师生对案例的分析、探讨，提炼掌握理论知识，进而用理论指导实践的一种教学方法。在创业教育中进行创业案例分析，可增进学生对创业教育理论的理解，提高学生学习兴趣，强化参与意识，促进学生积极思维，提升学生分析、表达、争辩及理论联系实际、解决实际问题的能力。成功案例、失败案例的分析、讨论，可以帮助学生从经验中学习，将经验和教训上升到理性层面，是创业教育不可或缺的一种教学方法，是进阶性创业教育的第一个阶梯。

2. 模拟创业

模拟创业是指模仿创业或尝试创业的学习、体验与参与过程。在模拟创业过程中，可以让有志创业的学生初尝创业活动的酸甜苦辣，在经过一番演练后，找到最适合自己的创业方向与目标，为日后全身心投入创业实践奠定知识与能力的基础。一般来说，模

拟创业主要有两种形式:"创业计划竞赛"活动、沙盘模拟。

模拟创业较案例教学更进一步,能够让学生得到创业的初步体验,它构成进阶性创业教育的第二个阶梯。"创业计划竞赛"活动:参赛者以自由组合的方式形成5~6人的优势互补的竞赛小组(模拟公司),通过社会调查选择创业项目,进行多种创业途径分析,形成创业思维,提出一个具有市场前景的技术产品或者服务;围绕这一产品或服务,以获得"风险投资家的投资"为目的,完成一份完整、具体、深入的商业计划,包括公司的介绍、产品与服务调查、市场分析、竞争营销策略、公司组织结构、人力资源管理以及财务分析等,提出创业者对新企业的蓝图、战略、资源和人的需求等的构想。学生针对一项经营业务或考虑成立一个小型企业撰写创业计划书,最后进行课堂汇报。在创业计划书的撰写过程中,学生不仅要主动学习和综合应用创业计划书所涉及的各方面的知识、调查现实中相关的企业和市场,而且还要在完成任务中进行团队合作和分工,获得创业的感性认识和实践经验。创业计划书是创业教育课程体系中的内容,是创业课程综合学习的考核依据。

沙盘模拟又称沙盘推演,是通过引领学生进入一个模拟的竞争性行业,由学生分组建立若干相互竞争的模拟公司,围绕形象直观的沙盘教具,实战演练模拟企业的经营管理与市场竞争,在连续从事3~4期的经营活动、经历荣辱成败的过程中提高战略管理能力,感悟经营决策真谛。在沙盘模拟训练中,每个团队的成员各代表着CEO、财务总监、销售经理、生产经理和采购经理等管理角色,模拟的实际运行状况涉及企业整体战略、产品研发、生产、市场、销售、财务管理、团队协作、绩效考核等多个方面。在多个会计年度的经营决策中,学生们将遇到企业经营中常出现的各种典型问题,团队成员必须一同发现机遇、分析问题、制定决策并组织实施。他们的决策或许成功,或许失败,学员就在这种成功和失败的体验中,掌握经营管理技巧,感悟经营决策真谛、感悟正确的经营思路和管理理念。沙盘模拟是一种在犯错误中认识错误、改正错误、提高自己而又不使现实公司蒙受任何实际损失的理想课程。通过沙盘模拟培训的实际演练,学生能深刻认识企业运行的竞争态势,使原有的理论知识与管理实践更好地融会贯通,对今后的经营管理有很好的指导意义。

3.草根创业

草根创业是指学生通过提供劳务经营自我、改善财务状况的创业活动,具体形式包括开发和经营专利技术、提供技术服务、家教服务乃至从事以体力劳动为主的劳务服务,也包括摆摊、设铺等个体工商户形态的创业活动,草根创业具有低成本、低风险、易实践的优点,也是真正意义上的创业——"创造工作岗位"。

之所以将草根创业作为进阶性创业教育的第三个阶梯,原因如下:首先,在当前国情下,大学生的家庭收入普遍不高,融资办企业是相当困难的。因此,通过提供劳务进行创业,无疑是比"创办企业"更加普遍的一种大学生创业形式,也是开展创业教育的重要方式和途径。其次,对于缺乏资金和管理经验等条件的大学生而言,通过为社会和他人提供服务,可以在实践中培养艰苦创业的精神,磨炼吃苦耐劳的品质,学会自立自强;还可以培养适应社会的能力,增加创业的体验,熟悉社会环境,学会社会交往。最后,在学习了诸多创业案例、撰写了创业计划书、在沙盘推演中取得优胜后,学生是不是就可以开公司、办工厂了呢？答案是否定的。要使创业取得成功，大学生还需要从自己现有的资源出发，通过技能输出、服务输出等形式尝试以有限的资源做好经营管理，控制成本收支。只有做得好小买卖，才能去开大公司。长沙金融专业大学生从做洗脚工入手掌握按摩技能和开店技巧、郑州物流管理专业女大学生从做擦鞋工到绘制"擦鞋公社"蓝图、长春电子信息技术专业女大学生从做豆腐入手琢磨顾客口味到筹建豆制品工厂等诸多草根创业成功事例表明，从草根的服务行业入手，通过摊位、小商铺的经营入手进行的创业，是比较稳妥的创业途径，也是比较容易落实的创业教育途径。

4. 精品创业

创办企业是大学生创业的高级形式，是进阶性创业教育的第四个阶梯。以学生为主体创办小型公司进行经营活动，这条途径对一般学生来说可望而不可即，但对有创业眼光、创业胆魄、创业能力和创业条件的人来说，这往往是通向成功的金光大道。从创业教育的进阶性目标出发，学校可以选择专业支撑强、产业前景好、拥有优秀创业团队的创业项目，通过设立创业孵化器、大学生创业风险投资基金、大学生创业咨询专家团等形式予以引导、支持，实现真正意义上的创业。

上述四个阶梯都着重创业实践，并有着逐步递进的内在联系，落实四阶梯教学，能够较好地实现创业教育的进阶性目标。加强创业教育，不断探索大学生创业教育的模式和途径，是教育工作者首先要做好的工作。而调整课程体系的内容、构成与组合，落实创业教育的基本目标，是培养更多有创业意识、创业能力的创业人才的必由之路。

创业教育所设置的课程相互间的分工与配合，构成了创业教育课程体系。课程体系是否合理直接关系到培养人才的质量。高等学校创业教育课程体系主要反映在基础课与专业课、理论课与实践课、必修课与选修课之间的比例关系上。大学生创业教育课程体系对于高等教育教育方法和教育方式的改革有着重要的现实意义，大学生创业教育课程体系包括创业教育的培养目标、课程内容、创业教育的方式和方法三部分。

美国是世界上较早开设创业教育的国家，有数据调查显示，1974年美国开设创业教育的高校只有75所，1985年达到210所，1991年达到310所，1999年则有1100所高校开设了创业教育课程。近年来有调查显示，在美国有37.6%的大学在本科教学中开设了创业教育课程，23.7%的大学在研究生教育中开设了创业教育课程，形成了完备的创业教育课程体系。课程内容主要以学生的创业竞赛和创业计划大赛为主，美国的一些学校从学生的创业大赛中孵化出了一批企业，同时借助这种活动对学生进行创业教育，创业计划大赛是美国在创业教育中培养学生创业精神和创业能力的重要课堂。

（1）大学生创业教育课程的授课形式。

根据大学生创业教育的培养目标，借鉴开设创业教育课程学校的授课经验，我国大学生创业教育课程主要有以下3种授课形式：公共选修课和必修课，独立授课和融入其他专业授课，针对性授课（针对商业、经济、管理类的学生开设专业选修课和专业必修课）。

公共选修课和必修课：大学生通过公共选修课学习大学生创业教育课程可获得相应的学分。面对普通大学生开展创业教育课，其主要目是在大学生中进行创业者精神和创业者能力的培养，以此来增强大学生的创业者品质。2009年2月20日，教育部在《中国教育报》上登载信息，出台促进大学生就业的相关文件，提出加大大学生就业指导课力度，大学生就业指导课在各高校成为必修课，不少于38学时。

独立授课和融入其他专业授课：创业教育不是一个独立的教育体系，但它是对传统的适应性、守成性、专业性教育的改造、延伸和提升，是基础教育、职业教育和继续教育三大教育体系的交叉整合，是知识教育、能力教育和情感教育的整合，创业教育可以融入其他专业，根据专业特点对学生进行创业教育。

针对性授课：针对商业、经济、管理类学生开设专业选修课和专业必修课，根据学生专业特点，让他们从创业教育中了解创办企业和运营企业的基本流程，在他们专业的课程体系中增设创业教育课程。

（2）大学生创业教育课程设置目标。

美国百森商学院在20世纪90年代就开创了世界公认的创业教育模式："用创业过程模式取代传统的职能管理模式，将案例教学和经营计划作为创业教学的中心，邀请企业家进入课堂教学。"百森商学院是美国最早开设创业教育课程的高校，该校的创业教育理念认为："大学生创业教育不同于社会上以解决生存问题为目的的就业培训，更不是致力于为大企业提供人力资源。大学生创业教育是为未来人才设定'创业遗传代码'。"以造就最具革命性的创业一代作为其基本价值取向。

我国高校创业教育是由联合国国际劳工组织、共青团中央和全国青联共同开发的KAB（Knowa—boutbusiness）创业教育（中国）项目，2005年我国正式起动KAB创业教育（中国）项目并获准改编教材，成为高校普遍推广的"大学生KAB创业教育基础"课程，课程的总体目标是：培养"企业家型"的复合型人才。其具体目标如下：

①培养学生的创业意识，使学生能够正确认识企业在社会中的作用和自我雇佣。

②为学生提供创办和经营小企业所需的基本知识和技能。

③提高学生的就业能力，使学生能够在中小企业以及缺乏正规就业机会的环境下有产出地工作。

④鼓励学生把创业和自我雇佣作为理性职业选择。

"大学生KAB创业教育基础"课对学生进行创业者精神、创业者素质、创业者心理品质以及企业家精神教育。在学生心底埋下创新创业的种子，结合社会上适合于大学生创业的环境，使大学生不仅是工作岗位的拥有者，而且会成为就业岗位的创造者。

（3）大学生创业教育的课程开展形式。

大学生创业教育的方式和方法应该构建以创业教育与其他学科相互结合、相互渗透的内容体系；形成与学科课程、活动课程、实践课程相互结合、相互渗透的课程形式结构体系。

创业教育在公共选修课教学过程中应以案例教学为主，把典型的案例分析放到整个教学过程中，可以帮助学生感悟创业理念、了解创业规律，同时更能够通过鲜活的案例教学让学生体验到创业者在创业过程中所体现的创业能力和创业精神；融入其他专业的授课方法，在授课过程中应根据专业特点渗透创业教育，把传统的专业技术、专业课程与创业教育课有机结合起来。

针对商业、经济、管理类学生开设创业教育课程应采用教育与实践相结合的方法。

由学校成立创业教育中心，构建科学、合理的创业教育课程、研究计划和外延拓展计划，使学生能够在学校有计划地参加校园创业计划大赛，有组织地进行社会、企业之间的联系，增强学生与企业家的交流。例如，美国百森商学院在创业教育课程中利用学院的创业机构，就请到了麦当劳和肯德基的总裁来给学生在课堂上讲授创业经历。同时在我国北京大学的创业教育课中通过北大的创业中心，请到了往届生、"新东方"创始人俞敏洪到课堂上与学生互动，讲授创业经历，分享创业经验和经验理念。这样的教学方式有利于正面培养学生的创业心理品质、激发学生的创业灵感、增强学生的创业决心。同时，在学校的安排下学生还可以深入到创业企业观摩和实习，学生可以带着自己对企业的设想到企业中实际检验计划的可操作性，获取创业理论在实践中的经验。

九、大学生创业教育课程体系运作的保障措施

（一）提高学校对创业教育的认识

（1）我国高校的创业教育还属于经济学领域，还没有成为一级学科，甚至都不是二级学科；各个高校都有相当一部分人在做这方面的探索，但是还没有被系统地纳入国家的教学计划中。

（2）长久以来高校的创业教育课没有被列入正常的教学计划，而作为一门辅导课也只在大四第二个学期进行教学，上课时学生都在跑市场找工作，没有足够的时间和精力坐在课堂上听课。创业教育主讲师资属于"学院派"师资，主要来自"负责学生就业"的行政部门和"负责商业教育"的教学部门。这些师资大多缺乏创业实战经验，甚至没有在企业就业的经历，还有部分教师因为行政工作关系，专业进修机会少，教学技能相对欠缺。虽然，为了加强创业教育的实践性，大多数高校聘请了一批企业家（或创业人士）担任客讲教师，但实践证明，尽管这种安排受到学生的普遍欢迎，却缺乏组织协调、制度保障和资金支持，加之外请的部分创业者或企业家缺乏教学经验，教学效果也有待改善。

（二）加强对创业教育师资队伍的培训

据中国创业教育官方网站公布，目前我国大学生创业的比例不到毕业生总数的1%，而在发达国家，大学生创业的比例一般占到20%~30%，并且我国大学生的创业成功率也比较低，据教育部2004年的一项报告，全国97家比较早的学生企业，盈利的仅占17%，学生创办的公司，5年内仅有30%能够生存下去。学生缺少创业的相关知识，缺乏对创业过程的了解和实践，毕业后马上进行创业是导致学生就业率低的主要原因。可见学生在校期间如果接受系统的创业教育对其就业将产生巨大推动作用。

自2002年在中国人民大学、清华大学、北京航空航天大学、黑龙江大学、上海交通大学、南京经济学院、武汉大学、西安交通大学8所高校进行试点创业教育探索以来，各试点院校开始了各具特色的创业教育实践探索。经过几年的摸索和实践，形成了较为成熟的创业教育模式。但这些较为成熟的创业模式由于受时间因素的影响，还没有完全在全国推广开来。北京航空航天大学作为我国唯一创业教育师资培训基地，从2003年起开始承担着教育部创业教育骨干教师培训的任务，截至2008年共计在全国范围内培训创业

教育骨干教师两千余人，师资力量短缺直接影响创业教育开展。

　　构建校企合作的课程运行模式，各高校要与学科设置相关联的具有代表性的企业建立良好的合作关系，开展多样化的教学活动，使学生所学的知识和技能能够适时地在实践中得以应用，从而明确学生所学知识的目标性，提高学生的自学能动性。组织学生与成功创业者座谈、讨论、辩论并进行模拟创业等活动，充分发挥校企合作课程运行模式的优势，使学生充分了解创办和运营一个企业所需要的关键能力和决定性因素有哪些，让学生感受创业者精神和企业家素质在企业当中的作用。感悟知识在创办企业过程中的核心价值，评估企业风险、提高企业服务质量等，增加大学生运营企业的实践机会，为大学生创业教育提供更加真实的舞台。大学生创业教育的课程体系服务于大学生，通过实践与教学相结合的课程体系使学生把所学知识在实践中学以致用，从而提高了学生的学习兴趣，增加了学生的学习能动性，更提高了学生把所学知识转化为生产力的效率。合理的创业教育课程体系为培养社会急需的有知识、懂技能、具备创业特质的优秀人才奠定了坚实的基础，创新性的人才又及时地迎合了我国全面建设小康社会所需的人才供给和社会需求的用人结构，所以构建大学生创业教育课程体系，培养创新、创业型实用人才是我国现阶段高校教育改革和发展的总体目标。大学生创业教育课程体系需要长时间在实践中尝试和探索，总结和归纳各个高校的办学特色、不断更新我们的教育观念，构建大学生创业教育体系，为社会的发展培养创新、创业实用型人才。

第五章 "创新创业+"人才培养模式实践体系构建

实践教育是创新创业教育必不可少的环节,是培养大学生创新创业意识、创新创业能力的具体途径。培养学生创新创业最重要的是将创新创业思想体系、知识能力结构体系和实践教学体系融为一体,形成使知识快速转化成能力的教学体系。

一、"创新创业+"人才培养模式实践体系构建的必要性

(一)国家创新能力提升的需求

2013年习近平在"全球创业周中国站"贺信中指出:"青年是国家和民族的希望,创新是社会进步的灵魂,创业是推动经济社会发展、改善民生的重要途径。"21世纪是创新的世纪,创新和创业成为了这个时代的主题,创业是实现创新的过程,是创新的重要体现,而创新是创业的本质和手段。进入21世纪以来,人才成为各国相互竞争的核心,也成为衡量一个国家和民族创新能力的重要指标之一,大学生的创新创业能力也就成为我们国家实现创新型国家的重要因素,这就必然要求承载人才培养功能的高校,积极承担起创新创业教育及实践的育人功能,从而形成国家创新发展的"人才储备库"。因此大力开展创新创业实践教育,不仅是个人的认知与需求,更是国家战略发展的必然要求。

(二)区域经济社会发展的需求

高职院校与区域经济社会发展联系紧密,旨在服务于地方经济社会发展。当前,地方经济的转型升级与可持续发展的根本在于依托人力资源优势实现从"资源驱动"向"创新驱动"的转变。高职院校创新创业教育实践工作一定程度上能够培养适应地方经济社会发展所需的创新驱动的人力资源,同时地方经济社会发展又为高职院校开展创新创业教育实践工作提供了平台和载体。因此,高职院校创新创业教育工作必须坚持立足地方经济社会发展的现实需求。

(三)高职教育自身发展的需求

(1)高职教育人才培养目标需求。从高职教育人才培养目标的视角来看,高职教育应构建一种具有"高职特色"的创新创业人才培养机制来提升高职教育的核心竞争力。高职教育占据我国高等教育的半壁江山,随着高等教育的深化改革和转型,在人才培养中发挥着举足轻重的作用。从长远角度来看,高职院校的核心竞争力之一,就是培养当代大学生的创新创业能力、企业家精神和人文素质,并形成完整的理论体系和实践机制。正因如此,2010年我国颁布的《国家中长期教育改革和发展规划纲要(2010—2020年)》中也明确提出:加强就业创业教育,提高人才培养质量。因此,在创新创业教育发展过程中,加大创新创业教育实践的力度,培养大学生的实践精神、探索精神、创新意识和创业能力,将成为未来高职教育提升核心竞争力和发展的有效途径之一。

(2)高职教育人才培养模式需求。从高职教育人才培养模式的视角来看,高职教育

应转变观念，探寻人才培养新模式、新方向。创新创业教育是联合国教科文组织在研讨"面向21世纪国际教育"发展趋势时提出的一种全新的教育理念，大力发展高校创新创业教育、培养创新型人才已成为各国高等教育发展的共识。随着中国经济的改革发展，创新型产业将成为中国未来经济再次腾飞的支柱，而创新创业教育就是创新型经济的原动力。但如何确立一种有效的模式，尤其是可参照、可借鉴特别是可复制的人才培养模式，更应是当前高职院校在积极探索创新创业教育可行性路径的同时，必须面临和解决的基本课题。

实践教育是创新创业教育不可缺少的环节。创新创业精神、创新创业能力需要学生在学校学习阶段逐渐培养，通过系统的理论教学和实践教学活动，向学生传递生产经验和社会生活经验，引导他们树立创新创业意识，掌握创新创业知识和技能，启迪思维，发展兴趣，注重创新创业精神的培养和就业观念的转变。

创新创业是一项实践性很强的工作，创新创业教育旨在培养学生的创新意识、创新思维和创业能力等综合素质，这些都必须通过实践教学的形式得以实现。所以，实践教育对于创新创业教育的意义是显而易见的。

创新创业能力的培养需要学生参加系统的理论学习和实践活动，需要在教师的引导下树立创新创业意识，启发创新创业思维。实践教育教学更能引起学生的兴趣，使学生深刻体会到创新创业必须具备的素质和能力。因此，实践教育教学是创新创业教育的核心，如果脱离了实践教育教学，创新创业教育就变得毫无意义。

（四）大学生自我价值实现的需求

创新创业教育实践能够充分发挥自身主观能动性。在创新创业实践过程中，大学生自身能量的发挥起着关键性的作用，而指导老师或者教育者仅仅起到启发、教育、指导和引导的作用。作为一名创新创业者，在整个创新创业行为的全过程中，大学生都能够充分发挥主观能动性，对企业进行决策和管理，所有的一切都是大学生个体自主行为的选择和执行，通过创新创业实践使他们的思想得到了充分的释放，使他们的才华得到了充分的施展。

创新创业教育实践过程是大学生自我极限挑战的过程。人类极限挑战主要包括精神和身体两个方面，创新创业过程的艰辛和付出可以让大学生在创新创业过程中得到体验；创新创业的风险性和不可预测性又可以磨炼大学生的韧性、毅力和情感。总之，创新创业实践不是对大学生单一性的考验，而是综合性的极限挑战。实践是创新创业者锤炼自己的最好平台。创新创业是一项社会实践活动，学生的创新创业意识、创新创业精神、创新创业思维等创新创业综合素质，要能够付诸创新创业实践才能折射出其价值和意义，创新创业能力和素质也必须在实践中才能得到锤炼和固化。

二、"创新创业+"人才培养模式实践体系构建的现状

（一）创新创业实践教育课程体系不健全

目前，很多高职院校还没有将创新创业教育课程列入人才培养方案，只是对有创新创业意愿的学生进行了创新创业培训，不仅受益面小，而且学生思想上也不太重视。部分院校虽然将创新创业教育课程列入了人才培养方案，但课时少，没有形成创新创业课

程体系，更少有创新创业实践课程，无法满足学生获取创新创业知识、提升创新创业能力的需要。

部分院校创新创业教育仅以就业指导、创业讲座等公选课或者兴趣班等形式存在，创新创业课程体系建设没有清晰思路。专业教学设计里普遍轻视对学生的创业意识、创业精神和创业能力的培养，忽视了大学创新创业教育作为一种多层次的素质教育，应使学生在掌握理论和实践技能后成为具有创新思维和创业能力的高素质人才。

（二）创新创业教育活动体系不健全

据调查，高职院校的创新创业实践活动开展不多，通常是精英式活动，绝大部分学生没有机会体验和参与，没有形成创新创业实践活动体系。

部分院校在就业指导、创业讲座和创业大赛专家指导方面，偏重理论讲授，缺乏必要的实践环节。建设实践教学基地的时候，偏重建设以专业技能为培养目标的实践课程体系，没有融入创新创业教育的内容。

（三）创新创业教育平台（基地）体系不健全

很多高职院校创新创业教育起步较晚，即使开设了创新创业教育实践活动，但都是简单地依托校内实训基地或活动中心开展的，未专门设置大学生创新创业的教育和孵化平台（基地），或简单地设置孤立的创新创业基地，未形成融课程实践、综合实践、顶岗实践和孵化实践为一体的创新创业教育平台（基地）体系。

（四）创新创业教育实践支撑体系不健全

（1）创新创业服务机构与平台匮乏。我国创新创业教育起步较晚，很多高职院校没有专门的创新创业教育机构。目前，大部分院校是由就业部门兼顾创新创业教育职能，负责日常创新创业相关的活动，创新创业教育教学通常由商学院或者管理学院负责；部分院校由团委或者学工处担负创新创业教育工作，具体教学则由教学单位或者思想政治教学部门完成，很难抽出专人为学生创新创业实践提供指导，同时缺乏信息化服务理念和投入，更未形成创新创业教育信息服务综合平台。

（2）没有形成创新创业实践师资体系。师资是创新创业教育的关键，大学生创新创业很大程度上受教师学识、经验和经历的影响。目前，很多高职院校从事创新创业指导的教师都是辅导员或一些没有专业课程的行政管理人员，他们一般日常工作都很繁忙，缺少足够的时间给学生提供创新创业指导服务。此外，他们同样缺少创新创业实践经验，甚至有些教师的专业跟企业管理都没有关系，这就导致他们在市场机会识别、项目可行性评估、风险预测指导等方面很难做到专业。

（3）创新创业实践支持体系不健全。一是少有专门的创新创业基金。大学生创新创业最大的困难之一就是资金短缺。很多学生有创新创业热情，也有好的创新创业项目，但因为缺乏创新创业启动资金，只能放弃。个别院校虽然设置了大学生创新创业基金，但总量很小，平均到每个创新创业项目数额更少，对于众多想要创新创业的学生来说也是杯水车薪。二是社会对大学生创新创业缺乏援助。创新创业教育的社会性与个性并存，完善的社会支持体系非常重要。近几年来，虽然政府出台了鼓励和扶持大学生创新创业的相关政策，但仍很少有社会风险投资商主动或专门对大学生创新创业进行投资。三是较少企业参与大学生创新创业实践。目前，针对大学生创新创业，学校是教育主体，政府也在积极呼吁和鼓励，而企业作为创新创业实践经验和资源都比较丰富的机构却没有参与到大学生创新创业实践中来，很少有企业愿意主动提供机会让学生在企业进行创新创业实践，也很少有企业家主动为学生创新创业实践提供咨询和指导。

三、"创新创业+" 人才培养模式实践体系构建的目标

本着为江苏区域经济社会发展服务的宗旨和出发点，基于当前高职院校创新创业教育实践的现状和开展形式，构建具有高职特点、符合高职定位的创新创业教育实践体系，即以创新、创造、创业、创优"四创"人才培养为目标，以校内外实践课程体系、校内外创新创业实践基地平台和各种创新创业活动为载体，紧密结合社会发展和专业优势，对创新创业意识进行引导、对创新创业想法进行转化、对创新创业项目进行模拟、对创新创业教育内容进行实践，着重培养大学生的创新精神。通过创建新型的创新创业教育实践的平台和载体，营造健康和谐的创新创业教育实践的环境与文化，深化高素质技能型人才培养的模式和途径，培养学校学生的创新思维，传授学生的创业知识，提升学生的创业技能，塑造学生的创业精神，提高学生的社会责任感、职业荣誉感和历史使命感，从而使学生能够全面发展且有机会从事创新创业实践活动。积极践行"创新创业是当代大学生个体自我成长、全面发展和价值实现的有效途径"的创新创业教育理念，通过一系列创新创业教育实践活动和政策措施将创新创业教育实践目标转化为大学生创新创业实践的具体行动。

四、"创新创业+" 人才培养模式实践体系构建的原则

（一）本着为江苏区域经济社会发展服务的宗旨和出发点

基于当前高职院校创新创业教育实践的现状和开展形式，本原则要符合"创新创业+"人才培养模式实践体系构建的目标。

（二）适应江苏区域经济和社会发展需求的原则

学校应建立"创新创业教育区域化"的理念。创新创业教育和江苏区域经济社会发展的关系体现在三个方面：学校创新创业教育依托江苏区域经济社会的发展，江苏区域经济社会发展引导创新创业人才的知识能力结构，创新创业教育促进江苏区域经济社会的可持续发展。构建创新创业教育实践教学体系要体现地方产业结构和社会需求特征，围绕地方创新创业人才的知识能力结构设计实践教学内容，利用江苏区域经济社会资源建立实践教学硬件场所和丰富实践教学真实素材，如选取来自地方生产和管理一线的实践教学案例，服务地方企业的真实实务运作等。

（三）融合专业教育和适应岗位需求的原则

学校应树立科学的"创新创业教育观"。创新创业教育本质涵盖专业教育的全部内容，即在专业教育基础上增加专门的创新创业素质教育。将创新创业教育理论和实践教学融入专业理论和实践教学体系，创新创业教育实践教学培养目标符合专业教育培养目标及专业人才培养规格和要求，创新创业教育实践教学内容适应职业岗位群的应用能力和职业技能水平及标准，创新创业实践教学计划和课程与专业实践教学计划和课程体系有机融合，职业素质和创新创业素质得到同步提高。

（四）融入理论教学和体现阶梯连续性的原则

学校创新创业教育应建立"做、学、教、考一体化"的教学模式，实现显性课程与隐形课程相结合，专业课程、活动课程与实践课程互动，避免理论教学和实践教学脱节。创新创业教育实践教学要体现出阶梯层次性，体现从感性认知到理性应用的逐步深化，实践教学将贯穿整个大学创新创业教育教学过程中的各个环节和各个阶段，并保证教学过程的各个阶段、各门课程和环节之间的衔接和连续，保持实践教学安排的相对稳定性。

（五）注重学生个性和体现学生主体性的原则

学校应结合学生专业背景、知识背景、性格特点和学习动机等个体差异和个性化需求开展创新创业教育，在掌握知识技能的基础上，有针对性地进行个体化的实践教学活动，促进学生的个性发展。创新创业实践教学中转变教师角色，体现学生主体地位，启发学生独立思考，引导学生团队合作，激发学生创新思维，培养学生创新精神和创业能力。

（六）利用校内校外和软性硬性资源的原则

学校创新创业实践教学资源分为两种：一是软性资源；二是硬性资源。软性资源即学院团委、学生会、各种协会或中心等社团组织，利用软性资源开展创新创业实践活动，营造学院创新创业氛围，培养学生创新创业能力。硬性资源即学院内可供开展创新创业实践教学的场地、设施、设备以及现有经营主体等，利用硬性资源为学生提供创新创业实践平台，丰富学生的创新创业感性体验。另外，依托专业实践教学内容，充分利用社会资源，建立校企协作关系，形成内外联动的培养模式，让学生为相关企业服务，建立"双赢"的服务体系。

五、"创新创业+"人才培养模式实践体系构建路径

（一）变革人才培养目标，增强创新创业实践意识

以秉承注重素质和文件建设、技术技能实践、服务社会，突出应用创新和文化创意的教育思想作为引领，造就具有高度社会责任感和创新创业能力优的高素质技能型专门人才，从而谋求创新创业实践教学新突破，实现人才新跨越，大力推进学创新创业实践人才培养质量，适应时代和社会发展的要求。

（二）以"学生可持续发展"为导向，构建分阶段进阶式的创新创业教育实践体系

以三个课堂阶段为依托，构建一套进阶式的创新创业教育实践培育体系，拓宽学生创新创业视野。

（1）立足第一课堂，培育创新创业实践认识。改革创新创业实践课程设置，面向所有在校生开设"大学生创新理论课、创业基础课和大学生职业生涯规划课"等课程，与南京市人力资源和社会保障局合作针对烹调工艺与营养专业开设"创业网络课堂（互联网创业、网创项目选择与定位、网络产品规划策略、货源平台采购与财务管理、网络推广与全网营销、网创项目风险分析、网店管理等）"课程。同时依托专业通识课程，如市场营销、成本控制、餐饮管理、连锁经营等课程，通过两类基础课程的开设与知识融

合，培育学生对创新创业实践的认识。

以基础课程为基点，以此建立与烹调工艺与营养专业核心课程和项目单门课程的联系，深入开展校内烹调实训课程、校内综合实训课程，拓展学生对创新创业实践的基本认识，提升学生创新就业的软实力，并最终培育学生良好的自我创新创业实践意识。

①校内烹饪实训课程：教师以提升学生专业技能实践能力为目标，编制课程实训大纲、实训教材和指导书，学生依托专业核心课程和项目课程的校内实训课程教学、课程教学资源学习平台（精品课程学习网站）和自主学习平台的学习，提升专业实践技能，拓展创新创业实践基础。

②校内综合实训课程：本专业在传授专业知识的过程中，有意识地加强创新创业教育，使学生在上课时潜移默化地增强创新创业意识。以项目课程为主线，在原材料采购、菜肴烹调制作、菜品包装设计、营销推广策划、销售核算等一系列过程中，学生团队完成整个过程的各个环节。期间教师给予指导，通过此实训课程，让学生在课程中，对专业理论与实践的紧密联系、前场与后场的紧密结合、烹调技能与餐饮经营的深度融合有个全面的认知，实现学生综合实践能力的提升，拓展了学生的创新创业素质的培育。

（2）立足第二课堂，实施创新创业实践体验。以第二课堂为依托，锻炼与提升学生创新创业实践基本职业品质。通过强化综合性实践和拓展性实践，柔性化教学管理，以导师制主导实践和学生自选项目选题并组织实施实践这两种方式进行创新创业项目（科研）实践体验，让学生在项目（科研）中获得设计、组织、协调等实践技术能力，成为真正参与创新创业项目实践活动各个环节的主体，如大学生实践创新训练计划、美食文化节活动、综合毕业设计及成果展示会、各类纵向横向科研课题研究等。

大学生实践创新训练计划：为了促进学校人才培养模式和教学方法的创新，鼓励和支持大学生积极参与科学研究、技术开发和社会实践等创新创业活动，不断提高大学生的创新创业精神和实践能力，南京旅游职业学院自2009年起，便积极申报江苏省大学生实践创新训练计划。立项项目从2009年的7项到2015年的15项，逐年递增。

美食文化节活动：为了彰显烹饪专业特色的优势，强化专业建设，近几年来，烹饪专业设计并实施了每年一届的"校园美食文化节"活动。让学生走出教室、走出厨房，到学校的广场上开设美食宣传与销售活动。其活动内容包括营养知识的推广、面塑与雕刻作品的现场制作与展示、中西菜肴与面点的现场售卖等，重点是让全校师生品尝学生们亲手制作的菜品，感受美食文化。在活动的整体策划下，由烹饪学院设计大赛背景墙和条幅标语，二年级每个班级搭建敞篷，设计一个主题，打出自己的标语，布置自己的展台。各个班级以小组为单位，每小组制作与销售3~5个菜点品种。专业老师把控菜单的数额和价格，各展台设计根据班级的专业特点来布置，中餐、西餐、中西点心都可彰显自己的特色。美食活动共制作中西菜点80种，在活动展销期间，校园美食广场上场面宏大、人头攒动，购买如潮，全校师生们在品尝美味佳肴的同时，也感受到每个班级的现场服务。这种校园美食节活动，不仅使各班级学生从原料采购、菜单设计、展台布置、菜品销售进行了一场真枪实弹的烹饪技艺训练和比武，也为各班级综合技艺的展示提供了平台。它考量了各班级学生的基本功、创造力和整体水平。最终考核各班各组的原料制作与销售情况,并将每组同学的表现计入学期成绩。

毕业设计及成果展示会:为了提升学生的综合能力,学校通过改革传统的毕业论文形式,跨专业跨班级,打通专业界限,实施团队合作,进行综合毕业设计,包括方案制定、作品(菜肴)设计、成果展示等环节,充分发挥学生的综合实践能力,提升学生创新意识和能力。

学校组织各类创新创业比赛,夯实创新创业苗圃平台。学生是创新创业教育的主体,学校引导学生多以参加比赛的形式,增强探索性与研究性学习的能力。学校为学生组织各类创新创业竞赛,如各类创新创业知识竞赛、职业技能大赛等,来锻炼学生的创业创新能力。学校努力创造条件,组织校级比赛获奖的学生参加省级及国家级的相关竞赛,如全国高职高专创新创业大赛、全国职业院校技能大赛、省级大学生职业生涯规划与创业大赛等赛事。依托这些创新创业竞赛,打造创业苗圃平台,强化学生创业激情。

创新创业知识竞赛:学校每年在校内开展创新创业知识竞赛,检测和提升学生的创新创业知识储备能力,同时统一组织学生参加全省的就业创业知识竞赛,学生参赛率高、成绩优异,将竞赛成绩作为学生考核的重要依据。学校2013年、2014年、2015年连续3届荣获全省大学生就业创业知识竞赛"优秀组织奖"。

"成才杯"职业技能大赛:学校积极为学生创造各种职业技能锻炼和展示的平台,以赛促学、以赛促练,提升学生的职业能力。每年在全院范围开展"成才杯"职业技能大赛,实施"人人参与""人人成才",在形成相对较稳定的比赛项目的基础上,不断创新竞赛项目,开拓综合性竞赛项目。

省级、国家级职业技能大赛:学校在"成才杯"职业技能大赛的基础上,经过层层选拔,参加学校的比赛,优秀选手被推荐参加省级、国家级技能竞赛,效果显著,影响面极大。连续3年获得全国职业技能大赛7个一等奖。

职业生涯规划大赛:以"职业生涯规划与就业创业指导"课程教学为契机,扬弃"以知识体系为导向"的传统课程理念,构建"以生涯能力培养为目标"的课程新理念。通过职业能力测试、规划书撰写、模拟面试、小组讨论等形式多样的教学环节,帮助大一刚入校的新生尽快找准自己的职业角色定位,正确认识客观环境,引导其做好个人职业生涯规划,确立合适的职业理想,制定职业发展的各阶段目标,从而建立了与人才培养体系相得益彰的课程教学体系,增强了教育教学的实效性。以此为基础,积极组织学生参加全省大学生职业生涯规划大赛,自2010年首次参加全省大学生职业规划大赛以来,屡获佳绩,学校连续5年荣获全省大赛"最佳组织奖",11位同学先后斩获2个专科组总冠军、5个全省"十佳职业规划之星"、5个省级一等奖、2个省级二等奖。特别是2014年,学校荣获江苏省第九届大学生职业规划大赛"最佳组织奖",1人获全省专科组总冠军,1人获"十佳职业规划之星",1人获省级二等奖,创造了历史最好成绩,在全省高校中也是遥遥领先。通过大赛的磨砺,鼓励学生积极开展职业生涯规划,找准职业发展目标。

同时定期邀请或访谈社会知名酒店餐饮类企业、专家学者和事业成功的校友,参与创新创业论坛报告会和交流会,通过他们自身丰富、生动的实例,解答学生的疑问,激发学生创新创业的激情,拓宽学生创新创业的视野和思维空间。

开展各类与创新创业相关的活动，如名厨访谈、南旅大讲堂、创业论坛讲座和创业典型案例宣传等活动，激发大学生创新灵感和创业热情，培养大学生创新创业素质，训练其创新思维能力，营造校园创业环境和氛围，引领大学生开展创新创业的热潮。

名厨访谈：由烹饪与营养学院组织在校生对行业内富有影响力的餐饮企业创始人、五星级酒店行政总厨进行访谈，让采访者真切感受到创业的环境与发展历程，并将访谈内容与校内同学分享。

南旅大讲堂：学校开展南旅大讲堂，在新生进校之初，将就业创业教育作为入学教育的重要组成部分，邀请创新创业成功人士、杰出校友来校演讲，让新生一进校就对大学生创新创业有初步的了解。大一第一学期，通过举办创新创业基础知识讲座，对新生进行普及性创新创业教育，激发同学们的创新创业意识。同时各学期定期通过举办讲座、沙龙等形式，增进创新创业者与在校生的交流互动，培养学生的创新创业意识，了解创业前应进行的知识与经验准备。

由团委、学生会牵头，建立创新创业学生社团，发挥社团教育功能。通过创新创业社团的各种活动，将专业知识与社会实践结合起来，充分发挥社团的渗透作用，使之成为创新创业实践教学的第二课堂，如创越协会、江南小天厨、创意工作坊、创新创业沙龙俱乐部、创新创业校友协会社团、创新烹饪工艺美术品制作社团等。开展形式多样的社团活动，可引发学生创新创业火花、激发学生创新创业灵感、培养学生创新创业意识。创新创业学生社团还可向校外商业单位以拉"赞助"的形式推广学校的各类活动，如运动会、校园歌唱比赛、演讲比赛、辩论赛、工装大赛等活动，培养学生的合作与管理能力，增强创业基础能力。

创越协会——大学生创新创业平台：由烹饪学院在校生组建的社团，主要为高星级饭店、餐饮企业提供勤工俭学的学生，以获取企业资金支持，帮助社团发展壮大。同时，也让勤工俭学的学生尽早接触企业，增强自身专业技能，培养创新意识，了解企业创业的过程。

江南小天厨——创新创业兴趣小组：为了激发学生的学习兴趣，拓展学生的实践能力，自2010年始，南京旅游职业学院创建了"江南小天厨"社团，利用学生课外时间，积极开展雕刻、面塑、花色冷拼、拉面、巧克力造型、包饼塑形等一系列烹饪兴趣小组的第二课堂教学活动。学生根据自己的兴趣爱好自行报名、自行组织烹饪兴趣班，学院根据学生的情况协助设计教学方案、选聘指导教师（或是学院专业教师，或是酒店行业技能专才，或是技能优秀的学生人才等）。烹饪兴趣班活动每周一次，教学目的明确，教学效果考核成绩均纳入学生操行学分。通过几年的实践，教学成果显著，同时丰富了烹饪专业的实践内涵，强化了学生的动手实操能力，拓展了专业技能，提升了学院烹饪类专业学生的就业竞争力。同时社团为高星级饭店、餐饮企业提供订单式服务与产品，如面塑、菜肴加工、菜品开发等，企业给学生提供了技能实践的平台，培养了学生的创新创业意识。

（3）立足第三课堂，实施创新创业实践培育。创新创业实践教育的基本点在于对社会实践的认同。在创新创业实践人才的培养过程中，应以在高校间开展创新创业计划竞赛、校企创新创业实践基地、创新创业孵化基地等多种方式打造实践平台，从而引导与催化学生获得实际创业技能，强化实践动手操作和解决实际问题的能力，让学生与教师共同打造服务平台，创办企业，如中国好厨师网、微商推广服务平台。

中国好厨师网：这是由烹饪学院高志斌老师带领学生打造的专业网站，其目的是推介国内知名烹饪大师，推广名菜小吃制作工艺，为餐饮企业、求职者提供各类资讯，为餐饮企业创业提供咨询诊断。目前，已成为业内有一定影响力的专业咨询网站。学生通过网站的运营，实现了各类行业实践知识的储备基础。

微商推广服务平台：这是由师生共同打造的平台，通过收取加盟微店的适当费用，为微店进行包装、管理与推广，给微店经营者提供建议与咨询，从而形成南京地区小微餐饮企业联盟。

学生合理利用课余时间，加盟品牌企业业务推广，并通过企业开展的一系列成熟的商业品牌策划、营销等活动，达到锻炼自身创新创业实践能力的目的，如微店"柚丁"。

微店"柚丁"：学生团队通过加盟餐饮企业，建立并运营自己的微店"柚丁"，专为南京中心城区白领职员提供下午茶及简餐服务，属于小微企业创业的典型。

依托学校御冠教学酒店和实践基地，打造学校创新创业孵化基地，利用此类基地，提供学生创新创业空间，实施创新创业实战，如"研磨时光"咖啡生活馆。

"研磨时光"咖啡生活馆：依托酒店实训室，学生社团打造"研磨时光"咖啡生活馆，通过选材、加工、研磨、调酒、营销等环节，充分锻炼学生的策划设计、经营管理、营销推广能力，提升学生的创新创业实战能力。

学校与企业深度合作，深入开展现代学徒制探索，校企共建创新创业实践基地，共同提升学生的创新创业能力，如蓝蛙订单班。同时利用校外基地优势，建立校外顶岗实践研修基地，进一步拓展学生的实践能力和创新创业实战能力，特别是充分利用杰出的校友与合作企业资源，通过请进来与走出去，在校内搭建创业培训平台，在校外建立了创新创业教育实训基地，定期组织学生到企业考察、交流，了解企业创始过程，体验真实的创业场景。如境内的南京奶酪时光餐饮公司实践基地、无锡亚马逊餐饮公司实践基地、南京美丽心情食品公司实践基地等，以及境外的美国、迪拜、日本、中国港澳台等多个国家（地区）的实践基地。

蓝蛙精英班：此班级是烹饪学院与蓝蛙餐饮公司不断深化校企合作的结果，从最初的实习、就业合作，到组建蓝蛙订单班，再到现代学徒制培养模式的探索。实现了校企共同授课、共同开发教材，尝试了校内课程标准与企业岗位标准的对接，学生在校期间即可赴企业兼职，实习、就业均实现定向输送，使学生对餐饮企业经营管理的认知不断深化，为今后自主创业打下坚实的基础。

六、"创新创业+"人才培养模式实践基地和平台建设构建

（一）完善校内实训基地建设

完善实训基地功能，提升实训基地档次和硬件建设。继续打造实现实训中心职业技能运用、职业能力训练和职业素质培养的主要职能，继续开设面向行业的实训课程，同时承担各种以模拟实际职业环境的训练方式进行的培训，缩短学生就业前与企业岗位技

能要求的差距，提升学生的创新创业实践能力，满足多层次人才实训的需求。

（二）打造校内创新创业教育实践平台和载体

创新创业教育实践的困难在于为学生营造客观、真实的创新创业实践环境，提供大学生能够真正地从事创新创业的有效平台和载体。为满足大学生创新创业实践的客观需求，统筹规划校园空间布局，优化设计三大功能区域。一是规划整修校园内沿街部分商铺、部分活动中心、部分食堂区域，作为大学生开展实体店铺创业与实践辅导的功能区；二是将学校体育馆和图书馆部分空间改造设计成大学生创新创业实践活动中心，作为大学生开展创新创业培训和创业沙龙的功能区；三是利用学校实训楼和御冠教学酒店，通过对实训楼现有使用空间的调整和御冠酒店创新创业服务中心的空间利用，作为大学生从事管理服务咨询与开展创新创业的功能区。三大功能区域不仅注重基础条件建设和环境布置，更强化服务功能作用和教育引导，重在为学生搭建真实的创新创业实践平台。

（三）构建创新创业孵化扶持体系

创新创业教育实践贵在完善学生创新和创业的创新创业扶持体系，提供学生创新和创业的制度保障。依托学校教学酒店，成立创新创业指导中心，并专门设立大学生创新创业扶持基金，通过对创新创业项目的遴选、孵化、扶持、跟进、指导，使创新创业项目从萌芽、发展，直至壮大，有了一定的市场竞争力，创新创业项目才能健康、持续发展。

创新创业内容涵盖技术研发、文化创意及商务服务等领域：通过项目负责人申报、组织专家对申报项目进行遴选的方式决定最终入选的扶持项目，项目负责人都由学生担任，学生组织团队，写策划书、申报书等，负责人需依次对项目创意、团队组织、市场评估、营销策划及运行现状等内容进行了介绍和展示，专家评审认真听取项目汇报，并对照评分标准给予项目评级，遴选优秀项目入选扶持项目，项目入选以后，需为学生提供创新创业环境，充分发挥学生的创新创业才能。

学校不仅为在校大学生创新创业团队提供创新创业所需的创新创业场所方面的"硬条件"，而且为在校大学生创新创业团队提供资金、项目、指导和管理方面的"软服务"。

（四）搭建学生校外"众创空间"平台

利用校企合作的资源优势，搭建创新创业教育"众创空间"平台，为学生提供可持续的创新创业发展空间。通过校企合作优势的互补，依托深度合作平台的作用，与企业建立"紧密型"合作关系，广泛建立校外创新创业实践基地。通过校企合作基础为学生拓展专业实践空间和创新创业实践视野，使学生奠定坚实的专业知识、职业素养和创新创业能力。与合作企业建立校企合作创新教学工场。校企合作创新教学工场是学生与企业互通"耦合"的创新载体，其组成结构单元是：以学生为主体、教师为指导的"虚拟项目"和社会真实项目。在校企合作创新教学工场中，学生"虚拟公司"的创业实践可以和学业学分挂钩，参加创业实训项目的学生可以获得相应免修课程的资格，真正实现"教学"与"创新创业"的有机耦合。

第六章 "创新创业+"人才培养模式师资队伍建设

自从2002年教育部确定清华大学、中国人民大学、北京航空航天大学等9所高校作为我国创业教育试点院校开始已15年，此后国务院、人力资源和社会保障部、教育部等9个部门陆陆续续出台了一些关于创新创业的利好政策。中共中央政治局2010年6月21日把"改革创新作为教育发展的强大动力，创新人才培养体制、办学体制、教育管理体制"列入《国家中长期教育改革和发展规划纲要（2010—2020年）》，2015年《国务院关于大力推进大众创业万众创新若干政策措施的意见》（国发〔2015〕32号），把创新提升为国家战略。2016年教育部印发《关于做好2016届全国普通高等学校毕业生就业创业工作的通知》等一系列政策文件，为高校创新创业教育改革指明了方向，并明确地提出从2016年起所有高校都要设置创新创业教育课程，对全体学生开发开设创新创业教育必修课和选修课，并纳入学分管理，高校要把提高教育质量作为创新创业教育改革的出发点和落脚点。从此创新创业教育成为教育界的高频词，全国各地掀起新一轮的高等教育教学改革热潮，高校创新创业教育进入新阶段，彰显了对教育教学质量的提升效应、对学生健康成长的促进效应、对毕业生充分就业的倍增效应和对完善高校管理的溢出效应。但是我们要清醒地看到深化高校创新创业教育改革，人才培养质量是核心，素质教育是主题，人才培养机制是重点，教师能力建设是关键。

一、能力

能力是完成一项目标或者任务所体现出来的素质。人们在完成活动中表现出来的能力有所不同，能力是指顺利完成某一活动所必需的主观条件。能力是直接影响活动效率，并使活动顺利完成的个性心理特征。能力总是和人完成一定的实践联系在一起的。离开了具体实践既不能表现人的能力，也不能发展人的能力。

能力素质模型（Competency Model）也称为胜任力模型，是指担任某一特定的任务角色所需要具备的能力素质的总和。它是由美国著名的组织行为研究者大卫·麦克利兰（David McClelland）提出"能力素质"概念之后逐步发展起来的。麦克利兰将能力素质（Competency）界定为：能明确区分在特定工作岗位和组织环境中杰出绩效水平和一般绩效水平的个人特征。分五个层次：知识（Knowledge）、技能（Skill）、自我概念（Self-Concept）、特质（Traits）、动机（Motives）。能力是生命物体对自然探索、认知、改造水平的度量。如人解决问题的能力，动物、植物的生殖能力等。能力又称为能块，能块包括思块（思维）、行块（行为）和语块（语言）。思块分为：思块组合能力、组合速度、思维行为沟通能力、思维语言沟通能力、语言行为沟通能力、理解力、判断力、分析能力、综合能力、记忆力、观察力、想象力等。行块分为：模仿能力、灵敏度、力度、耐力、速度、听力、注意力、感知力等。语块分为：语言速度、语言运用、字词组合、场合运用、概括等。思块、行块、语块三者是相互关联的。思块在此起主导作用，但是其他两者又可以刺激思块的不断发展。

能块可以通过专门训练得到很大的提高。比如游泳、体操、绘画、武功等就是一种能力的专业训练，也是一种提高训练。同时，会绘画的人模仿能力非常好，会音乐的人听力非常好，会武功的人灵敏度非常强，长期处于官场的人语言概括能力很强，做主持人的人语言速度可以得到很好的控制，练拳击的人力度和耐力比常人要强很多。对能力的研究，可以大大地提高人类个体在现实社会中的各种表现方式，从而达到表现自己价值的目的。

能块也可以用"商"来表示，叫作"能商"，它可以说是人体几大"商"之一：智商、情商、能商和钟商（生物钟在人体的作用结果）。智商是社会知识在人类个体的累积，这种累积再还原于社会，使交往的人群都能体会到，就是能商。在别人体会个体的能商时，每个人所掺杂能商的一种偏向，就是情商，比如在美国总统选举的演讲会上的激情表演，不但是智力、能力的体现，同时也是情力的体现，没有高亢激昂外加各种行为的配合，演讲不但没人听，总统也是难以当成的。在即兴演讲中，语言一直遵循一个方向（目的），在大脑中不断提取和产生与这个方向有关的"原料"（本书称作"忆块"），能够构成这种结果的原因就是生物钟在起作用。所以，四商构成了一个人除生命特征以外的一切，本书将"生命特征以外的一切"称作"人命"。人命和生命组成人体。人命是智商、能商、情商和钟商的结合，简称"智能"。个人能力包括想象力、记忆力、联想能力、组织能力、沟通能力、领导能力、创新能力、学习能力、号召能力、适应能力等。在知识经济时代，学习能力是最重要的，因为知识总是在更新，只有不断学习才能跟上时代的步伐。

二、教师能力

（一）西方职业教育教师能力

美国职业教育教师专业发展标准分为国家标准和地方标准两大类，于20世纪90年代初步形成，其中较为主要的国家标准有1997年美国国家专业教学委员会（NBPTS）颁布的美国职业教育标准资格认定（Vocational Education Standards for National Board Certification）以及美国教师教育认定机构（NCATE）指定的技术类职业教育教师培养标准（Program for Initial Preparation of Teachers of Technology Education）等，这些都为职业教育教师资格认定和师资培养提供了一定的依据和保障。进入21世纪后，美国的职业教育提出"促进教师专业发展，迈向专业教学的更高标准"口号，在2001年NBPTS制定出美国职业教育教师专业标准（见表6-1），以4个维度和13条标准描述了合格教师在教学过程中应达到的最基本要求。

表6-1 美国职业技术教育教师专业标准内容

	维度	标准			
		1	2	3	4
1	为学生创造有效学习环境	了解学生	掌握学科知识	创造良好学习环境	教学多样性
2	提高学生学习成绩	拓展专业领域知识	评估与反馈		

续表

维度	标准			
	1	2	3	4
3	帮助学生进行角色过度	帮助学生熟知工作环境	帮助学生管理和平衡	推动社会发展	加强与学生家长和社区的合作
4	通过专业发展和自我超越来提高教学质量	反思式教学	创建校企合作关系	贡献于教育事业

澳大利亚职业教育的培养特色集中体现为TAE模式，即"培训与教育"培训包。2010年由创新与行业技能委员会（Innovation and Business Industry Skills Council）开发的"培训与教育"培训包（TAE10）是澳大利亚现行的针对职业教育教师资格与培训部门培训师能力标准的规定，也是职业教育教师入职和专业成长的重要依据。培训包中国家认证的部分主要包括三大项：能力标准、职业资格和评估标准（见表6-2）。能力标准是指教师胜任职位所必须具备的专业知识、专业技能和行业操作标准，参加培训者经过一段时间的学习和培训后，可以申请接受行业的标准测试，通过测试即表明已掌握职业能力，可获得相关国家认证的职业资格证书，只有获得TAE10证书的教师才能在澳大利亚的职业教育中担任教师。

表6-2　TAE10培训包专业能力标准

维度	标准						
	1	2	3	4	5	6	7
能力标准	学习设计	培训实施	运行高级学习项目	评价	培训咨询服务	国际教育管理	培养持续发展能力
职业资格	"培训与鉴定"四级证书	国际教育管理专科文凭	语言、数理类研究生证书	学习管理类研究生证书	国际监狱管理研究生证书	语言、数学研究生文凭	学习管理研究生文凭
评估准则	个人资质	培训经历	评估环境	评估途径	考核方法		

（二）中国高职院校教师专业能力标准

国内外关于教师能力的研究流派以教师能力结构流派为主流，这些流派分布较为广泛，其实质是在试图探究教师的能力结构组成。教师能力是指"从事教师职业的人所应具有的带有职业特点的能力"，是"教师在教育教学活动中形成并表现出来的、直接影响教育教学活动成效和质量、决定教育教学活动的实施与完成的某些能力的综合"。国内学者对教师能力的构成的研究可归纳为三种：种类构成、维度构成和领域构成。种类构成是把教师能力看作是一个由若干种子能力组成的整体，它包括不同种类的下位能力，如教学能力、班级管理能力、教学设计能力、反思能力等。有时候研究者还在一级能力下细分二级、三级能力。维度构成是把教师的能力看成是在若干个不同的平行维度上所需要的能力要求，如专业基础方面、教学计划与准备方面、教学方法与策略方面、评价方面、教学管理方面等，每个维度下面有详细的指标。领域构成是把能力看成是学校、教育、教学和教师个人等各个领域所需要的不同能力要求，如教与学、学生发展、学校发展、教师个人发展领域等，每个领域也有不同的能力指标。三种角度对能力构成的研究都各有特点。

对于教师专业能力由哪几种能力构成的认识是一个动态的变化过程。如陈安福等（1988）认为，教师能力包括搜集教学资料的能力、组织教材的能力、言语表达能力、组织课堂教学的能力、因材施教的能力、教学反馈的能力、教学诊断的能力。叶澜（1997）认为教师能力由理解他人和与他人交往的能力、组织管理能力、教育研究的能力、信息的组织与转化能力、信息的传递能力、运用多种教学手段的能力、接受信息的能力等构成。张波（2007）则认为教师能力由教学能力、科研能力、管理能力、创造能力组成。占峰（2013）提出教师能力由教学执行力、教育创新力和持续发展力构成。从种类构成看，教学能力是教师能力最主要的组成部分。随着网络信息时代的发展和多媒体的普及，对教师运用现代教育技术的能力要求也成为教师能力的重要内容之一。

高职教育专业的职业性，主要表现在它涉及多个学科、多个专业领域的知识，其重点不在于理论知识的深度，而在于跨学科、跨专业知识在职业实践中的综合应用。因此高职教师的专业能力标准除教育学、心理学知识在教学实践中的应用外，还必须以跨学科、跨专业的知识在职业工作实践中的综合应用为标准。这就是高职"双师型"教师专业能力的特征。这种职业性反映到教学中就充分体现出职业专业的教学过程与相关的职业行动过程的高度一致。它要求教师在职业专业教学中必须构建一种有别于普通教学的、具有职业专业特色的教学体系。 从高职教师构建职业专业教学体系来看，其专业能力标准主要反映在以下几个方面：

（1）制定教学大纲、内容及目标都要职业化。
（2）教学过程与职业工作过程要一体化。
（3）教学中的职业工作情境创设要真实化。
（4）教学方法写真化。
（5）善于应用多功能化的教学设施。
（6）以多专业性为标准，有跨学科、跨专业能力。
（7）重视过程、多技术综合应用。
（8）以获取、教授经验性、策略性隐性知识为主。
（9）以"研究型"和"革新型"为标准提升专业能力。
（10）以现代信息为基础的现代信息化教学。

另外，"双师"专业能力的有机融合也是高职教师的专业能力标准。因而在高职院校，教学实际是存在于职业技术及其应用之中的，而职业技术则又是存在于教学的施行过程之中的。由此可见，教学与职业技术两者之间是相互包含、有机融合不可分离的关系。它们本身所固有的这种不可分离的客观关系，决定了"双师"专业能力的有机融合，应当成为衡量高职院校 "双师型"教师专业能力的客观标准。所以高职教师"双师"专业能力有机融合的具体标准主要体现在：

（1）具有在课堂教学中把原理教学与技术应用相融合的能力。

（2）具有在模拟实训教学中把应用教学与行动相融合的能力。

（3）具有在职业实习教学中把行动教学与适应情境变化相融合的能力。

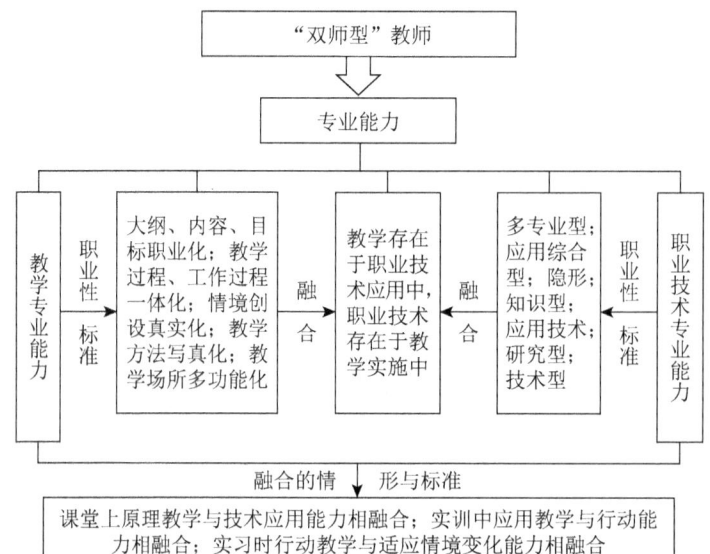

图6-1 高职"双师型"教师专业能力标准

综上所述，多种教师能力素质共同组成了教师的专业教育能力。随着时代的发展与新课程的实施，对教师能力的要求越来越高，教师能力的构成内容主要是指向教师如何教和对教学效果的有效影响，教学能力是最重要的构成。随着新课程改革的实施与发展，教师能力的内涵更丰富，教师的课程能力、教学能力、多媒体运用能力、科研能力、人际交往能力、胜任力等都成了教师能力研究的热点。尽管每个学科都有一些有别于其他学科的能力表征，但从维度上来看，教师专业能力的实质是大同小异的，这也是为什么《教师专业标准（试行）》等标准都没有细分学科的区别。从种类、领域和维度三个方面去研究教师能力的构成取决于研究者的视角，没有优劣之分。2004年修订的"标准"包括专业基础、计划与准备、教学方法与策略、评估与评价、教学管理5个维度18项能力指标，适用于各种教学情境，包括面对面教学（课堂教学）、在线教学和混合教学情境中的教学。相信随着课改和高考改革的继续深入，教师能力仍会是研究的热点所在。

第七章 "创新创业+"人才培养模式评价体系建设

为了适应现代社会的发展,培养适应社会需求的高素质人才,大学教育必须改革传统教学中以教师为中心的填鸭式教学方法,在教学中广泛吸收和应用现代化教学方法或采取现代化多媒体教学手段。教学方法的革新,是提高教学质量的关键。以优化教学效果为核心,以促进学生学习能力提高为宗旨,改革传统的、旧的教学方法,大力推行先进的教学手段和方法。在"创新创业+"的教育教学改革过程中,更要特别重视教学过程的教学方法和考核方式的转变,过去教师满堂灌的传统方式已不能满足高职院的人才培养需求。学校应积极采取措施,如开展各类教学方法的研讨活动,广泛开展启发式、讨论式、翻转课堂等的参与式教学,开展"以训带学、以研促学、以赛助学",将学生带入教师的科研课题中学习,带入各类大赛里学习,注重培养学生的批判性和创造性思维,激发创新创业灵感,根据不同的学生需求开展分类分层学习,充分利用现代信息技术开展在线学习、鼓励学生自主学习,并创造条件将学生参与的各类活动和在线学习、自主学习纳入到学业成绩考核中等。同时需改革学生教学评价模式,建立新的教学质量评价体系,改变传统的"以理论考试成绩为主、以期末考试成绩为主、以任课教师评价为主"的评价模式,建立以"培养学生综合素养和职业能力"为主线的人才培养模式。评价模式的改革,有利于树立全面的"人才观",有利于推动"教学模式"的改革创新,有利于推动人才培养模式的改革创新等。

一、创"多模"的教考方式方法

(一)"教案"变"学案"模式

"学案导学"是以让学生学会学习、学会创新为宗旨,打破过去只以教案教学的常规。以学案为载体,通过"先学后教,问题教学,导学导练,当堂达标",让学生直接参与、亲身体验和感悟知识形成的过程,探索发现问题、解决问题、形成结论、创新知识程序和方式方法。在整个教学过程中,教师不是"授人以鱼",而是"授人以渔";不是奉送真理,而是教学生真理。这种做法,划清了传统教育与现代教育的界限,对于培养学生的创新精神和创新能力具有重要意义。

"学案导学"是以"学案"为载体、"导学"为方法、教师的指导为主导、学生的自主学习为主体,生生、师生共同合作完成教学任务的一种教学模式。通过学生的自主学习,培养学生的自学能力,提高教学效益,让学生真正学会学习,成为学习的主人。

学案导学的一般过程:

(1)教师编"学案"。教师对学案的设计,应从教材的编排原则和知识系统出发,对课程标准(大纲)、教材和教参资料以及自己所教学生的认知能力和认识水平等进行认真的分析研究,合理处理教材,尽量做到学案的设计重点突出、难点分散,达到启发和开拓学生思维、增强学生学习能力的目的。

（2）学生自学教材。完成学案中的有关问题是学案导学的核心部分。它要求教师将预先编写好的学案，在课前发给学生，让学生明确学习目标，带着问题进行预习。同时，教师在学生自学过程中应进行适当辅导。

（3）讨论交流。在学生自学的基础上，教师应组织学生讨论学案中的有关问题，对教学中的重点、难点问题引导学生展开讨论交流，形成共识。而学生在讨论中不能解决或存在的共性问题，教师应及时汇总，以便在精讲释疑时帮助学生解决。

（4）精讲释疑。精讲释疑就是在学生自学、讨论交流的基础上，教师针对教学重点、难点及学生在自学交流过程中遇到的问题，进行重点讲解。

（5）练习巩固。练习的设计应紧扣本节课的教学内容和能力培养目标及学生的认知水平。练习题要求学生当堂完成，让学生通过练习既能消化、巩固知识，又能为教师提供直接的反馈。教师对练习中出现的问题应及时发现，给予指正，做出正确的评价。

"学案"可分为：学习目标、诊断补偿、学习导航、知识总结、当堂达标测试5个环节。

学习目标：目标的制定要树立"一切为了学生发展"的新理念，针对本节的课程标准，制定出符合学生实际的学习目标。目标的制定要明确，具有可检测性，并与本节当堂达标题相对应。

诊断补偿：首先，设置的题目重在诊断和新知识有联系的旧知识的学生掌握的情况，目的是发现问题后进行补偿教学，为新知识的学习扫清障碍；其次，有利于导入新课，激发学生的学习兴趣。

学习导航：学案设计思路：①树立"先学后教"理念，学案要以"学"为中心去预设。主要解决学什么、怎样学的问题。②教师在设计本部分内容时，要用学生的眼光看教材，用学生的认识经验去感知教材，用学生的思维去研究教材，充分考虑学生自学过程中可能遇到的思维问题。③给学生充分的学习时间，每个知识点学完后，要配以适当的题目进行训练，使学生理解和掌握所学知识。

知识总结：当堂形成知识网络，及时复习，力避遗忘。最好是学生自我总结。

当堂达标：紧扣本节课的学习目标，选择能覆盖本节课所学内容的题目，对学生进行达标测试，以查看本节课学生的学习效果，并针对学生反馈情况及时进行补偿教学；难度不可太大，以考查知识的掌握及运用为主。

强化学生的自学行为，充分发挥学生的主体作用，通过引发、诱导、启迪、导学、导练，把学生由听众席推向表演舞台；让学生在动眼看、动脑思、动耳听、动口说、动手做的过程中，参与知识创新的过程，自我领悟知识的内涵，从而牢牢地掌握知识，学会学习，学会创新。在广泛学习中外现代教学理论的基础上，密切结合本校教学实际，创新性地构建了"自主探究，学案导学"课堂教学模式。使用学案改革教案，变以教师为中心为以学生为中心，变重知识传授为重能力发展，学案导学教学模式是对传统教学方式的一次本质意义的革命。它以学生的自学信息反馈为依据，以师生活动为载体，以发现问题、自我探究为主线，以学生的多种能力的养成为目标，注重对学生进行学法指导和学习策略教育，有效地弘扬了学生的主体性，体现了现代教育的特征。

（二）"网络环境下的自主课堂"——蓝墨云班教学模式

蓝墨云班课是一款可以供职业院校和广大高校教师和学生在计算机上使用的教学工具，利用蓝墨云班课，教师可以提升与学生的沟通和互动效率，开展微课或翻转课堂教学。让课堂变得更加生动有趣，任何移动设备或PC上，都可以轻松管理自己的班课、管理学生、发送通知、分享资源、布置批改作业、组织讨论答疑、开展教学互动。

如2016—2017学年南京旅游职业学院在酒店管理学院163级酒店管理专业1、2、3班开展基于蓝墨云班课的大学英语线上线下相结合的混合式教学。教学设计分为线上自主学习活动和线下课堂教学活动。

学校充分利用师生的"自带设备"（BYOD），积极探索移动互联网环境下英语类课程教学的新模式、新方法。开发导游英语、酒店英语、大学英语3门私播课（SPOC）课程，利用蓝墨云班课移动教学助手开展线上线下相结合的混合式教学。"线上"学生自定步调完成基础知识学习并参与讨论、参加自测；"线下"在教师的引导下，学生通过小组讨论、演讲汇报、场景模拟等实践教学深化对语言知识和工作技能的理解与掌握。通过挖掘学生学习行为的大数据，加强对学生的学业预警和过程性评价。开展O2O的混合式教学既有利于因材施教，促进学生的个性化学习，又培养了学生的团队合作精神，使其在轻松有趣的环境中学习知识，发展能力；教师信息化教学能力也不断得到提高。

线上自主学习活动具体实施过程为：

（1）通知发布：通过蓝墨云班课的通知功能发布学生课前自主学习任务，并且预告课上学习活动内容，以便让学生做好充分准备。

（2）资源上传：将学生自主学习资源上传至蓝墨云班课，包括教学课件、教学视频、扩张资源、自主学习任务单等。

（3）讨论答疑：学生自主学习后，师生、生生在蓝墨云班课讨论答疑区进行同步或异步的讨论交流、解决疑惑、加深理解。

（4）课前自测：学生自定步调完成自主学习后，前往蓝墨云班课测试区参加课前自测，了解自己对自主学习知识的理解和掌握程度。

（5）敦促监控：利用蓝墨云班课的大数据分析功能，了解学生课前自主学习的任务完成情况，敦促没有学习资源或没有完成任务的同学完成课前自主学习。

（6）归纳反馈：学生通过自主学习和讨论交流，归纳课前所学，并且反馈仍然存在的困难和疑惑。

线下课题学习活动包括：

（1）利用蓝墨云班课的调查问卷活动开展与课文主题相关的问卷调查，让学生对调查结果进行小组讨论并形成段落，这有利于帮助学生提高口语交流和写作能力。

（2）单词拼写与竞赛：通过蓝墨云班课的作业任务模块让学生提交单词默写，然后进行同学互评，这有利于学生在短时间内强化记忆单词。

（3）头脑风暴：让学生利用蓝墨云班课的头脑风暴功能列举所读文章的关键词，一方面可以训练学生的阅读理解能力，另一方面有利于学生的思维训练。

（4）汇报展示：学生对小组讨论的成果进行汇报，同时可以开展小组互评或教师评价。

（5）课堂反思：一堂课结束后让学生利用蓝墨云班课头脑风暴功能反思归纳本堂课所学，具体包括学到了什么，还有什么疑惑的，印象最深刻的是什么，课上最无聊的是什么。

讨论答疑：在使用蓝墨云班课进行大学英语的教学过程中，讨论答疑贯穿教学的整个过程，突破时空限制，实现任意时间、任意地点的学习。

效果：①学生学习行为发生了变化，蓝墨云班课的学习预警功能和经验值功能，使得学生积极地去学习提供的学习资源并参加老师开展的各种教学活动；②学生体验，由传统的教师讲授为主的课堂转变为以教师为主导以学生为主体的教学，并且课堂活动丰富，学生体验到了学习过程的乐趣。

学习成效：通过半个学期的实践，学生课堂变得越来越积极活跃，敢于张口说，写的能力也有很大提高。

（三）"学习成果导向"的"体验式学习"模式

南京旅游职业学院烹饪与营养学院教师深入学习职业教育的精神，以学生为中心，工学结合、知行合一，开展"基于学习成果导向的体验式学习"，在课堂上将理论课授完后，带领学生亲自动手做，以"食品雕刻"课程为例，开展食品雕刻日，将雕刻成果展示出来，让大家评价，有效地将创新创业的课程落到实处，以烹饪专业教学改革为突破口，针对"食品雕刻"课程创新性、技能性、操作性强等特点率先进行教学改革创新。

（四）"做中学"模式

南京旅游职业学院酒店管理学院深化校企融合，创新协作模式，践行职业教育中的"做中学"，带领133届洲际英才班学生分赴洲际酒店集团旗下的绿地洲际酒店、侨鸿皇冠假日酒店和水游城假日酒店，进行了为期一天的客房实践课活动。学校教师践行高职教育"工学结合"的教育理念，让同学真正领会客房服务的技能与要领，这是课程教学与实践结合的典型，学院对"客房服务与管理"校企合作课程进行改革，一改过去教师课堂满堂灌的形式，在结束了客房课中"客房清洁保养"这一项目的校内学习后，专业教师和酒店方经过多次商讨和设计，开展客房实践日，洲际旗下3家酒店派出经验丰富的客房管家担任同学们的导师，指导同学们实地体验客房清扫和对客服务工作。学生们到达酒店后更换好员工服，仔细聆听客房主管的任务布置后，同学们兴致勃勃地投入到一天的工作中。每位导师耐心而严格，教导同学们如何完整地打扫好一间客房，如何开夜床，如何进行简单的客房对客服务等。在操作过程中，导师们还会专门用各种在对客服务中遇到的真实案例"为难"同学们。同学周露露说："通过今天的跟班，将在学校学习的理论知识全部实践了一遍。但是发现真实的客房实践比校内实训难好多，要铺好一张两米宽的床真的很不容易。"同学吴明泽在导师的带领下，最后独立完成了一间客房的清扫工作，他看到自己亲手打扫好的房间特别有成就感，同时也感慨道："打扫客房不仅需要体力，更需要耐心和细心，不放过每一个小细节，才能让客人住得安心，住得舒服。"同学们在酒店一天的表现也得到了酒店方的认可和表扬。绿地洲际酒店的客房部戴经理说："133洲际英才班的同学们非常有职业意识，在客房实践时很好学，不怕吃苦，客房的阿姨们都很喜欢他们。"

（五）"实境镶嵌学习"模式

南京旅游职业学院旅游管理学院的学生将课堂设在景区里，学生们轮换做讲解员，培养自己的讲解能力和对知识的理解能力。学生通过景区的导览图分析景区的全貌，讲解景区的资源，学生们在学校课堂里做好攻略，研究好理论知识，然后再到景区对照实境练习和理解知识。

导游班的学生在老师的带领下，开始了华东综合实训周，这是旅游管理学院7年来一直坚持的一项"做中学"的教学模式。教师和学生在学校课堂里上完一部分导游专业课后，配合江苏省导游考试的实践环节，组织学生到华东几个地区开展综合实训周活动，学生通过一周的实践深刻地体会到导游不仅要有丰富的知识和口才，还必须要有一个强壮的体魄才能胜任这个专业的工作。

（六）"自主式开放型课堂"模式

2016年10月24日，伴随着"实训动员会"的启动，由南京旅游职业学院国际旅游系153旅英、英导班63名同学，8位指导老师组成的实训队伍正式开始了为期5天的实训生活。63名同学被划分成8组分别与8位老师对接。继动员会后，同学们开始着手整理资料，为正式实训和相关作业做相应的准备。

10月25日，还未到南京博物院开馆的时间，师生们早已等候在门外。由学校出发，经过一个多小时的地铁行程，师生们提前抵达等候在约定的地点实属不易。结束当天上午的博物馆之行后，前四组同学赶往中山陵，后四组同学赶赴金陵饭店。来到中山陵的同学们在师生们的关注下分段进行了英文导游词的讲解，过了一把当导游的瘾；而在金陵饭店参观的同学们对酒店行业有了更为深入细致的了解。

10月27日，雨势如幕，师生们开始了校园游览。从御冠酒店到木板路，同学在讲解中加深了对南旅院的认识，对校园生出更多的喜爱。而在10月28日举行的报告会中，设有上午小组内汇报，下午各小组代表在国旅系领导及全组师生前汇报的环节。虽然实训期间不乏艰辛，但师生们坚毅笃定，在实践中磨砺了心智，更加明晰了自己的未来。苦乐交织的实训周即将结束，而不负此行的是大家受益匪浅。

（七）观摩教学模式

提升青年教师的教育教学水平，进一步提高高职教学质量，南京旅游职业学院人文艺术系举办首期青年教师教学观摩活动。在实训楼模拟舱，人文艺术系空中乘务专业教研室主任许老师讲授了"客舱设备运行及管理"课程的"紧急撤离设备操作"项目。许老师围绕救生衣的重要性、种类、原材料、使用步骤、注意事项等知识点，通过案例讨论、知识拓展、视频欣赏、学生体验等教学形式开展教学。教学设计内涵丰富，教学方法灵活多样，教学内容重点突出，教学效果良好，给全系青年教师树立了很好的教学示范。

本次教学观摩课让全体青年教师受益匪浅，大家深刻领会到高职教学理念，并会在实际教学过程中，用心设计教学过程，不断提高教学水平，为南京旅游职业学院高职教学质量提升做出积极贡献。

二、改革创新"多模"综合考核方式

改革创新"多模"考核方式,采取课程综合评价的方式,即从项目课程评价、综合实训评价、项目科研评价、单一经营评价、综合创业评价等几个维度实施考核。其中项目课程评价实施纵向考核与横向考核相结合的方式。

(一)项目课程评价

(1)纵向考核即从"原材料选购、原材料准备、烹调技术、烹调方法、菜品创意、菜品装盘包装设计、菜品营销与推广、菜品成本收益"等维度进行考核。

如实施四周一次套餐制作与阶段性评价。在以原材料为主线的项目课程中,按照蔬菜、家禽、家畜、水产等原料的编排进行厨房实战教学。每个项目经过两周的教学与实践,便是学生的阶段性考核,学生根据所学的知识与技能,按照原料设计套餐菜单,一般以60~100元的价格设计"四菜一汤""一料多吃"套餐菜单的形式。每小组学生制作菜品并进行校内销售,学生在校园内设计和张贴海报进行宣传促销,在菜品销售的同时由其他小组同学、就餐客人和任课老师对制作的菜品分别进行打分,以记录每组学生的平时成绩。

(2)横向考核从"学生自评、同学评价、教师评价、客户评价"等维度进行考核。

项目课程每次结束后,由学生先进行自评,然后由教师进行点评,学生对所制作菜品进行售卖,并邀请客户(师生)进行客户评价,综合各项指标,分配权重系数,进行综合评价。

(二)综合实训评价

如开展八周一次主题筵席设计与销售评价。每七周一个项目课程结束,第八周由项目负责人布置考核任务。每小组设计一桌以某类原料为主题的筵席菜单,冷菜、热菜、点心、汤、水果,都由每组人员共同设计完成。项目负责人(主课老师)交给每组300元成本费,让每组成员根据300元费用设计菜单,再进行成本核算,由项目课程教师审核把关后,再由小组成员到菜市场自我实行询价采购,采购来的原料由小组人员自己切配加工、制作菜肴。在筵席菜单确定后,小组成员必须先将本组整桌菜品提前在校园内张贴海报预定销售(给本校师生和校外人员)。每组销售预定完成,才可能把300元现金返还到项目负责人处,否则小组学生要垫资(这是学生学会销售的动力)。筵席菜品的服务也必须由小组学生承担。整桌筵席所有的工作都由该组人员共同来完成,包括菜单打印、台面设计、主题把握、文化渲染等。最后还要让所有就餐客人打分、教师打分,还有其他小组打分,才能得出一桌筵席的总成绩。个别学生若某个菜没有做好,将会影响整个小组的总成绩,所以小组人员的密切配合是十分重要的。这种自我设计、自我采购、自我制作、自我促销、自我服务的考核方式,从全方位出发,有效地调动了学生们的积极性,同时其聪明才智和主观能动性也得到了充分的发挥。

(三)项目科研评价

改革传统教学模式,依托"校园美食文化节",实施项目运作模式,综合锻炼学生职业技能和经营意识,提升创新创业能力。依托学校"烹饪与营养研究所",鼓励学生参与教师教学科研活动,激发学生创新创业灵感。利用学院培训项目,创造品牌活动,开设"新市场、新技术、新工艺、新品种"的现代中、西面点技艺与创新高级研修班。改革考核方式,考查注重学生运用知识分析、解决问题的能力,避免以往"重结果、轻过程"的考核方式,破除"高分低能"的问题。如开展校园美食文化节菜品展销活动与评价。学校每年举办一届"校园美食文化节"活动,让学生走出教室、走出厨房,到学校的广场上开设美食宣传与销售活动。

(四)单一经营评价

如开展校园工作午餐的接待销售与评价。在学生快要结束学校学习准备进饭店企业实习的前夕,针对学生实习前的考核,校园工作午餐的接待与销售活动颇得学生们的赞许。近几年来,每年承担学校的工作接待任务,如连续两年导游考试的评委接待,大型自助餐销售活动,外宾、留学生的午餐接待等。其中,历时10天的全省导游考试的评委工作餐由二年级烹饪单招班制作主理。每天一个班级轮值完成50人的用餐接待,销售价每人60元标准,销售毛利率45%,以各班学生为主设计菜单,所有的菜肴、面点都由班级学生自己完成,教师起指导、协调、督导作用。每个班级分5个小组,落实具体菜品的制作,分别制作3～4道冷菜、热菜或点心,其中一个小组服务、值台。对于这种实战的对客服务,学生们的积极性较高,每个小组都十分认真地完成自己的产品。评委们对学生亲手制作的菜品感到新奇而高兴,由于学生的热情高涨,每个小组间都在暗自比试,每天由评委给每桌菜品打分。通过这样现场实战的锻炼学习与综合评价,不仅调动了学生们的学习兴趣,培育了学生们的经营意识,而且让学生们自己动手设计、组织、分工,充分发挥了学生们的聪明才智,也扩大了学生们的视野。由于每学年的活动开展,在学校35周年校庆大型自助餐的成功接待中,也取得了较好的效果,得到了全体教师和校友们的一致称赞。

(五)综合创业评价

利用校企共建平台,在学校建设创业孵化基地,开设烹饪各类创业门店,如中餐馆、西餐厅、中点店、西点厅等,由学生进行全面经营,包含产品制作、销售、门店管理等,最终由指导教师实施综合创业评价。

创新的"创新创业+"人才培养机制、培养模式和课程体系,最终通过学校"多模"的教学方法,即"教案"变"学案"模式、"网络环境下的自主课堂"——蓝墨云班教学模式、"学习成果导向"的"体验式学习"模式、"做中学"模式、"实境镶嵌学习"模式、实训周实践学习模式、"自主式开放型课堂"模式、观摩教学模式,得以深入课堂教学中;通过改革创新"多模"综合考核方式,即从项目课程评价、综合实训评价、项目科研评价、单一经营评价、综合创业评价等几个维度实施考核等方式,得以保障创新创业人才培养的学习效果和教学效果的落实。

第八章 "创新创业+"人才培养模式保障体系建设

学校的主要任务是为社会培养合格的人才。要不断提高教学质量，从严治校，优化办学环境，规范管理制度，保证培养目标的实现。学籍管理是高校教育管理和学生管理的一个十分重要的环节，其制度的好坏、管理水平的高低直接影响着教学质量，影响着创新人才的培养。为维护学校的正常教学秩序，实现创新创业人才培养目标的实现，需要通过各种学籍管理制度，如人才培养方案修订意见、学籍管理规定、学分制管理规定、创新创业学分管理规定等，加以保障落实。特别是创新创业学生的创新创业课程学习、创新创业学生的选课、休学创业、创新创业学分标准和认定等多个环节，需要各类学籍和学分管理制度的保障。学籍和学分管理规定，可以进一步赋予学生个性课程学习的机会，激发学生的创新创业意识，进一步提高教学质量，教师在学生选课的竞争压力下，可以实现"以学生为本"的教学理念落实，可以进一步激励学生主动积极学习的热情。

一、明确创新创业人才培养目标，制定出台人才培养方案修订意见

专业人才培养方案是人才培养工作的总体设计，是贯彻学校人才培养理念、实现专业培养目标、规范教学活动、检测教学效果和创新人才培养模式的纲领性文件。为使我校的人才培养进一步适应区域经济建设和社会发展需要，满足创新创业人才的需求，进一步提高人才培养质量，根据《国务院办公厅关于深化高等学校创新创业教育改革的实施意见》（国办发〔2015〕36号）、《国务院关于大力推进大众创业万众创新若干政策措施的意见》（国发〔2015〕32号）等文件精神，学校出台了《南京旅游职业学院关于修订2016级专业人才培养方案的意见》（以下简称《意见》），在《意见》中进一步明确了创新创业人才的培养目标，坚持专业教育与创新创业教育有机融合的原则，优化创新创业课程体系，增设创新创业教育课程，提出研究建立创新创业学分，最终建立通识教育、专业教育、实践教育与创新创业教育相结合的培养模式，为学校的创新创业教育提供了根本的制度保障。修订的指导方案《烹调工艺与营养专业人才培养方案》，进一步明确了烹调工艺与营养专业的创新创业人才培养目标。

二、稳步推进学分制改革，出台学分制管理规定，保障学生创新创业

为了进一步树立学生主体观念，尊重学生的个性发展，注重引导和培养学生的学习主动性，体现因材施教、分层教学和分类指导的思想，通过增加选修课程数量，加大学生自主选课范围，力求为学生自主选择、自主学习和独立思考留出足够的时间与空间，进一步培养学生的创新思维与创新能力，满足学生个性化成长的需要，加强学分制的研究，实施学分制管理制度。

为保证学分制管理健康有序运行，推进工学结合培养模式改革，完善教学管理制

度，提高教育教学质量，提升学生的职业素质素养，特别是学生的创新创业能力，根据《教育部关于在职业学校逐步推行学分制的若干意见》（教职成〔2004〕10号）、《教育部关于深化职业教育教学改革全面提高人才培养质量的若干意见》（教职成〔2015〕6号）、《国务院办公厅关于深化高等学校创新创业教育改革的实施意见》（国办发〔2014〕31号）和《江苏省教育厅关于深化普通高等学校学分制改革的意见》（苏教高〔2015〕23号）的精神，结合学校实际情况，特制定出台了《南京旅游职业学院学分制管理规定》（见附件6）。在规定中进一步明确了修业年限为基础学制3年，因创业等原因可适当放宽1~2年的修业年限。明确要求毕业必须修满创新创业学分。

学校通过出台"人才培养方案修订意见""学籍管理规定""学分制管理办法""创新创业教育学分管理办法"和"操行学分制管理办法"等制度，进一步保障"创新创业"教育人才培养的落实。明确了创新创业教育人才培养的目标，实现创新创业学生的注册入学、课程学习、休学复学等学籍管理，实现学生创新创业学分、操行学分的认定等，真正从制度上保障创新创业教育落到实处。

第九章 实证研究——南京旅游职业学院烹调工艺与营养专业

一、烹调专业教师能力

关于教师能力结构的问题，美国认为未来教师必须具备具体感受的能力、思维观察的能力、抽象概括的能力、积极实践的能力。苏联学者彼得罗夫斯基提出教师必须具备六种能力：教学能力、创造能力、知学能力、表达能力、交际能力、组织能力。英国对教师能力的要求比较突出教师的应用技术能力和学习能力。日本认为教师应该具备全球化的观念和网络生存的能力。许多国家都提出21世纪的教师必须具有较强的掌握信息的能力和知识更新的能力，也就是说要具有"扩展能力"。我国教育学教材一般认为，教师能力应该包括组织能力、表达能力、科研能力和自我调控能力，或者分为教学能力、科研能力、交际能力、管理能力等。

综合国内外学者对专业标准指标设置的研究结果并结合烹调专业特性，将烹调专业教师专业标准拟定为职业素养、教学能力及专业知识与实践3个维度，每个维度中进行细分，共分为8个领域，各领域中又有基本要求，共25条要求，并配以相应的培训及考核方式。

这里重点讲解烹调专业教师的职业素养。烹调专业教师是培养餐饮行业从业人才的特殊职业，除了教授学生基本的烹调技法之外，贯彻烹饪行业的学徒制传统，实现言传身教，现代教师的作用更多地体现在以人格培育人格、以灵魂塑造灵魂的过程中。这就要求现代烹调专业教师必须具备一些培养人的基础能力，这是作为教师基本职业素养的能力，它主要包括：

1. 心理教育能力

教育的对象是人，人是有心理活动的，心理素质是社会文化素质形成和发展的心理基础，又影响生理素质的发展。拥有心理教育的能力是作为一个教育者必备的素质。心理教育能力包括观察力、记忆力、思维能力、想象力、综合与分析的能力、情绪能力等。现代餐饮行业市场变化快、竞争压力大、从业人员流动性大、就业环境艰苦，在将学生一步步培养成餐饮从业人员的过程中，烹调专业教师特别要注意形成心理辅导的能力，促进烹饪专业学生心理素质的提高，使学生具备比较强的心理承受能力和良好的学习、从业心态，以应对变化多端的竞争和合作。

2. 人际交往能力

教师劳动的过程实际上是与人进行思想和感情交流的过程。增进师生交流，充分掌握学生的信息，有利于增进教育效果。教师具有了解人和社会的能力，了解人与环境的能力，并具有与之交往的能力。这种能力使教师能与学生建立起良好的师生关系，共同建立具有正确人际关系的集体。

对于烹饪专业而言，学习的大多数时间是在实训厨房中度过的，与理论教师中的师生关系不同,实训中的教与学更像传统师傅带徒弟的模式,师傅虽然严厉但也满怀疼爱,其师生情感在一定意义上较理论课堂更为亲密。烹饪教师将自己的行业经验、操作习惯带入课堂,通过自身的个人魅力吸引并教导学生,在潜移默化中培养学生良好的从业习惯。烹调专业动手能力强的专业特性要求专业教师在教育过程中应抱有乐于接受学生的态度,理解信任学生,密切关注学生,激发学生的自信心,培养学生的自尊心,使之成为人际交往的艺术家。

3. 组织协调能力

未来教育在空间和时间上将不断扩大和延伸,教育资源更加丰富多彩。随着社会教育环境的多样化和复杂化,教师要成为学生学习的组织者和管理者,要主动整合学校、社会、家庭教育的力量,组织协调各种教育资源为学校教育服务,以形成对学生教育的合力。

专业教师的职业素养体现了两个层面:一是作为教师这个职业角色,普遍应具有的职业水准;二是作为高职院校专业教师,应在执教过程中体现出的一种风格明显的行业特色。专业标准设计说明中将职业分为职业认知、职业道德和职业修养3个领域。职业认知是对从事职业教育工作者的提纲挈领性的要求,从思想方面,应坚持国家层面的方针政策,遵守法律法规,在教育过程中体现正确的价值观,为人师表;从专业领域方面,应明确职业教育的特点、教育对象的特点、人才培养的目标和行业企业发展的现状以及对从业者的要求。青年教师在任职之初,首先应当通过教师资格认证等培训,初步了解职业教育工作的性质、内涵和要求,满足职业认知的要求。

教师职业道德是每一名从事教育工作的从业人员都应具备的道德品质,青年教师在从业之初尤其应当奠定坚实基础,热爱教育事业,勇于奉献,关爱学生、正确引导,同时应结合专业特色,在日常的思想政治工作中传递烹饪行业勤恳、踏实的理念,帮助学生初步了解烹饪行业的职业道德。

职业修养体现了教师个人职业素养的软实力,是衡量教师职业发展前景的重要指标,也是教师文化素质和品德修养的具体表现,教师不仅是知识的传播者、智慧的启迪者,更应是人格魅力的展示者和行为规范的实践者。因此教师应注意职业修养的重要性并在整个职业生涯中始终贯彻执行专业标准要求,以期个人综合能力的不断提高。

二、烹调专业教师创新创业教育能力

21世纪是一个知识爆炸的时代,一个创新的时代。创新精神是这个时代的灵魂,知识离开创新就可能会生锈,餐饮行业更是一个不断更新、与时俱进、发展迅速的行业,餐饮企业必须时刻适应市场变化、不断变化主题、持续开发新菜品才能免于被时代的洪流所淘汰。因此烹调专业教师具有适应教育实践的创新能力也就显得十分重要,其创新创业能力主要包括:

(一)创新精神

烹调专业教师要具有创新创业能力,首先要具备创新精神。创新精神应该包括创新意识、创新思维和创新品格。创新意识指教师要有敢为人先的精神,勇于开拓,不断求新,形成一种具有超前性、预见性、新颖性和独特性的意识。创新思维是创造力的核心。教师必须注重个人创造性思维和发散性思维的训练,开阔思路,保持思维的流畅性、灵活性和独立性。创新品格是指那些能使创造性才能得以发挥的个性特点，如强烈的事业心，勇于坚持真理的精神，坚韧不拔的毅力等。教师只有发现并不断开发自身创新精神，才能发现并不断开发学生的创新能力。

（二）创新能力

高职院校教师的创新能力分为内驱力、智力、人格、实践能力4个维度，其中实践能力是形成教师创新能力的重要因素。培养高职院校教师的创新能力，需要通过社会实践，狠抓"四种氛围"的建设，优化创新人才成长的外部条件，还需要建立健全有利于创新的管理机制。

烹调专业教师的创新能力是教师具有创造性的教育观、知识结构、个性特征、教学艺术、管理艺术和教学方法。只有具有创新能力的教师，才能培养出创造型的学生。而且这种创新能力必须要适应教育实践，并且具有再生与辐射能力。创新创业教育涵盖的内容非常丰富，体现了多学科的交叉综合，因此，创新创业教育教师应该具有较为综合、广博的知识，才能驾驭和指导学生进行学习与创业实践。烹调专业教师的创新能力是建立在优秀的专业技术能力之上的，只有精于烹饪专业技术，才能不断开发新菜品、不断创新教学方法。教师既需要有扎实的专业知识，又要具备娴熟的实践能力，这样才能游刃有余，将专业教育与创新创业教育有机融合，充分挖掘和充实专业课程的创新创业教育资源。

教师创新能力的培养，要注重教育反思和理论创新。创新创业教育是一种实践性很强的活动，从教人员不能照本宣科，而应当熟练运用多种信息技术，灵活采用多种教学方法进行组织教学，如项目法、案例法、情景法等。要善于发现餐饮行业发展中的新问题、新原理；善于提出新假设、新推论；善于形成新思想、新观念；善于预测后果，展开思路；善于求新知，超惯性。为餐饮发展开拓一片新天地，也服务于教学，为教学提供更好的素材。

（三）培养学生创新素质的能力

创新创业教育从教人员应能尽量了解每个学生的性格特点，因材施教，帮助他们认识自身的优势和不足，开发创新创业潜质，树立创新创业意识，为日后创业成功打下良好基础。烹调专业教师应该是创新精神和创新能力的发现者、传导者。要经常启发、引导学生提问，质疑激思，标新立异，在教学过程中展现求异思维，鼓励学生在产生问题—解决问题—又产生问题的过程中迸发出创新精神的火花。不断传授学生烹饪行业的一线新案例，启发学生从中提炼灵感，激发创意。烹饪教师要发扬教学民主，保护学生的个性，构建教学双重主体之间相互尊重、相互信任、相互理解的现代学徒制师生关系，为发展学生的创新能力而营造必备的教育氛围。

（四）教师教学能力

教学能力是专业教师必须具备的职业能力，按照教育学的基本理论将其分为3部分，分别是教学设计和研究能力、教学组织和实施能力以及教学评价能力。教师应通过对烹饪专业人才培养方案的详细研读、烹调工艺与营养专业各类课程标准和教学大纲的深入剖析，选择项目课程内容以项目和模块来进行教授、撰写授课计划并制定翔实完整、具有可操作性的教案，并不断在实践教学中修改教案、积累教学心得。

教师应注意采用多种丰富的教学手段提升学生的学习兴趣，将传统讲授与任务驱动、单元模块相结合,理实结合,将传统的文本类教学资源与数字型资源相结合,再结合实训厨房中的实战演练,鼓励学生独立思考,积极动手,变被动学习为主动学习,提高课堂学习效果。烹调专业教师的教学能力基本分为:

1. 教学设计能力

烹调专业的教师不能局限于呈现中餐热菜、冷菜等简单知识技巧并呆板地讲解演示技巧,而需要常常要把中华传统烹饪理论、现代营养卫生知识、各类烹调操作技能、行业一线情形和教学实践联系起来。通过翔实地了解学情,对不同程度的学生加以区分,对教学内容作加工处理。比如让普招的没有烹饪基础的学生学习"中国烹饪概论",一边了解烹饪基本知识一边操练"中式烹饪基础"中翻锅、刀工等基本功;而对于单招学生可以直接进行菜品的操作学习,并加深其文化底蕴,对其进行"中华饮食文化"的普及。

在厨房中,教师的角色应成为组织者和引导者,学习应变为以学生为中心的综合能力学习。以建构主义学习理论为代表的现代学习理论,更是强调教学的设计,以意义建构中认知结构的同化、顺应、重构和迁移来体现学习者的能力。比如在"西式烘焙"课的课堂上,教师课前要求每个小组搜集主题性甜品的资料,上课分享之后,组织学生设计创意甜品,并组织学生进行自评、互评、教评、客评等丰富环节,提供巧克力等奖品鼓励学生的创新精神和综合能力。在此基础上,教师必须要具有很强的教学设计能力,充分发挥学习者的主动性和创新精神,从学习者的需求和特点出发,对教学过程中的各个要素进行全面的研究分析,并对教学的内容和形式做出恰当的安排,包括了解教育对象,分析教学内容,确立教学行为的目标,选择教学策略,制定教学方案,强调设计中问题的解决策略,强调设计的创造性与灵活性。

2. 教学实施能力

教学实施能力是为实现所设计教学方案而灵活有效地组织教学的能力。烹饪是一个动手极多,并适应行业发展不断需要创造出新菜品的专业,所以教师在教学实施中要注重发挥学生的积极性、主动性和创造性,通过运用正确的教学形式,选择恰当的教学方法,借用丰富多样的教学媒体,精心安排教学程序以实现教学目标。烹饪专业通常是小班教学、分组作业,对教师的教学实施能力更加重视基于问题学习和合作学习的指导能力,采用小组协作学习的形式,通过个体之间的相互影响,达到解决问题的目的。而教师的协作教学形式在工作中也是常见的,它能发挥教师各自的优势,互相补充、取长补短,是解决问题的有效方法。

3. 教学监控能力

教学监控能力是指为了保证教学达到预期的目的而在教学的全过程中将教学活动本身作为意识对象,不断对其进行积极主动的计划、检查、评价、反馈、控制和调节的能力。由于烹饪专业开展的是项目课程教学,学生不光在职业院校课堂学习技法,而且还学习从"设计"到"生产"再到"销售"的全过程。学生通过预习及学习相关知识,小组合作查阅资料设计菜单菜品,通过教师的辅导制作菜品,最后再合理定价,在学校中将菜品包装并销售出去,整个过程都需要教师在旁边进行监控把握。教学监控能力是教师教学能力结构的高级形式,是其他教学能力和教学行为的调节中枢。教学监控能力的培养实质就在于培养教师教学的自觉意识,培养教师对教学活动进行自我评估的能力，培养教师对自己教学过程进行修正和控制的方法、技能，培养教师对学生反应的敏感性。具备良好的教学监控能力，教师就可以面对变化的环境自如地处理教学过程中的问题，应付各种困难。传统的师资培训多以知识传授为基本形式，忽视对教学能力的培养，而现代教学论则认为教学是教师促进学生完成正确知识建构的过程，教师要在充分满足学生个性需要的基础上，对教学进行全面的监控，要从过去的控制和调节转变为对于情境和交往关系的监控。

三、烹调专业"创新创业+"人才培养质量标准

21世纪以来，随着高等教育改革的步伐加快，高职院校如何培养一批具有创业素质和创业能力的技能型人才成为新课题。《国务院办公厅关于深化高等学校创新创业教育改革的实施意见》（国办发〔2015〕36号）提出"坚持创新引领创业、创业带动就业……推动大众创业、万众创新"，可见高职教育的目标不能仅仅培养就业者，同时还要培养创业者，创业的同时也是就业，而且创业一旦成功，可以带动更多人就业。职业教育是国家重点发展的项目，其能否健康发展的关键在于尽快转变整个社会的传统教育理念，深化改革高等职业教育的人才培养模式，加强学生的创新创业教育。高职院校深化创新创业教育，培养学生的创新创造能力，鼓励学生投身创业队伍，这不仅是缓解大学生就业压力的有效手段，更是大学生成才并实现自我价值的标志。

（一）创建创新创业模式的烹调工艺与营养专业人才培养质量标准

1. 制定烹调工艺与营养专业创新创业的教学质量标准

（1）明确高职院校创新创业教育目标要求。

结合国家对创新创业的倡导及高职院校开展创新创业教育的要求，烹调工艺与营养专业的创新创业教育目标要求分为两个层面（见表9-1）。第一个层面是共性目标，以强化、培养烹饪专业学生的创业意识及创业心理品质为主，辅以基本的创业知识教育，并通过社会实践来检验其创业能力，目的就是使学生在学习、工作、生活当中能创造、创优、创新、创业。第二个层面是以注重烹饪专业学生的个性发展作为个性目标。在共性教学中，以培养学生的创业意识和创业精神为主，如同培养民族精神一样，让这种意识牢记在脑海里，甚至融化到血液中，同时使其具有一定的创业知识和能力，从意识、品质到知识结构和能力进行个性化培养，实行一对一的个性化辅导，并对其进行跟踪扶持。培养优秀的个性，鼓励引导学生在创业路上能够独树一帜，在共性中挖掘出闪光的个性。这种将共性与个性相结合的培养模式，有利于将烹调工艺与营养专业的学生培养出创新人格与能力，最终助其走上创业之路。

表9-1 共性和个性目标

共性目标	个性目标
基本创业意识培养	个性化创业意识与创业精神
创业心理品质强化	创新人格与能力
基本创业知识教育	专项创业知识
创业能力实践检验	一对一个性化辅导

第九章 实证研究——南京旅游职业学院烹调工艺与营养专业

创新创业教育是职业教育改革的必然,应鼓励烹饪专业的学生利用自身技术水平较高、动手能力较强的特点,发挥特长,通过掌握科学合理的知识结构,不断创新,开拓思维,全面提升创新创业能力。在烹饪专业的创新创业教育改革方面,应坚持创业精神培养与烹饪实践教育相结合、共性与个性相结合、商业知识与管理经验相结合等目标要求,通过了解华东地区的经济及市场情况,确定学生所需的创业实务教育课程,让学生对餐饮行业创业的基本程序有进一步的了解;通过分析与研究,重点培养烹饪专业学生发现和识别市场需求的敏锐度;通过整合各方面的组织资源,培养学生的创新技术能力和创业决策视域;对具有创业天分的学生进行重点培养,使他们认识到创业的必要性和紧迫性,能够积极主动地完善自身的知识结构,提高自身的烹饪技艺,培养自己创新创业的综合能力。

(2)根据市场调研,细化烹饪工艺与营养专业人才创新创业素质能力要求。

①现阶段餐饮行业人才结构。

通过对各个企业的调研,对行业人才结构现状方面的分析主要从职业资格证书、从业人员的学历层次、从事本行业人员的工作年龄3个方面进行调研,具体数据如表9-2所示。

表9-2 调研数据

企业员工人数	2193人		餐饮从业人员	702人		所占比例		32%
职业资格等级	人数	所占比例	学历层次	人数	所占比例	工龄	人数	所占比例
初级工	197	28%	初中以下	98	14%	一年以下	169	24%
中级工	133	19%	初中毕业	204	29%	1~3年	197	28%
高级工	140	20%	高中毕业	225	32%	4~5年	252	36%
技师	63	9%	大学专科毕业	154	22%	5年以上	84	12%
高级技师	35	5%	大学本科毕业	21	3%			
无职业资格证书	134	19%						

从表9-2可看出,现从事烹饪工作的从业人员大都持有相应级别的技能等级证书,取得证书的从业人员占到总人数的81%。未取得证书的从业人员占到总人数的19%,较为真实地反映了行业从业人员对职业资格证书的普遍认同。

学历层次方面,取得高中及以下学历的人员占从业人员总人数的75%,取得高中以上学历的人员占从业人员总人数的25%,根据以上数据可以看出行业从业人员学历以初、高中学历为多。可见具有大专学历的高职院烹饪人才在晋升管理岗的路径中具有学历优势。

②企业对员工技能方面的需求(见图9-1)。

调查数据表明,相比于熟练地对口技能,企业根据其发展需要,更欢迎在对口技能外还有附加能力的员工,因为对口技能可以在日常工作中训练提升,但附加的其他技能决定了员工的发展空间，也是企业的增值空间。在附加技能中，西式休闲快餐企业和烘焙类企业更欢迎英语基础较好的员工，但在整个餐饮行业中，西式餐饮还不是主流，中式餐饮对英语的要求还不高。据了解，企业更欢迎有多项烹饪技能的学生进入企业，如主专业是中式烹调，但也会做中式点心，会做烘焙；或主专业是西式烹调，但对于西点烘焙也很精通的学生。这样的人才对于餐饮市场的适应力更强，也有助于企业在不断变化发展的市场中时刻创新、不断调整、站稳脚跟。这样看来，培养"一专多能"的烹饪人才势在必行。

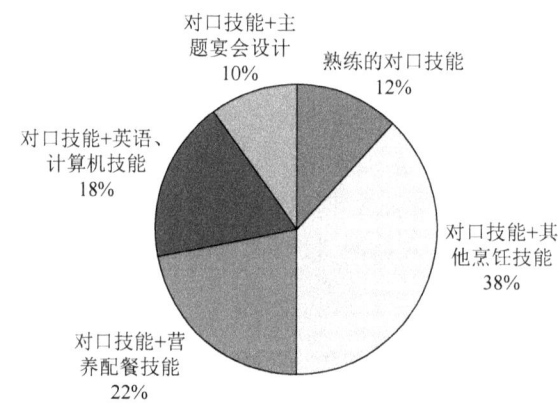

图9-1 企业对员工的技能需求

③企业对员工品格方面的需求。

在员工的品德和基本素质方面，我们主要从中式烹调、中式面点、西餐烹调、西式面点4个岗位做了访谈了解，餐厅经理和厨房管理者谈到最多的还是要求基本功要扎实，热爱本职工作，有上进心，有创造力等。与专业知识相比，企业更看重学生职业道德、工作态度、人文社会科学素质、创新精神和实践能力。热情、忠诚、踏实、进取、有创造力是企业最看重的品质。企业普遍反映员工的忠诚度较差，从业人员流动性太大，影响工作正常运行，且员工大部分只懂得"照葫芦画瓢"，较缺乏创意设计类菜品，也很难连续设计出吸引眼球的餐饮主题，而这些都是高速发展的现代餐饮市场必需的能力，企业若不能通过特色菜品和创意主题吸引住顾客，则很容易被市场淘汰。

（3）根据调研结果，在专业教学标准中融入创新创业。

要达到创新创业教育目标要求，烹调工艺与营养专业调整专业课程教学体系，深度融合创新创业教育，以课内外相结合的方式实施创新创业教育，有针对性地将专业项目规划结合实训实习、技能大赛、主题活动，实行第二课堂等，将创新创业纳入专业教学中。专业教师在课程体系的设计中密切关注餐饮市场的需求变化，充分调研烹饪专业所面向的岗位群，明确岗位工作职责及行业最新要求，调整和创新原有课程体系，适当地引入创新创业模块和方案。在人才培养方案中强化创新创业人才的培养目标，将获得创新创业"第三本教育护照"纳入评价标准,并在课程标准、教学设计、成绩考核等方面融入创新创业教育理念。健全创新创业教育配套教学管理制度,实施弹性学制,支持学生休学创业,实施学分制,创设创新创业学分积累与转换制度(见表9-3)。

表9-3 创新创业的有机融入

项　目	具体内容
专业教学	1. 调研岗位群,设计创新创业课程体系,在烹饪课程中引入创新模块
	2. 组织丰富的创新实训,并将创新创业要求融入烹饪技能大赛
	3. 落实"第二课堂",组织"创越会""江南小天厨""名厨访谈"等丰富的创新创业主题活动
人才培养方案	1. 强化创新创业人才培养目标
	2. 将"第三本教育护照"纳入考核指标
学分体系	1. 将创新创业纳入学分规定
	2. 创设创新创业学分积累与转换制度

在教学的模块设计中,力求体现以餐饮企业工作流程为主线的教学内容设计。在学生实践教学环节中,教师主要围绕实训模块主题开展任务驱动、项目导向的实训教学。以烹调工艺与营养专业为例,专业课教学中以课程内容为基础,创设项目任务情景,结合专业课程的任务引入一些行情较好、市场反响度较高的菜品进行学习,同时分析其成功的因素,并根据这些因素进行创新菜品的设计,鼓励、带领学生与当地企业进行合作。学校的专业教学除了紧扣市场的现代学徒制实训教学外,还通过一年一度的"成才杯技能大赛"和"校园美食节活动"锻造创新创业型人才。"成才杯技能大赛"的评审规定参赛选手除了固定菜品之外,还需要创作出一道新菜,选手们别出心裁,创新菜品争奇斗艳。"校园美食节"由班级承包摊位,从美食节方案策划到餐单设计、成本投入、菜品制作、经营销售、盈利核算等,全流程由学生自己操作,极大地培养了学生的创新创业热情,也全面提高了学生的创新创业能力。同时,学院不断开展创新创业主题讲座,邀请创业名师给学生开讲座、作指导,更通过"名厨访谈"活动让学生深入行业和企业,近距离接触工作在一线的"创业明星",向名厨们请教创新创业的经验。通过实训实践及一系列活动,以训促创、以赛促创,充分提升烹调工艺与营养专业学生的创造技能、创新能力、创优素质和创业意识。

(4)根据市场需求,在人才培养质量评价指标中添加创新创业。

在烹调专业原有的人才培养质量的评价模式中,学校、教师是单一的评价主体,其评价活动比较程式化、单一化,容易造成人才培养质量的评价出现非多元化和非专业化的特点。随着科学技术、社会经济的迅速发展,仅有知识的积累储备是远远不够的,顺应时代发展趋势,社会进步所需要的是既有知识储备又具备创新能力、创业素质的人才,能力成为衡量人才的一项很重要的标准。

传统的人才培养质量的评价指标依托于传统的人才培养模式所构建,更重视考查学生知识储备的水平、技能掌握的程度,对于学生综合素质、创新能力的考核、评价则过于薄弱。而对于创新创业型人才培养活动而言,更重视的是对于学生创新思维、创新能力、创业意识、创业技能的培养,知识传授储备不再是教育活动的全部内容,新形势下人才培养模式的变革需要对传统人才培养质量的评价指标进行创新、完善。

创新创业教育是对传统人才培养模式的一种创新和发展,在创新创业型人才培养过程中,参与教学环节的不仅是教师、学生,还拓展到社会、行业、企业等;教学地点也可能不再限制在学校内,而是延伸至各类实践活动、场合;市场经济的复杂化和多元化,也必然要求烹调工艺与营养专业在创新创业教育教学活动中更加多元、灵活来适应社会、经济的发展。因此,采用多元化的评价指标以确保创新创业型人才培养质量,形成严密科学的人才培养质量评价主体结构来保障评价体系的公正性和客观性(见表9-4)。

表9-4　不同评价模式对比

评价内容		原有	添加	烹调工艺与营养专业实践
评价指标	知识储备水平	创新创业基本知识		开设"厨房生产与管理""如何开一家属于自己的餐厅"课程
	基本技能掌握程度	创新、创业、创优技能		开设"创新菜点开发与设计""主题宴席与菜单设计"技能实训
	综合素养	创新思维与创新意识培养		积极组织"名厨访谈""江南小天厨""创越会"活动,鼓励学生参加创业技能大赛,在"成才杯技能大赛"中增加创新评分
	各类技能等级证书	第三本教育护照		将创新创业纳入学分管理成为学生的必修课
评价主体		学校教师	学生自评互评、企业评价、社会评价	将学生自评互评、企业教师打分、社会服务反馈等纳入最终评价
评价方式		考试成绩	过程性评价	将实践活动表现、技能大赛与创新创业、职业生涯规划大赛成绩、企业实践表现纳入最终评价

2. 制定烹调工艺与营养专业人才评价标准

根据调研数据分析得出的结论,针对烹调工艺与营养专业原先的人才评价标准,组织行业专家、职教专家、餐饮业一线骨干、技术能手建成专业发展建设指导委员会,分设人才培养模式改革工作组、课程开发与建设工作组、师资队伍建设工作组、企业实践与就业指导工作组及专业建设质量保障工作组,不断召开专业人才培养方案及专业建设方案研讨会。根据不同调研报告所给出的意见和建议,适时动态调整人才培养方案,通过专业群平台提升学生"一专多能"的综合能力,并增设创新创业能力意识评价指标,以适应企业对人才的需求。

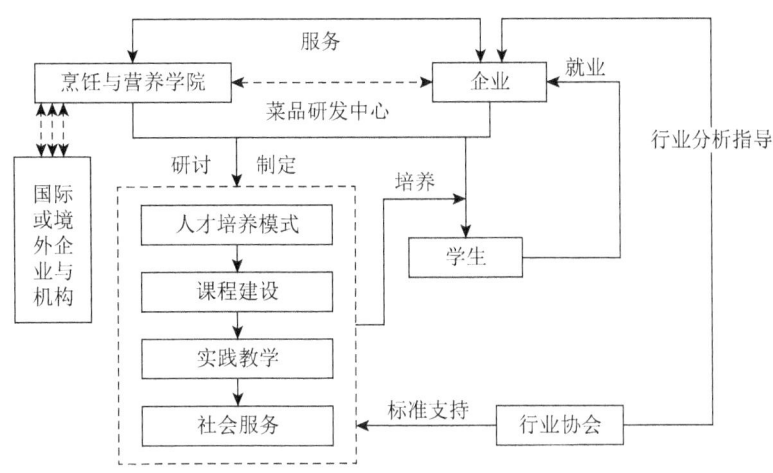

图9-2 烹饪工艺与营养专业人才培养方案制定路径图

根据调研和访谈，烹调工艺与营养专业应增加以下人才评价标准：

（1）综合技能拓展。

要求学生除了熟练掌握本专业技能外还能掌握另一个专业的基本技能，如在中式烹饪的基础上还能够懂得中式面点的基本制作技巧。

（2）沟通能力与礼仪风度。

要求学生具备较好的沟通与表达能力，对其仪容仪表、言行举止做出细化要求，有助其更好地适应社会。

（3）食品安全意识。

由于中餐"味道先行"的特点，中国食品安全事故频发，作为未来的大厨，必须要求学生具备强烈的食品安全责任心。

（4）创新能力与创业意识。

在学习实践中要求学生时刻创优，勇争先锋，培养其创新创造能力，如开设"创新菜品设计"课程，要求其每学期出一个创新菜品、一个创意宴席主题，并对其打分，在校园活动中开展创业意识培养，要求学生参与创业讲座等活动，并得到"创新创业学分"。

（5）职业认同感与忠诚度。

注重学生的德行培养，通过"职业道德"等课程培养学生对行业的认同感，通过跟踪实习关注其忠诚度并对其进行评定。

3.修订烹调工艺与营养专业人才培养方案

（1）原烹调工艺与营养专业人才培养方案。

①培养目标。面向中餐烹调岗位，培养与我国现代化建设要求相适应，在德、智、体、美、劳等诸方面协调发展，掌握必需的文化知识，具有良好的身心素质，有一定的组织、协调、控制能力，能适应酒店业、餐饮业中式烹饪专业等厨房一线岗位需要，具有现代厨房管理能力和本专业职业生涯发展能力，能创新、懂创造、争创优、肯创业的

高素质高技能型专门人才。

②招生对象。全日制普通高中生。

③学制。三年全日制。

④职业面向与典型工作任务。本专业毕业生可分别就业于大中型餐饮企业、全国旅游饭店、大型超市等场所的中餐厨房；能适应旅馆业、餐饮业中烹调工艺与营养专业等厨房一线岗位需要，并具本专业职业生涯发展能力。

经分析研究，烹调工艺与营养专业涉及职业范围具体如表9-5所示。

表9-5 职业范围

	职业面向	典型工作任务
1	中式烹调师	1. 基本功训练纸花制作 2. 果蔬雕刻蔬菜荤作 3. 风味肉食园地 4. 禽类菜品制作 5. 绿色蛋品菜肴 6. 乡土腌腊风味菜 7. 淡水鱼类菜品制作 8. 海产类菜品制作 ……
2	中式面点师	1. 水调面团制作 2. 膨松面团制作 3. 油酥面团制作 4. 米粉面团制作 ……
3	营养配餐师	1. 营养食谱设计与制作 2. 特殊环境的人群营养与配餐 3. 疾病营养及配餐 4. 膳食调查及营养宣教 5. 常人营养及配餐

⑤人才培养规格。以"职业型人才"为培养目标，坚持育人为本，德育为先，高度重视学生的职业道德教育、学生的诚信品质、敬业精神、责任意识和遵纪守法意识、实践能力、就业能力和创业能力等方面的培养。

A. 素质结构。

在项目课程教学、文化教育、职业环境中开展系列活动，达到培养职业素养的目标，使学生：

● 具备良好的思想政治素养；

● 具有良好的旅游职业道德和敬业精神；

- 具有较完备的食品相关的法律（法规）意识；
- 具备吃苦耐劳、积极进取、敬岗爱业的工作态度；
- 具有良好的人际交往能力和团队合作精神；
- 具备良好的职业态度和职业习惯；
- 具备良好的服务意识和创新意识；
- 能够严格遵守安全操作规范；
- 具有正确的就业观和一定的创业意识；
- 具备本专业职业发展需要的人文素养。

B. 能力结构。
- 具备与厨房中式烹饪各岗位相应的专业基础知识和技能；
- 具备良好的中外文专业语言表达能力和菜单设计能力；
- 具有较强的烹饪与营养专业知识和操作能力；
- 能够将知识、技能、态度转化为职业所需的能力；
- 具有对厨房各岗位的组织、协调和控制能力；
- 具备较强的职业承受能力；
- 具有一定的创新和创业能力；
- 具有较强的自学能力和持续发展能力。

C. 知识结构。
- 掌握政治基础理论知识；
- 掌握中国饮食文化的基本知识与基本理念；
- 掌握必备的基础理论和烹饪专业知识；
- 掌握动植物原料的性能、特点及食用价值；
- 掌握食品原料的加工、切配、烹调等的基本工艺原理；
- 掌握食品营养的基础知识及平衡膳食的原理；
- 掌握不同人群菜单设计的基本思路与方法；
- 掌握烹饪工艺领域里比较前沿的新技术与新思想；
- 熟悉中式烹饪工艺制作中的生产流程及制作工艺；
- 熟悉中式烹饪工艺生产过程中与前台和顾客沟通的技巧。

D. 职业岗位、考证领域和职业资格。

通过在校学习合格后参加国家职业技能鉴定考核，获得相应的职业资格等级证书（见表9-6）。

表9-6 职业岗位与毕业时应获得的职业资格证书

序号	职业岗位	职业资格	备注
1	中式烹饪	毕业时获得高级技能（三级）证书	必须取得
2	中式面点	毕业时获得高级技能（三级）证书	可选
3	计算机	全国计算机高新技术办公自动化（中级）	必须取得

续表

序号	职业岗位	职业资格	备注
4	营养配餐员	毕业时获得高级技能（中级）证书	可选
5	英语	全国高等学校英语应用能力等级（PRETCO）证书	必须取得

⑥课程设置。在烹调专业教学设计上实行"项目课程（核心课程）+专业拓展"的教学模式，其中核心课程主要加强学生的专业技能训练及其相关知识的学习，提高学生的专业思想、语言应用能力和职业素质的培养。在"项目课程"教学中，根据我院课程改革实施方案，以任务教学为主导，打破原有的烹饪高职教材的学科体系，确立现代烹饪职业人所需要的技能结构，重新构架烹饪课程体系，充分体现"以能力为本位、以职业化实践为主线、以项目课程为主体和模块化"的课程体系。

主要课程有：中式烹饪基础、畜肉菜品工艺、禽蛋菜品工艺、水产菜品工艺、烹饪工艺学、中式面点制作工艺、食品卫生与安全、中国烹饪概论、厨房生产与管理、菜品成本控制与管理、烹饪英语、烹饪美术等。

⑦课程结构比例（见表9-7）。

表9-7 课程结构比例

	课程类别	课程学时比例（百分比）	学时	学时分配	
				理论教学	实践教学
课堂教学	通识课程	20.4%	630	369	261
	专业通识课程	11.7%	360	360	
	专业核心课程	27.2%	840	170	670
综合实践	实习	38.8%	1200		1200
	毕业论文	1.9%	60	—	60
	公共选修课				
总学时			3090	899	2191
占总学时比例				29.1%	70.9%

⑧教学团队保障。具有高等职业院校教师资格证书；具有本专业相应的高级以上职业技术等级证书；具有较高的职业素养和敬业精神；专业知识面宽，具备坚实的专业理论和较强的实践能力；具有一定的课程开发和专业研究能力；具有组织、协调、引领、引导、指导学生学习的能力。

（2）现有人才培养方案优点。

①符合学习规律。人才培养方案的课程设置由浅入深，第一学期开设各类通识课程，如"大学语文""职业礼仪""大学英语""职业生涯规划与创业指导""形体"等课程，培养学生的基础沟通交流能力，塑造旅游职业人的优良形象，并为其职业认同感和职业生涯规划打下良好基础；同时在专业理论课上，通过"烹饪原料学""中国烹饪概论"

等课程让学生认识行业，了解行业发展历史，丰富其理论知识；再通过实践类课程"中式烹饪基础"，从刀工训练、翻锅训练入手，打好烹饪基础；再一步步开展各个项目如"畜肉菜品工艺""水产菜品工艺"的学习。由浅入深，符合学生的学习习惯。理论与实践相结合，使理论课程不脱离实操而至于空泛，实践课程不脱离理论知识而不成体系。

②符合行业需求。课程设置符合行业需求，经过调研了解岗位各领域职能，充分考虑到中式烹饪在厨房中的分工及涉及的领域，以项目课程的形式开展"中式烹饪基础""畜肉菜品工艺""禽蛋菜品工艺""水产菜品工艺"，为学生学好中式烹调的基本功打下基础。在此之上，还注重学生应用能力的提升及发展，开设"菜单与宴席设计""食品雕刻""中式面点制作工艺""创新菜点的开发与设计"，为其拓宽职业发展道路。同时，考虑到现代餐饮市场发展要求，开设"食品营养与卫生安全""现代厨房生产与管理""餐饮运营实务""烹饪英语"等课程，有助其职业晋升，走上管理岗位。

③注重能力培养。烹调工艺与营养专业率先在全省启动实施了以能力为本位、以职业化实践为主线、以项目课程为主体和模块化的项目课程体系改革，有力推动了以烹饪原料为主线的项目课程改革，起到积极的示范引领作用。中国职业教育代表团、法国校长代表团曾对南京旅游职业学院该专业项目课程进行考察与学习。以"能力阶梯式上升"为要求，深入推进"以原材料加工为主线、多循环培训技能"的厨房课堂一体化的课程体系改革。在夯实基本技能的基础上，开创"成才杯""名厨访谈"等竞技比赛，打造立体式实践教学体系，激发学生"创新、创业、创艺"的活力，为学生可持续发展奠定坚实基础。教学体系理实结合，通过项目课程让学生自己设计菜单，自己采购，自己制作菜品，自己销售，最后再把销售的利润回流，再采购原材料进行训练，这样每周学习一道菜品，每两周策划一次主题宴席，每学期学习一个项目，学生的烹饪技艺与综合能力得到充分提升。

（3）人才培养方案修订意见。

①增设创新创业课程。在原有课程基础上，将"创新菜点开发与设计""如何开一家属于自己的餐馆"列为必修课程，并增设创业意识类课程"发现市场"、创业知识类课程"供应链管理"、创业能力素质类课程"将创意发展成创业流程"、创业实务操作类课程"制定商业计划书"，作为选修类课程供学生学习并获取"创新创业学分"（见表9-8）。

表9-8 新旧课程对比

原有课程		修订增加课程	
通识课程	思想道德修养与法律基础	通识课程	创业学
	毛泽东思想和中国社会主义理论体系概论		创业基础
			创业理论实践
	军事理论	专业必修课程	创新菜点开发与设计
	职业生涯规划与就业创业指导		如何开一家属于自己的餐馆
	职业礼仪	创新创业学分选修课程	发现市场
	大学语文		供应链管理

续表

原有课程		修订增加课程	
通识课程	大学英语	创新创业学分选修课程	将创意发展成创业流程
	计算机应用基础/ATA		制定商业计划书
	体育	公共限选课程（3选1）	大学生创业指导
	形体		大学生职业发展教育
专业通识课程	烹饪原料学		创业与人生
	食品营养与卫生安全		
	烹饪英语		
	烹饪美术		
	现代厨房生产与管理		
	餐饮运营实务		
专业核心课程	中国烹饪概论		
	烹饪工艺学		
	★中式烹饪基础		
	★畜肉菜品工艺		
	★禽蛋菜品工艺		
	★水产菜品工艺		
	菜单与宴席设计		
	食品雕刻		
	中式面点制作工艺		

②根据学情区分课程。原人才培养方案并没有区分单招学生与普招学生，所有学生所上的课程都一样，但单招与普招学生的知识背景存在很大差别，比如单招学生在中学阶段已经学习过"中式烹饪"的理论课程，而这门课程的知识点与"中国烹饪概论"多有重合，所以专业教师正在编纂《中华饮食文化》教材，从2016—2017年入校的学生开始，普招学生学习"中国烹饪概论"，从零开始了解中国烹饪的特点、术语等基本知识，而单招学生学习"中华饮食文化"，丰富其文化底蕴，拓宽中华茶文化、酒文化等知识，从不同侧面补齐单招、普招学生的短板，从而达到整个专业共同发展的目的。

同时，由于烹调工艺与营养专业的单招学生已经有一定的中餐烹饪的基本功，在第一学期就不必再从"中式烹饪基础"开始训练一学期刀工，可以直接进入项目课程的学习，并着重加强培养其菜品设计能力。

③实现课程高层互选。通过相关专业优质教学资源的整合，借力于核心专业的影响力，以培养复合型人才为目标，以烹调工艺与营养专业群为资源平台，集聚各相关专业的优质教学团队、实训体系和课程资源，通过"资源共享、去繁存精"的整合方式，实

现数量与结构的最优化，不仅极大地节约了办学成本，而且实现了优质教学资源的高效共享，从而大大提高了教学实践效果。在第四学期让学生可以选择自己向往的其他专业核心课，比如烹调工艺与营养专业的学生可以学习中西点工艺与营养的专业课程"烘焙工艺"，或西餐工艺专业的"西式烹饪"，为其个性化发展提供教学平台。专业群依托各个专业自身的专业优势与专业特色，拥有多专业的知识和多专业的技能，为"一专多能、复合型"人才的培养提供有力的保障，从而极大地满足了现代社会对复合应用型人才的需求。

（二）创新烹调工艺与营养专业人才培养机制

我国餐饮市场的迅猛发展导致国内餐饮业零售总额，每年以两位数的速度递增，新的酒店不断增多，餐饮业优秀烹饪专业人才的需求量极大。在这样的情况下，学校必须深入了解行业情况及当今人才供需情况，明确餐饮行业、烹饪行业需要什么样的人才，从而不断调整人才培养方案，调整教学模式及教学内容，不断深化创新烹调工艺与营养专业人才培养机制。

1. 烹饪产业人才供需与毕业生创业情况

（1）烹饪产业人才供需情况。

就目前江苏旅游发展来看，省内烹饪专科学生紧缺，所占比例较少。从市场调研的数据来看，省内旅游酒店餐饮业烹饪工作人员中，18%的人员是由师傅带徒弟的方式出来的，30%左右只在民办烹饪培训班经过3个月或一年时间短期培训，40%左右经过职高、中职的中等职业教育，经过高等职业教育的人数不多，只占12%左右。随着江苏星级饭店和社会餐饮业的迅猛发展，烹饪人才的社会需求总量不断增加，每年需要大量的各种层次的实用型烹饪人才。据江苏省旅游局数据统计，江苏星级酒店数量已居全国第三位，由于区域饭店发展迅速，使不少世界顶级酒店管理机构纷纷涉足省内酒店业。世界前10大酒店管理公司有8家进入江苏省内，如洲际酒店集团、希尔顿集团、香格里拉酒店集团等。烹调工艺与营养专业是生活性服务业，是知识和技术密集型产业。烹饪专业人才培养应以中国烹饪传统技能和地方特色为基础，结合区域经济发展实际和用人单位对人才需求标准，确定专业人才培养目标。烹饪专业人才培养要坚持以服务为宗旨，以就业为导向，以行业人才需求为目标，在充分科学调研的基础上，建立科学合理的、符合旅游酒店用人标准的专业人才培养目标。

目前中餐行业从业人员来源于两种渠道，一是从社会直接招工，二是从职业院校招聘。但是，近10年来，企业对从社会直接招工而来的员工的满意度越来越低，因为文化程度低（多为初中生）、职业素养不高、忠诚度差、流动性大、专业知识缺乏、基本技能差、合作意识弱等原因，越来越不受企业欢迎。相反，职业院校中式烹饪专业学生因职业素养高、专业知识和基本功扎实、稳定性高、自主学习能力强、职业发展后劲足而越发受到企业的青睐，成为星级酒店的香饽饽。

根据市场调研，专业必须瞄准烹饪人才市场需求，锁定现代市场的发展趋势，根据酒店厨房的岗位设置专业课程。烹饪专业人才培养要时刻跟踪学生就业岗位，探索高技能应用人才培养的教育特色，牢牢把握高职烹饪人才需求发展学科前沿，科学分析中式烹饪人才市场需求，将人才培养建立在现代旅游酒店企业人才需求的基础之上。

（2）烹饪专业毕业生就业情况。

烹调工艺与营养依据餐饮市场需求状况和烹饪专业教育规律，紧密结合学校资源禀赋的实际情况，通过持续发展与不断创新，充分体现出鲜明的专业特色，并且确保专业发展的显著个性，为专业的可持续发展创造特色优势。专业许多学生经过2~3年的基层岗位锻炼后，因其良好的职业素养、扎实的专业基础、娴熟的操作技能，都能迅速成长为企业里的管理骨干，基本实现了"高位就业、就业的高度发展性"。近3年，烹调工艺与营养专业的就业率连续保持在100%，专业对口就业率为100%，就业好评率也均为100%，全校排名第一，并逐年呈现出实习双选学生和用人单位1∶4供不应求的局面。同时由于长三角地区很多高星级酒店的高管大多从本校毕业，因此反哺母校也成为历年毕业生就业选择多的有利条件。此外，相比其他工商科类高职院校，旅游餐饮行业的高度开放性，也增强了餐饮技术技能人力资源的国际流动和输出，目前，该专业赴境外实习或工作的毕业生比例已高达近20%，与美国、德国、新加坡、阿联酋、卡塔尔、日本、中国澳门、中国台湾等国家或地区均建立了较为紧密的合作关系，并和中国台湾高餐旅大学等建立了"交换生"制度，为学生提供更多机会出境学习、研修、开阔视野，这些因素一定程度上也增加了该专业的吸引力。学院重视国际化烹饪人才的培养，不断拓展境外实习研修就业基地，境外研修就业人数逐年递增，涨幅明显。

烹调工艺与营养专业重视素质、技能和管理能力的同步提升，更强调创新创业能力的同步培养，涌现出了一大批自主创业、以创业带动就业的先进典型，形成了该专业独特的创业品牌。以企业所在地南京为例，校友创业情况（见表9-9）。

表9-9 南京地区优秀校友自主创业情况一览表

序号	企业名称	毕业生姓名
1	南京红友酒店有限公司	屠庆林（78级）
2	南京柴米油盐餐饮有限公司	施政法（78级）
3	南京三江食品公司	庆少龙（84级）
4	江南农耕餐饮公司	王留忠（86级）
5	南京百酪汇餐饮集团（连锁）	李廷富（86级）
6	南京史迪克牛排馆	王迪（86级）
7	亚马逊餐饮有限公司（连锁）	杜国荣等（88级）
8	南京美丽心情包饼	王爱忠（88级）
9	三味居	沈孝忠（88级）
10	南京满庭春餐饮管理有限公司	陈学祥（89级）
11	龙门功夫鱼	项明松（97级）

许多优秀毕业生现已成长为餐饮行业的中高级管理人才，如在南京21家五星级酒店中任行政总厨、餐饮总监等职位的约超过70%都来自本专业（见表9-10）。

表9-10 专业毕业生在南京五星级酒店任行政总厨人员名单

序号	酒店名称	毕业生姓名
1	南京绿地洲际酒店	贾正桂（78级）
2	南京万达希尔顿酒店	薛大磊（78级）
3	南京中心大酒店	吴俊生（78级）
4	南京国际会议大酒店	陈以家（78级）
5	南京丁山花园大酒店	庄永年（78级）
6	南京涵月楼大酒店	李洪定（78级）
7	江苏议事园	洪顺安（78级）
8	南京金奥费尔蒙酒店	栾庆根（80级）
9	南京绿地洲际酒店	陆俊奇（80级）
10	南京侨鸿皇冠假日酒店	胡春石（80级）
11	南京金陵饭店	孙学武（80级）
12	金陵江滨国际会议中心酒店	于爱华（80级）
13	南京金丝利喜来登酒店	秦林章（84级）
14	南京玄武饭店	范品良（85级）
15	南京古南都饭店	傅燕平（86级）

2.建立创业就业导向的人才培养类型

（1）深化混合所有制"订单培养"实践，创新紧密型合作办学机制。

与经营中高端休闲餐饮为主的大型餐饮连锁集团——蓝蛙餐饮集团（中国）餐饮有限公司合作，深化混合所有制"订单培养"实践，按照双主体（学院+企业）、四合一（教师与师傅、学生与员工、课堂与厨房、作品与产品）的模式，探索新的人才培养模式，创新校企一体、人才共育、过程共管、成果共享、责任共担的紧密型合作办学体制机制，实现校企人力、智力、市场、资金等资源的优势互补（见表9-11）。

表9-11 混合所有制"订单培养"实践建设内容

建设项目	建设内容	完成年份	建设责任人	
			学校	企业
设施改造装修	1.基础改造装潢：教室、办公室、会议室改造 2.配套设施：图书、电脑、资料室等 3.配套设备：电脑、打印机、投影仪等	2016	周春林 邵万宽 颜忠 王艳玲	吴彩红
师资培养	1.建立师资交流管理平台 2.培养教师10名，其中"双师型"教师3~5名 3.培养企业教师10名	2017		
企业干部培训	1.制定培养方案和教学计划 2.建立学员学习的考评档案	2017		

续表

建设项目	建设内容	完成年份	建设责任人	
			学校	企业
订单班培养	1. 制定培养方案和教学计划 2. 组建管理机构 3. "订单班"学生的企业实训方案	2018	周春林 邵万宽 颜忠 王艳玲	吴彩红

产教深度融合，学校和企业共同制定招工招生方案遴选班级成员，由学校教师与企业教师共组"双导师制"的师资团队对学生进行培养，落实"学校实训基地+企业操作间"的双实训场所，学生第三学年在蓝蛙餐饮企业进行实习成为企业储备干部，毕业进入企业工作，实现双身份的联合招生招工方式（见图9-3）。现代学徒制改革前移企业的员工考核要求，引入行业标准，校企双方共同开发"西餐菜品工艺""甜品工艺"和"厨房运行与管理"三门课程的课程体系。基于对合作企业运营需求的调研，由学校和企业共同制定注重实操技能、强调文化素养的教学方案。采用学校教师和企业教师共同育人的"双导师"制，强化学生的技能水平，加强学生与"师傅"的情感沟通，牢固"师徒"关系，实现学生与企业导师从"师徒关系"到"工作伙伴"的平稳过渡，使学生对学校和企业产生归属感。

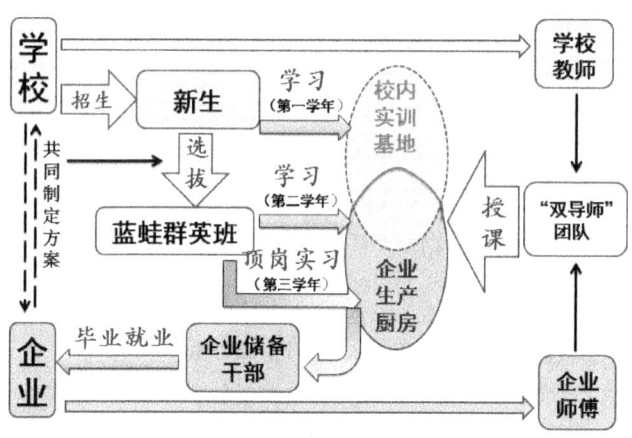

图9-3 "订单培养"实践运行模式

（2）进行创新创业能力塑造，成立烘焙创业基地。

在校内生产实习基地"御冠酒店"内建立烘焙创业基地，在夯实基本技能的基础上，打造立体式实践教学体系，激发学生"创新、创造、创意"活力，为学生未来可持续发展奠定坚实基础。在人才培养上重视素质、技能和管理能力的同步提升，强调创新创业能力的同步培养，鼓励自主创业，以创业品牌先进典型带动学生创新创业意识的树立。着力创造品牌活动，借助"美食节"（学生活动）、"成才杯"（技能竞赛）、

"名厨访谈"（学习任务）、"创越会"（创业协会）、"江南小天厨"（第二课堂）、"职业生涯规划大赛"等丰富多样的品牌活动塑造学生可持续的创新创业能力。

（3）产学一体、工学交替，系统培养高技能复合型烹饪人才。

根据行业企业发展需求，充分发挥专家指导委员会在人才培养目标定位、专业开发、课程设置、能力要求、实习实训等方面的咨询参谋作用和校企纽带作用，开辟基于"三以一化、多证复合"的多路径烹饪人才招生和培养模式（普通高等教育招生方式，中高职对口单招方式，"3+3"中高职衔接招生方式，校企合作"现代学徒制"式联合招生、联合招工的方式），形成烹饪与营养学院人才培养模式的基本框架，并不断修订人才培养方案。

按照行业、企业技术领域和职业岗位群的实际要求，以培养"高技能、应用型、复合型"现代餐饮业人才为目标，进一步精准专业目标定位、明确专业群建设发展方向，细化人才培养的规格与质量，优化整合课程资源与结构，着力培养学生绿色安全、营养卫生的职业意识与职业道德，提升学生烹饪生产、菜品设计、质量管理和成本控制等职业能力，全面提高人才培养质量。

从企业岗位任职要求入手制订培养方案，创新"产学一体、工学交替、四合一"的人才培养模式，融校企合作、工学结合于一体，学生最终在毕业时取得与专业相关的各类证书，保证毕业生持证率达100%，双证书持有率达100%以上，争取烹饪技能等级证书通过率达100%，营养配餐师通过率达90%，英语三级通过率达95%，计算机等级证书通过率达90%。

3. 建立跨专业、跨学科、跨学校、跨班级的多方系统育人机制

（1）校校合作协同育人。

学院在多路径（普通高等教育招生方式，中高职对口单招方式，"3+3"中高职衔接招生方式，校企合作"现代学徒制"式联合招生、联合招工的方式）的烹饪人才招生模式基础上，打通国际化人才培养渠道，不断巩固和拓展海外实训就业基地，启动与境外中国台湾高雄餐旅大学的校校合作项目，同时积极开展各种国际文化交流活动。此外，坚持实行"学历教育+职业认证"的双证书制度，通过"课证融合"培养"一专多能"的烹饪人才。

省政府和教育厅领导多次视察南京旅游职业学院的烹饪项目课程教学；中国职业教育代表团考察南京旅游职业学院烹饪课程改革与教学情况；中国旅游出版社出版的"十一五""十二五"规划教材被同类高职院校广泛使用；吸引欧洲职教校长代表团一行50人考察本专业烹饪项目教学情况；连续3年有同行院校派老师来本专业交流学习。学院积极为"五星联盟"兄弟院校郑州旅游职业学院、云南旅游职业学院及广东旅游职业技术学校提供对口支援，接纳兄弟院校教师与学生进行跟班学习；建成的实训基地可以"校际共享"，为邻校江苏经贸职业技术学院、江苏海事职业技术学院和南京师范大学提供烹饪教学场所，实现优质资源的共享，为烹饪文化的传承与发扬做出贡献。

利用中国旅游"五星联盟"院校烹饪专业教材牵头组稿的优势，学院组织专业教师，聘请业界学界专家，共同参与平台课程与核心课程的二次开发，打造优质课程与精品教材。同时按国家精品课程和精品视频课的标准，建立相关课程教学网站和"国际烹

饪概论""西式面点工艺""西餐工艺""烹饪英语"视频公开课,为学生自主学习提供充分条件,充分发挥专业精品课程的示范作用,实现教学资源的校际共享。

(2)校企合作协同育人。

与蓝蛙餐饮集团合作,深化混合所有制"订单培养"实践,按照双主体(学院+企业)、四合一(教师与师傅、学生与员工、课堂与厨房、作品与产品)的模式,探索新的人才培养模式,创新校企一体、人才共育、过程共管、成果共享、责任共担的紧密型合作办学体制机制,实现校企人力、智力、市场、资金等资源的优势互补。

学院通过校企合作,烹饪实训基地的建设一直得到意大利伊莱克斯、上海联合利华、南京卫岗乳业、亚马逊餐饮有限公司等中外企业赞助、支持与协作。同时,学院建设了一批高质量的校外见习和顶岗实习基地,如迪拜帆船酒店、阿布扎比皇宫酒店、美国哈卡桑酒店、美国蓝色地平线餐饮集团、中国澳门威尼斯人酒店、南京绿地洲际酒店、南京金陵饭店等,学生境外研修比例达到18%,毕业生在境外就业比例高达10%。并不断与诚记餐饮公司、百酪汇餐饮集团、亚马逊餐饮集团合作,冠名赞助专业"美食节""成才杯"等品牌活动,共同塑造学生的创新创业能力。部分校企合作情况见表9-12。

表9-12 实习实训基地、校企联合基地一览表(部分)

	境外研修就业酒店		国内实习就业基地
美国	哈卡桑酒店		南京金陵饭店
	迪士尼乐园		南京绿地洲际酒店
阿联酋	迪拜帆船酒店	江苏	南京玄武饭店
	阿布扎比皇宫酒店		南京古南都饭店
	Madinat Jumeirah		南京索菲特钟山高尔夫酒店
	Meydan Hotel		南京索菲特银河大酒店
	Emmar Hotel		南京维景国际大酒店
	Four Points by Sheraton Down Town		苏州吴宫喜来登大酒店
	Westin Hotel		苏州香格里拉大酒店
	Emirates Towers		苏州金鸡湖凯宾斯基大酒店
	Address Hotel		无锡灵山元—希尔顿逸林酒店
新加坡	君华酒店	上海	上海浦东香格里拉大酒店
	良木酒店		上海明天广场JW万豪酒店
	贸昌阁酒店		上海外滩茂悦大酒店
日本	新鬼怒川観光ホテル水明	北京	北京国贸大酒店
	万座ホテル聚楽		中国大饭店
	RAKO華乃井ホテル		北京燕莎中心凯宾斯基饭店
	湯西川温泉 花と華	广东	花园酒店
	西伊豆クリスタルビューホテル		白天鹅宾馆
	小松ビューホテル		深圳凯宾斯基酒店

续表

境外研修就业酒店		国内实习就业基地	
日本	稲取東海ホテル	品牌餐饮连锁	蓝蛙餐饮集团
中国澳门	威尼斯人酒店		南京百酪汇食品有限责任公司
	葡京酒店		亚马逊餐饮管理有限公司

（3）校所合作协同育人。

专业教师近年来多次担任省级、国家级技术技能比赛的评委或裁判长；担任国家旅游局、省级旅游局和地方烹饪协会组织的烹饪大赛评委。如连续5年多名教师担任江苏省教育厅职教烹饪大赛评委、江苏省餐饮行业协会烹饪大赛评委、江苏省烹饪协会烹饪大赛评委等。南京旅游职业学院从20世纪90年代中期起，就被江苏省劳动和社会保障厅职业技能鉴定中心授予省级技能鉴定所——"天马职业技能鉴定所"（同专业省级只有两家），连续5年被评为省级优秀鉴定单位。近3年来，10多名老师为全省高级烹调师累计进行培训、考核、鉴定50多场次，为全省餐饮、烹饪行业人员的技术职称培训、鉴定工作做出了较大的贡献。

2009年2月，学院成立了烹饪与营养研究所，立足于校企联合，将来源于实践的理论应用于企业的经营活动，做了很多有益的探索和原创性的工作，取得了一定的经济效益和显著的社会效益。研究所成立以来，为全国20多家高星级酒店提供咨询管理服务，如南京金陵饭店、南京中心大酒店、南京凤凰台饭店、南京东方珍珠饭店、南京黄埔大酒店等。内容包括新建酒店的厨房设计、餐饮部筹建开业、厨房管理机制建立、产品的更新、标准化生产、长效菜品出新机制的建立、6S规范管理、品牌餐饮的经营管理等，在业内产生了巨大的影响。第一，它们成为当地餐饮的标杆，同时也成为业内仿效的模式，其示范推动作用十分显著；第二，直接服务于酒店，进一步带动提升行业水平；第三，通过菜品的研发创新，科研反哺教学，直接支撑创新创业型人才培养。

（4）国际合作协同育人。

打通国际化人才培养渠道，在不断巩固和拓展海外实训就业基地的基础上，启动与境外中国台湾高雄餐旅大学的校校合作项目，近3年累计选派15名学生到中国台湾地区交流学习。在拥有优秀教师队伍的基础上，还聘请了新西兰怀阿里奇理工学院John Norton和意大利名师Isseal开设外教实训课，外籍教师的加入丰富了教师队伍的组成。

积极建立境外交流基金，定期为短期教学提供条件，延伸现代学徒制教学范围，邀请境外餐饮高管、专家来校讲学，积极为学生开拓多种渠道赴境外留学、进修。探索国际化发展道路，争取更多与国内外品牌企业和名牌学校交流合作的机会，建立留学生基地，招收海外留学生学习中式烹饪，传播中国烹饪文化，积极推进交换互访、进修挂职、合作办学或合作科研等。毕业生年均境外就业实习人数高达18%，位于全省前列，学院正在搭建更多境外实习就业基地，争取境外研修学生突破30%。近4年境外研修情况见表9-13。

表9-13 近四年境外研修情况一览表

出国年份	学生年级	学生人数（人）	出境研修人数（人）	所占比例（%）
2011	093届	99	20	20.2
2012	103届	126	16	12.70
2013	113届	205	35	17.07
2014	123届	229	45	19.65
总计		659	116	18

4. 建立交叉培养人才的新机制

（1）跨院系、学科交叉培养人才。

打造创新创业型人才需综合培养学生的各类素质，在人才培养上必须整合全校资源，不能单打独斗。以烹饪人才为例，学生除学习本专业操作技能与烹饪理论外，还需学习酒店管理学院开设的经营、成本核算、营销类课程，从而具备一定的管理经营能力；需学习国际旅游系开设的英语类课程，为国际化交流打好基础；需学习人文艺术系传媒工作室开设的烹饪美术课程，系统学习构图、配色，以提升审美能力，为菜肴摆盘、菜品搭配、盛器选择等打好基础；需学习基础部开设的文化理论课程和体育课，学习传统文化，练好中国字，能够写好菜谱、取好菜名，有助于传承中国烹饪文化，通过"厨师哑铃操"锻炼臂力，为烹饪实操技能打好体力基础；通过学习"营养配餐""烹饪化学"课程，学生在交叉学科中认识了食材的营养元素，树立了营养安全卫生意识，有利于成为一名合格的餐饮从业者。这些课程环环相扣，缺一不可，共同构造了烹饪创新创业人才所需要的综合素质。

（2）跨专业、班级交叉培养人才。

着力进行教学基础建设——课程体系建设、实训体系建设、信息化教学资源建设等，并持续优化重组、不断创新。另外展开教学保障制度建设——"双师"团队建设、专业群管理体制和运行机制建设，形成长效、动态的专业群建设机制，以烹调工艺与营养专业为核心，构建中心辐射式的专业群体系，形成跨专业的人才交叉培养体系。

专业群建设以培养复合型人才为目标，通过相关专业优质教学资源的整合，借助核心专业的影响力，着力塑造特色鲜明、优势互补的专业群品牌（见图9-4）。专业群一方面集聚各相关专业的优质教学团队、实训体系和课程资源，通过"资源共享、去繁存精"的整合方式，实现数量与结构的最优化，不仅极大地节约了办学成本，而且实现了优质教学资源的高效共享，从而大大提高了教学实践效果。另一方面依托各个专业自身的专业优势与专业特色，拥有多专业的知识和多专业的技能，为"一专多能、复合型"人才的培养提供有力的保障，从而极大地满足了现代社会对复合应用型人才的需求。除此之外，专业群通过专业内涵的相关性，充分发挥核心专业在业界的辐射示范作用，带动群内专业共同发展；同时依靠群内专业各自的专业优势，专业群趋于多元化多方向发展，进一步丰富了核心专业的发展内涵。总而言之，专业群建设既是实现高职院校内涵式发展的切入点,也是高职院校实现特色办学、提升核心竞争力的重要途径。

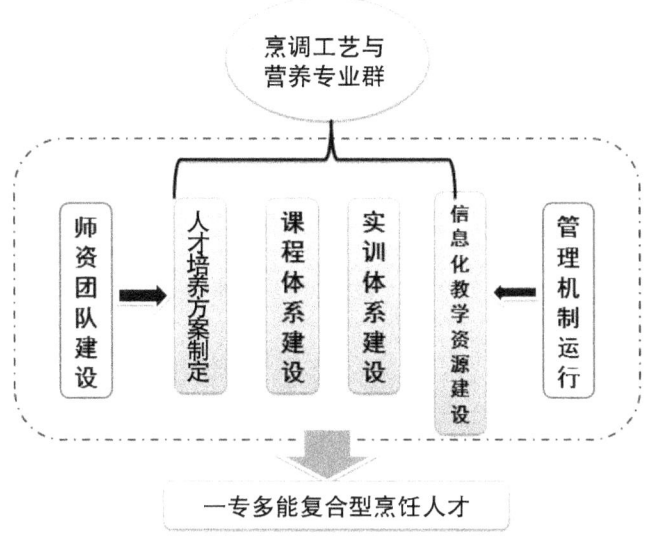

图9-4 专业群

在课程设计上按照"公共通识模块+专业平台模块+核心课程模块+高层互选与拓展模块"重构群内各专业课程体系,体现了人才培养的规定性和自主性,增强了各专业之间和各模块内部课程的耦合度,实现专业基础课程平台化、核心课程模块化、拓展课程互选化、综合实训顶岗化,为专业群底层共享、中层分立、高层互选奠定基础。课程模块构成情况见图9-5。

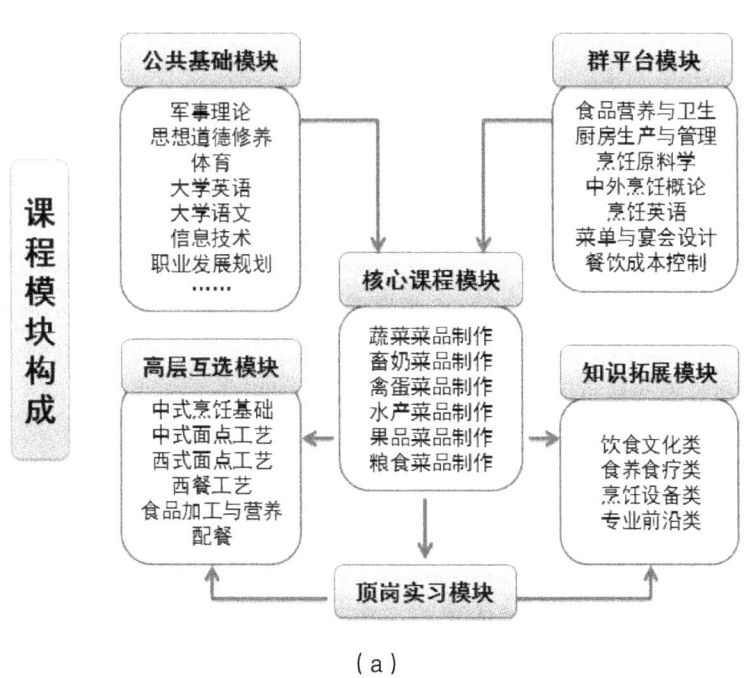

(a)

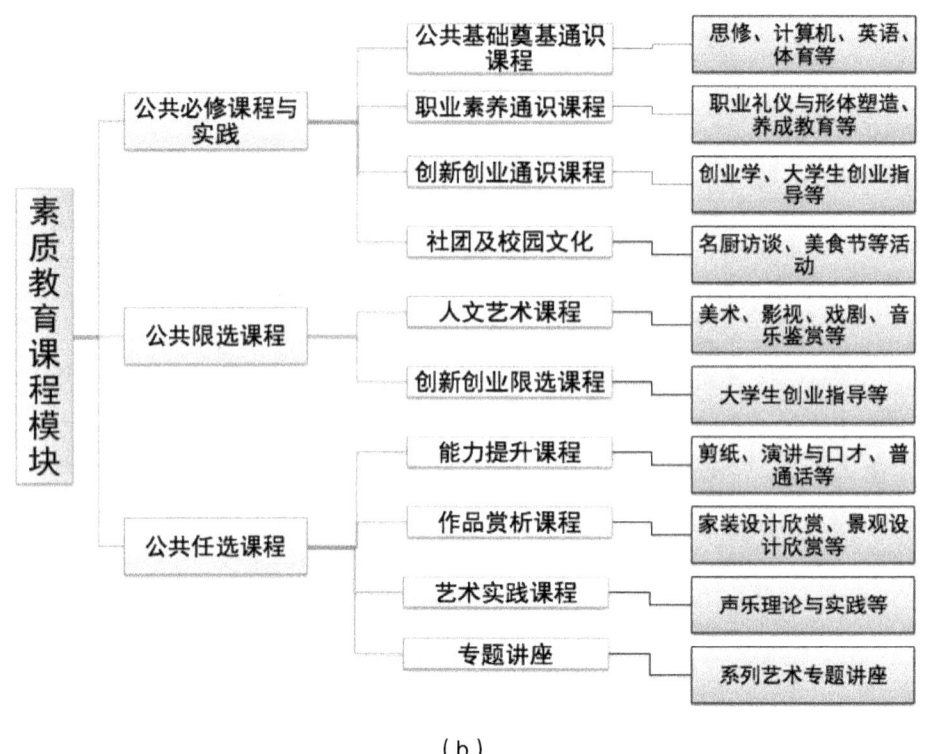

（b）

图9-5 课程模块构成

四、南京旅游职业学院烹调工艺与营养专业教师创新创业教育能力建设实践与构想

南京旅游职业学院烹饪与营养学院是学校三大主要学院之一，烹调工艺与营养专业是省级示范专业、中央财政支持的校级品牌专业，该专业以"能力阶梯式上升"为要求，深入推进"以原材料加工为主线、多循环培训技能"的厨房课堂一体化的课程体系改革。截至目前，本专业拥有中国餐饮文化大师1名，中国烹饪名师1名，国际御厨1名，教授2人，副教授3人，硕士以上学历12人，烹饪高级技师14人，专业教师和行业兼职教师比例为1∶1。同时，该专业的80%教师为省级及以上技能大赛评委和省级职业技能鉴定考评员，100%有在高星级酒店进行企业管理、挂职锻炼经历，形成了一支"双师型、高技能、重实践"的高素质烹饪专业教师团队。此外学校聘请新西兰怀阿里奇理工学院的John Norton和意大利名师Isseal开设外教实训课。学院一直致力于培养"专业技能强、创新素质高、发展潜力大"并且具有一定管理能力和国际化视野的复合型烹饪技术技能型人才。借助"美食节"（学生活动）、"成才杯"（技能竞赛）、"名厨访谈"（学习任务）、"创越会"（创业协会）、"江南小天厨"（第二课堂）等丰富多样的品牌活动培养学生可持续的创新创业能力。

（一）创新思维，从战略高度谋划创新创业教育师资队伍建设是关键

深化高校创新创业教育改革是时代赋予高等教育的历史使命。改革开放30多年，

中国高等教育的比较优势是大规模基础知识和技能的传授，它适应了以"模仿和改进"为特征的经济增长方式。以2014年中国研发的投入首次超越欧盟28个成员国为标志，中国复制欧美技术的时代终告结束，这成为中国经济新常态的重要特征。因此，深化高等学校创新创业教育改革，绝不是应对经济发展放缓、就业压力增大的权宜之计，而是促进高等教育与科技、经济、社会发展紧密结合，积累建设创新型国家所需战略性人力资本，实现"两个一百年"奋斗目标的历史使命。

（二）深化高校改革，创新创业教育教师发展转型是突破口

教师的创新创业意识和能力，在一定程度上决定了学校大学生创新创业教育的品质与面貌。近年来，南京旅游职业学院以提升教师创新创业能力为重点，推进高等职业教育内涵建设、转型发展，取得初步成绩。

在大数据带来的信息风暴，"互联网+"，工业4.0，中国制造2025，大众创业、万众创新，以慕课（MOOC）为代表的现代信息技术对教学形式的颠覆性冲击，以信息化拉动教育现代化的重大使命等时代背景下，我国的教育也正在面临着新的变革。尽管我们可能不喜欢，但社会的发展正在逐步改变着高等职业院校教与学的关系，教师是学生唯一知识源的地位已经被动摇，学校所提供的知识教育已经不足以令学生享受终生了，教师即知识传授者的传统地位也被动摇，不久的将来，教师会逐渐地走下传道的神坛。教与学的主体也第一次实实在在地转向学生，教师的角色正在发生着根本性的变化，教师的发展转型是必然的。

教师要想实现从知识传授者到学生学习促进者的角色转换，其途径是什么呢？教师必须转型，教师必须从"教书匠"的角色中挣脱出来，成为"研究型"的教师。长期以来，高职院校教师拿着本科模式的教材，"用教材教"变为"教教材"，并亘古不变地在现代情形下传授知识和"教教材"，自然就沦为了"教书匠"。教育的本质是育人，是发展心智、陶冶人格，而不是单纯地传授知识和技能。面对不断发展的社会、不断变化的环境、个性迥异的学生，以及新情况、新问题，教师必须做一个研究者，研究教育规律，研究学生，研究教材，研究教法。教师仅靠经验是不行的，必须进入研究状态，才能掌握教育内在的规律，洞悉学生心灵的奥秘，启迪学生的智慧，接近教育的本质。创新创业型教师以"思考"的目光审视校园、以"探究"的姿态从事教育、以"反思"的襟怀走进教室时，就已经具有了研究者的特质。教师要把教学的重心放在激发学生学习热情、培养学生的各种能力上。大学生创新创业精神和意识的成长在很大程度上依赖于教师的这种教学能力。

（三）南京旅游职业学院教师创新创业教育教学能力建设的实践

高校是创新教育的骨干及核心，高校教师在创新创业教育体系中起着关键作用，没有一定数量和质量的创造性教师队伍，就不可能培养具有创新创业素质的学生。如何推进学生由"看客"发展为"创客"，重点在教师，难点在教师，出路也在教师。南京旅游职业学院系统化创新创业教育刚刚起步，从认识到实践存在不少误区。比如对创新创业教育的认识偏差，不少学校只是将创业教育作为大学生就业指导的一项内容，甚至以学生自主创业的数量作为衡量创新创业教育成功的标志。又如创新创业教师基本以辅导员为主体，这支队伍年轻，普遍缺乏"创客"和"极客"经历、缺乏创新创业历练和企

业家精神。再如创新创业教育与专业教学融合不够，存在"两张皮"现象。因此，建设一支自觉将创新创业教育与素质教育、专业教育相融合的专业化师资队伍，是推进创新创业教育改革的当务之急。

1. 依托健全的制度体系，保障教师创新创业能力的提升

2010年以来，学校始终把教师创新创业能力教育的建设作为事关学院发展的基础性、关键性和战略性工作来抓，相继制定了《南京旅游职业学院加强师德师风建设的规定》《南京旅游职业学院加强教师队伍建设的意见》《南京旅游职业学院"双师"型教师认定的有关规定》《学院专业带头人培养对象遴选与管理办法》《学院骨干教师培养对象遴选与管理办法》《南京旅游职业学院教师专业技术职务评聘及考核办法（试行）》《南京旅游职业学院科研管理条例》《南京旅游职业学院在职人员攻读研究生学位管理规定》《南京旅游职业学院兼职教师管理办法》《学院"双师"教师认定与管理办法》《企业教师工作站管理办法》《学院专业教师"一师一企"管理办法》《南旅院高层次人才引进及管理办法》和《学院新进教师培养与管理办法》等一系列规章制度，为师资队伍建设提供了制度保证。建立企业教师工作站20个。明确专业教师到御冠教学酒店、酒店咨询公司、紫金规划设计研究院等校办企业及合作企业工作站挂职锻炼、跟岗实习的目标、形式、考核办法及待遇，推行一个教师对接服务一个企业，规范专业教师定期深入固定企业，参与企业生产与经营管理活动，使专业教师的企业实践活动制度化、常态化。彰显了创新创业教育对教育教学质量的提升效应、对学生健康成长的促进效应、对毕业生充分就业的倍增效应和对完善高校管理的溢出效应。

2. 依托"五位一体"的合作模式，探索教师创新创业教师队伍的机制

按照"人才培养、科技服务、人员互聘、岗位实践、就业创业"五位一体的思路，完善工作机制，创新发展平台，推进合作育人、合作发展。以"双师素质"团队与领导能力建设为抓手，精心培育和打造一支专兼结合、师德高尚、结构合理、素质优良的师资队伍和领导团队，提高学院领导的决策能力、中层干部的执行能力、师资队伍的教学研发能力；以提高人才培养质量和社会服务能力为动力和落脚点，创新发展平台，全面提升办学水平和能力，培养具有职业情怀、职业素能和职业视野的高素质高技能人才，为江苏现代旅游产业的大发展提供人才保证和智力支撑。

3. 依托混合所有制，打造专兼职结合的创新创业教师队伍

（1）混合所有制"双师队伍"建设。加强酒店管理学院与洲际酒店集团的密切合作，设立"企业教师工作站"，创新兼职教师聘任机制，倾力打造双师教学团队。落实专业教师"一师一企"，使专业教师赴酒店锻炼工作制度化、常态化、普及化，提升专业教师的"双师"素质，优化专兼结合的"双师"结构，实现专业教师"一师一企"普及率100%。着力打造双师、双岗的教学队伍和行业培训师、企业咨询师、大赛指导师的产学服务队伍。

（2）混合所有制"订单式"人才培养。烹饪与营养学院与以经营中高端西式餐饮为主的大型餐饮连锁集团——蓝蛙餐饮管理（上海）有限公司合作，深化混合所有制"订单培养"实践，按照双主体（院、企）、四合一（教师与师傅、学生与员工、课堂与厨房、作品与产品）的模式，探索新的人才培养模式。建立"烹饪+互联网创客基地"，设

立"学生创业基金",组建由企业、学院教师共同组成的研发团队,开展菜品设计、营养配餐、新菜开发与推广等深度合作。鼓励和支持团队积极开展与境内外高水平的院校专业对口交流;与国内大中型旅游企业访查座谈,与行业协会共同组织专题论坛,集体攻关重点教科研项目,提升团队的综合实力;参与到行业培训、项目策划、企业咨询及大赛指导等工作中,为行业企业提供"四技"服务,打造"四师(行业培训师、项目策划师、企业咨询师、大赛指导师)"服务团队。

4. 集聚创新创业专兼职的高端师资

加大引智力度。实施"外引内培","十二五"期间,引进高层次人才49名,其中教授3名,具有博士学位的7人,具有硕士学位的39人,师资队伍的数量和质量有了明显提升。目前学校现有专任教师240人,兼职教师150名,校内专任教师中45岁以下青年教师中具有硕博士学位或研究生学历比例达82.55%,高级职称教师占专任教师的20.28%,"双师"型教师比例占80.18%,初步建成了一支专兼结合、结构合理的"双师"型师资队伍。打造"名师领衔、大师并举、导师指引"多层次的三师型混合教学团队,聘请1名知名的行业专家担任兼职专业带头人。

5. 打造创新创业一流师资队伍

一是在实施卓越人才培养计划中提升教师能力。学校专门成立了创业与就业指导教研室,主要由获得创业咨询师的教师组成,进行集中备课,讨论授课计划,有序开展教学活动,并对上课学生进行考核。2013年以来,南京旅游职业院校累计派出15名教师参加创业咨询师国家职业资格培训,共有9人获得三级创业咨询师证书(高级),形成了一支专业化程度较高的师资队伍。此外目前学院入选国家旅游局"旅游业青年专家培养计划"2人、国家旅游局"万名旅游英才计划'双师型'教师培养项目"10人、江苏省"有突出贡献中青年专家"1人、江苏省"333工程"培养对象2人、江苏省"青蓝工程"学术带头人和骨干教师7人。专任教师中,高级职称比例占20.28%,"双师型"教师比例占80.18%,45岁以下青年教师中具有硕士、博士学位或研究生学历比例达82.55%,有国家级、省级饭店星评员、餐饮培训师、A级旅游景点评审专家等36人。

二是采用灵活柔性模式引智培智。通过"大师+教师""引进+引智""学科+人才"等引智模式和行业、企业挂职等培智模式,全校逐步形成了由专职教师、企业家、政府相关部门领导和专家组成的创新创业教育师资队伍。建成了由169余名行业企业专家与能工巧匠等组成的兼职教师资源。紧紧围绕"专、精、尖"的双师素质建设目标,以"双师素质建设工程""教学名师建设工程""师德建设工程""青蓝工程""高层次人才引进工程""人事改革工程"等为实施载体,努力扩大"双师"比例,提高教师专业教学及"双语"教学水平,初步建成了一支素质优良、专兼结合、理实兼备、结构合理的创新创业的教师队伍。

6. 依托校内外实训基地、教师发展中心,搭建创新创业教师的平台

强化实训基地建设,形成相对完整的"校内实训基地、校外实训基地、海外研修基地"三轮并转的实训教学培养体系。现有中央财政支持的职业教育实训基地1个、省级高职示范实训基地2个、校内实训基地50个、校外实训基地143个。构建"1234"社会服务体系,即建设1个中心(旅游咨询服务中心),强化2个实体(江苏紫金旅游规划设计研

究院、江苏中心旅馆管理咨询公司），协同3个研究所（烹饪工艺与营养研究所、酒店研究所、旅游高等职业教育研究所），完善4个载体（御冠教学实习酒店、天马国家职业技能鉴定所、计算机高新技术考试站、旅游饭店中高层次管理人才培训基地）。

建设"双师"成长平台20个，着力打造三支队伍，即"四双"（双师、双岗、双能、双薪）教学队伍、"三有"（有德、有能、有为）管理队伍和"四师"（见图9-6）（行业培训师、项目策划师、企业咨询师、大赛指导师）产学服务队伍。

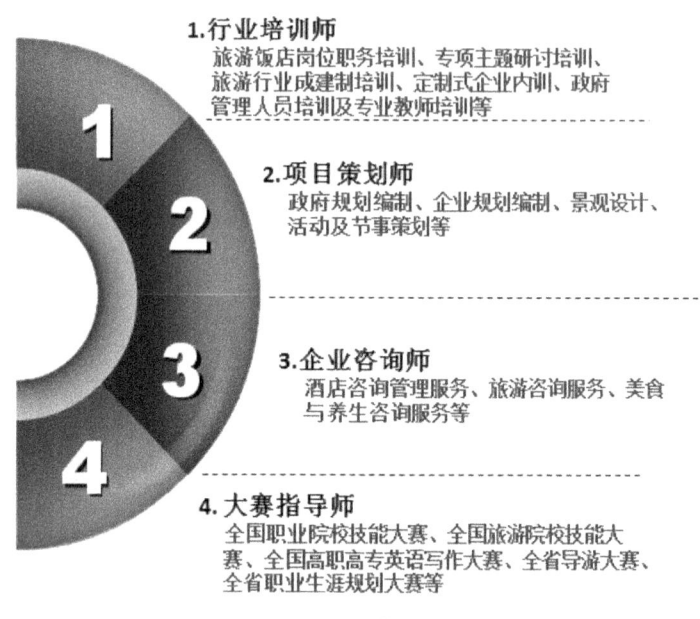

图9-6 "四师"服务团队

（四）烹调专业教师的专业知识与实践

教师应注重专业知识博与专的结合，努力将自身塑造为"双师型"人才；不断提升科研能力，服务教学、服务行业、服务社会；由于餐饮行业是与时俱进的产业，教师应重视继续教育，时刻与行业一线接轨，永葆烹调专业的活力和创新性发展。烹调专业教师需拓展以下专业知识能力：

1. 终身学习能力

终身学习能力是指教师能够在不断发展的社会环境中，有意识地不断更新自己的知识体系和能力结构，保证自己职业能力的适应性。终身学习能力既是社会发展和潮流跃进中餐饮行业对从业教师的要求，也是教育变革对烹调专业教师职业角色提出的要求。烹调专业教师大多不是来自师范专业，通常是烹饪行业的大师或企业厨师长留校，在此基础上对其进行教学能力培训，这相对于教育教学的不断变革来说都显得非常有限，必须不断学习和进取，否则就无法适应教育教学发展的需要。烹饪教师也不能两耳不闻窗外事，必须紧跟行业风尚，不断学习新知识，如韩寒、张嘉佳等带起的明星文化主题餐厅的菜品创新设计，微信订阅号的餐饮主题推送等知识，都是现代餐饮市场中的新趋势，教师必须与时俱进，并将新知识传递给学生，不能与行业前沿脱轨。

2. 教学研究能力

现代教师不仅应该是现代教育的实践者，还应该是集教书、科研、管理等多种功能于一身的复合型教师，这是时代对全体教师提出的新要求。要深入钻研、掌握教育理论，并灵活地、创造性地运用这些理论为教学服务。同时，要不断调查研究教学实践过程，分析总结经验，改进教学，并将其中成功的经验上升为新的理论，以指导实践。只有具备科研能力，才能用最新的科研成果更新教学内容，提高教学质量。教师的研究能力，应偏重在实践中应用层次的研究能力。烹饪专业教师除了要补齐科研能力弱的短板、多申请课题、撰写论文之外，还要时刻保证在菜品开发中的研发能力。教师应不断丰富自身的专业知识，在横向钻研、系统掌握所教课程知识体系的基础上，还应纵向拓展，对烹饪专业核心课程进行通识性了解。同时教师应参加各类烹饪烹调类职业资格培训和考试，做到"教学名师"与"烹饪大师"合一。为提升专业技能，教师可利用专门的教学实践时间到行业、企业进行实践，并建立长期有效的校企结合培养机制。

3. 媒体整合能力

信息是一种重要的教学资源，如何对大量的信息资料进行加工制作，去伪存真，为教学提供可用资料，并运用现代化教学手段使教学过程达到最优化，是现代教学必须解决的问题。媒体的整合能力是指教师要具有获取、处理和运用信息，掌握信息技术，将媒体有机地融入教学过程中以求提高教学效果的能力。教师不但应会使用和选择媒体信息，还应在教学活动中适时、合理地运用媒体信息，从而提高教学质量和教学效果。教师媒体整合能力包括基本操作能力、收集和处理信息的能力、应用信息能力、多媒体技术运用能力等。烹饪专业教师应把握烹饪专业演练一体的教学风格，尽量将教学过程可视化，通过多媒体视频、信息教学平台等方式开展教学过程，并辅以中华烹饪数据资源库，制作、上传微课视频、网络课程视频、多媒体课件等资源，供在校生、社会人员和企业人员学习。

我们结合中小学教师专业标准和大学教师基本要求，整理出高职院校专业教师专业标准的主要内容：职业院校教师专业标准3个维度、14个领域。

教师专业标准3个维度是："专业理念与师德""专业知识""专业能力"。

1."专业理念与师德"维度

从教师对待职业、对待学生、对待教育教学和对待自身发展4个方面，确定了"职业理解与认识""对学生的态度与行为""教育教学的态度与行为""个人修养与行为"4个领域，提出了18项基本要求。

（1）职业理解与认识。

①贯彻党和国家职业教育方针政策，遵守职业教育法律法规。②理解职业院校教育工作的意义，热爱职业院校教育事业，具有职业理想和敬业精神。③认同职业院校教师的专业性和独特性，注重自身专业发展。④具有良好职业道德修养，为人师表。⑤具有团队合作精神，积极开展协作与交流。

（2）对学生的态度与行为。

①关爱职业院校学生，重视职业院校学生身心健康，将保护职业院校学生生命安全

放在首位。②尊重职业院校学生独立人格，维护职业院校学生合法权益，平等对待每一个职业院校学生。不讽刺、不挖苦、不歧视职业院校学生，不体罚或变相体罚职业院校学生。③信任职业院校学生，尊重个体差异，主动了解和满足有益于职业院校学生身心发展的不同需求。④积极创造条件，让职业院校学生拥有快乐的学校生活。

（3）教育教学的态度与行为。

①树立育人为本、德育为先的理念，将职业院校学生的知识学习、能力发展与品德养成相结合，重视职业院校学生全面发展。②尊重教育规律和职业院校学生身心发展规律，为每一个职业院校学生提供适合的教育。③引导职业院校学生体验学习乐趣，保护职业院校学生的求知欲和好奇心，培养职业院校学生的广泛兴趣、动手能力和探究精神。④引导职业院校学生学会学习，养成良好学习习惯。

（4）个人修养与行为。

①富有爱心、责任心、耐心和细心。②乐观向上、热情开朗、有亲和力。③善于自我调节情绪，保持平和心态。④勤于学习，不断进取。⑤衣着整洁得体，语言规范健康，举止文明礼貌。

2."专业知识"维度

从职业院校分科教学的实际出发，依据职业院校学生身心发展的规律以及职业院校教育教学的本质特征，确立了国内外学界基本形成共识的教师知识构成的4个领域，即"教育知识""学科知识""学科教学知识""通识性知识"，提出了有关职业院校教师专业知识的18项基本要求。

（1）职业院校学生发展知识主要内容有：①了解关于职业院校学生生存、发展和保护的有关法律法规及政策规定。②了解不同年龄及有特殊需要的职业院校学生身心发展特点和规律，掌握保护和促进职业院校学生身心健康发展的策略与方法。③了解不同年龄职业院校学生学习的特点，掌握职业院校学生良好行为习惯养成的知识。④了解幼小和小初衔接阶段职业院校学生的心理特点，掌握帮助职业院校学生顺利过渡的方法。⑤了解对职业院校学生进行青春期和性健康教育的知识和方法。⑥了解职业院校学生安全防护的知识，掌握针对职业院校学生可能出现的各种侵犯与伤害行为的预防与应对方法。

（2）学科知识主要内容有：①适应职业院校综合性教学的要求，了解多学科知识。②掌握所教学科知识体系、基本思想与方法。③了解所教学科与社会实践的联系，了解与其他学科的联系。

（3）教育教学知识主要内容有：①掌握职业院校教育教学基本理论。②掌握职业院校学生品行养成的特点和规律。③掌握不同年龄职业院校学生的认知规律。④掌握所教学科的课程标准和教学知识。

（4）通识性知识主要内容有：①具有相应的自然科学和人文社会科学知识。②了解中国教育基本情况。③具有相应的艺术欣赏与表现知识。④具有适应教育内容、教学手段和方法现代化的信息技术知识。

（5）教育教学设计主要内容有：①合理制定职业院校学生个体与集体的教育教学计划。②合理利用教学资源，科学编写教学方案。③合理设计丰富多彩的班队活动。

（6）组织与实施主要内容有：①建立良好的师生关系，帮助职业院校学生建立良好的同伴关系。②创设适宜的教学情境，根据职业院校学生的反映及时调整教学活动。③调动职业院校学生学习积极性，结合职业院校学生已有的知识和经验激发学习兴趣。④发挥职业院校学生主体性，灵活运用启发式、探究式、讨论式、参与式等教学方式。⑤将现代教育技术手段渗透运用到教学中。⑥较好使用口头语言、肢体语言与书面语言，使用普通话教学，规范书写钢笔字、粉笔字、毛笔字。⑦妥善应对突发事件。⑧鉴别职业院校学生行为和思想动向，用科学的方法防止和有效矫正不良行为。

（7）激励与评价主要内容有：①对职业院校学生日常表现进行观察与判断，发现和赏识每一个职业院校学生的点滴进步。②灵活使用多元评价方式，给予职业院校学生恰当的评价和指导。③引导职业院校学生进行积极的自我评价。④利用评价结果不断改进教育教学工作。

（8）沟通与合作主要内容有：①使用符合职业院校学生特点的语言进行教育教学工作。②善于倾听，和蔼可亲，与职业院校学生进行有效沟通。③与同事合作交流，分享经验和资源，共同发展。④与家长进行有效沟通合作，共同促进职业院校学生发展。⑤协助职业院校与社区建立合作互助的良好关系。

（9）反思与发展主要内容有：①主动收集分析相关信息，不断进行反思，改进教育教学工作。②针对教育教学工作中的现实需要与问题，进行探索和研究。③制定专业发展规划，不断提高自身专业素质。

3."专业能力"维度

坚持学习，学高方为师。要给学生一杯水，自己就要有一桶水。作为一名教师要时刻学习，树立活到老、学到老的思想。时代在发展，教师也应与时俱进。不要忘记自己教师的身份，努力成为学生的模范。因此，在平时的工作生活中要努力在以下方面进行学习，只有这样才能扩充视野，发现问题，积累经验，快速成长。

（1）教学理论学习。

充分利用网络资源，查找资料；向同事学习，坚持听优质教学课，学会客观地评价一堂课；及时总结教学经验，写教学随感。

（2）教学实践学习。

以课标和教材为依据，结合学生实际，制订切实可行的教学目标；注意控制教学节奏、教学速度，提高教学效率；适用教学论的思想、原则，在实践中认真研讨新的课堂结构，克服教学的单一和程式化灵活应用各种先进的教学方法；激发学生的学习兴趣，培养良好的学习习惯。

（3）反思学习。

及时总结经验教训，找出教学中的成功、不足；将在课上所遇到的问题和失误及时记录下来，从主观和客观上去寻找原因，并努力寻找解决的方案；记录在教学过程中忽然产生的灵感和好的教学方法，不断提高自己的教学水准。

教师专业标准 14 个领域如下：

第一，职业理解与认识。①贯彻党和国家教育方针政策，遵守教育法律法规。②理解职业院校教育工作的意义，热爱职业院校教育事业，具有职业理想和敬业精神。③认

同职业院校教师的专业性和独特性，注重自身专业发展。④具有良好职业道德修养，为人师表。⑤具有团队合作精神，积极开展协作与交流。

第二，对学生的态度与行为。①关爱职业院校学生，重视职业院校学生身心健康发展，保护职业院校学生生命安全。②尊重职业院校学生独立人格，维护职业院校学生合法权益，平等对待每一个职业院校学生。不讽刺、不挖苦、不歧视职业院校学生，不体罚或变相体罚职业院校学生。③尊重个体差异，主动了解和满足职业院校学生的不同需要。④信任职业院校学生，积极创造条件，促进职业院校学生的自主发展。

第三，教育教学的态度与行为。①树立育人为本、德育为先的理念，将职业院校学生的知识学习、能力发展与品德养成相结合，重视职业院校学生的全面发展。②尊重教育规律和职业院校学生身心发展规律，为每一个职业院校学生提供适合的教育。③激发职业院校学生的求知欲和好奇心，培养职业院校学生学习兴趣和爱好，营造自由探索、勇于创新的氛围。④引导职业院校学生自主学习、自强自立，培养良好的思维习惯和适应社会的能力。

第四，个人修养与行为。①富有爱心、责任心、耐心和细心。②乐观向上、热情开朗、有亲和力。③善于自我调节情绪，保持平和心态。④勤于学习，不断进取。⑤衣着整洁得体，语言规范健康，举止文明礼貌。

第五，教育知识。①掌握职业院校教育的基本原理和主要方法。②掌握班集体建设与班级管理的策略与方法。③了解职业院校学生身心发展的一般规律与特点。④了解职业院校学生世界观、人生观、价值观形成的过程及其教育方法。⑤了解职业院校学生思维能力与创新能力发展的过程与特点。⑥了解职业院校学生群体文化特点与行为方式。

第六，学科知识。①理解所教学科的知识体系、基本思想与方法。②掌握所教学科内容的基本知识、基本原理与技能。③了解所教学科与其他学科的联系。④了解所教学科与社会实践的联系。

第七，学科教学知识。①掌握所教学科课程标准。②掌握所教学科课程资源开发的主要方法与策略。③了解职业院校学生在学习具体学科内容时的认知特点。④掌握针对具体学科内容进行教学的方法与策略。

第八，通识性知识。①具有相应的自然科学和人文社会科学知识。②了解中国教育基本情况。③具有相应的艺术欣赏与表现知识。④具有适应教育内容、教学手段和方法现代化的信息技术知识。

第九，教学设计。①科学设计教学目标和教学计划。②合理利用教学资源和方法设计教学过程。③引导和帮助职业院校学生设计个性化的学习计划。

第十，教学实施。①营造良好的学习环境与氛围，激发与保护职业院校学生的学习兴趣。②通过启发式、探究式、讨论式、参与式等多种方式，有效实施教学。③有效调控教学过程。④引导职业院校学生独立思考和主动探究，发展学生创新能力。⑤将现代教育技术手段渗透应用到教学中。

第十一，班级管理与教育活动。①建立良好的师生关系，帮助职业院校学生建立良好的同伴关系。②注重结合学科教学进行育人活动。③根据职业院校学生世界观、人生观、价值观形成的特点，有针对性地组织开展德育活动。④针对职业院校学生青春期生理和心理发展特点，有针对性地组织开展有益身心健康发展的教育活动。⑤指导学生理想、心理、学业等多方面发展。⑥有效管理和开展班级活动。⑦妥善应对突发事件。

第十二，教育教学评价。①利用评价工具，掌握多元评价方法，多视角、全过程评价学生发展。②引导学生进行自我评价。③自我评价教育教学效果，及时调整和改进教育教学工作。

第十三，沟通与合作。①了解职业院校学生，平等地与职业院校学生进行沟通交流。②与同事合作交流，分享经验和资源，共同发展。③与家长进行有效沟通合作，共同促进职业院校学生发展。④协助职业院校与社区建立合作互助的良好关系。

第十四，反思与发展。①主动收集分析相关信息，不断进行反思，改进教育教学工作。②针对教育教学工作中的现实需要与问题，进行探索和研究。③制定专业发展规划，不断提高自身专业素质。

五、烹调工艺与营养专业"创新创业+"课程体系构成

以学校专业人才培养方案修订的指导思想与基本原则，调整了烹调工艺与营养专业"创新创业+"的课程体系，主要由以下几个模块组成（见图9-7和表9-14）：

（1）人格与应知模块，包括大学学习方法、人际交往与礼仪、大学生诚信教育、大学生行为规范、校园生活百科、评奖评优、网络课程学习、图书借阅、学籍管理、专业解读、学分制方案、安全教育、健康教育、宿舍管理。这类课程主要是针对刚刚进校的大学生，要让他们了解新环境的一些基本要求，主要安排在开课的第一周全部上完，由院系部、学工、团委、安全部门等教师讲授。

（2）思想与理想模块，包括思想道德修养与法律基础课、毛泽东思想和中国特色社会主义理论体系概论、形势与政策、军训与军事理论、体育与健康五部分，全部为必修课程。

（3）应用与工具模块，包括大学语文课程群、大学英语、计算机应用基础等，全部为必修课程。

（4）旅游与素质模块，包括旅游学概论课程群、职业礼仪与形体塑造、职业生涯规划、大学生心理健康教育、养成教育、人文艺术课程、作品欣赏课程、迁移拓展课程等。

（5）创新与创业模块，包括创新理论与实践，创业基础，创业拓展课程，如旅游创造学、创业基础、管理学基础、经济学基础、创业管理、商务沟通、企业法与知识产权管理、创业投资与创业财务、电子商务前沿、技术创新管理、新产品开发和项目管理、创业设计、企业实习，综合素质课程。

（6）专业通识课程模块，包括烹饪原料学、中国烹饪概论、食品营养与卫生安全、烹饪工艺学、烹饪英语、中式面点制作工艺、地方风味菜品制作、烹饪化学、快餐经营与管理、食品雕刻、现代厨房生产与管理、餐饮运营实务、菜单与宴席设计、创新菜点的开发与设计、餐饮成本核算与控制等。

（7）专业核心课程模块，包括中式烹饪基础、畜肉菜品工艺、禽蛋菜品工艺、水产菜品工艺等。

（8）实践与设计（论文）模块，包括综合实践、顶岗实习、毕业设计（论文）等。

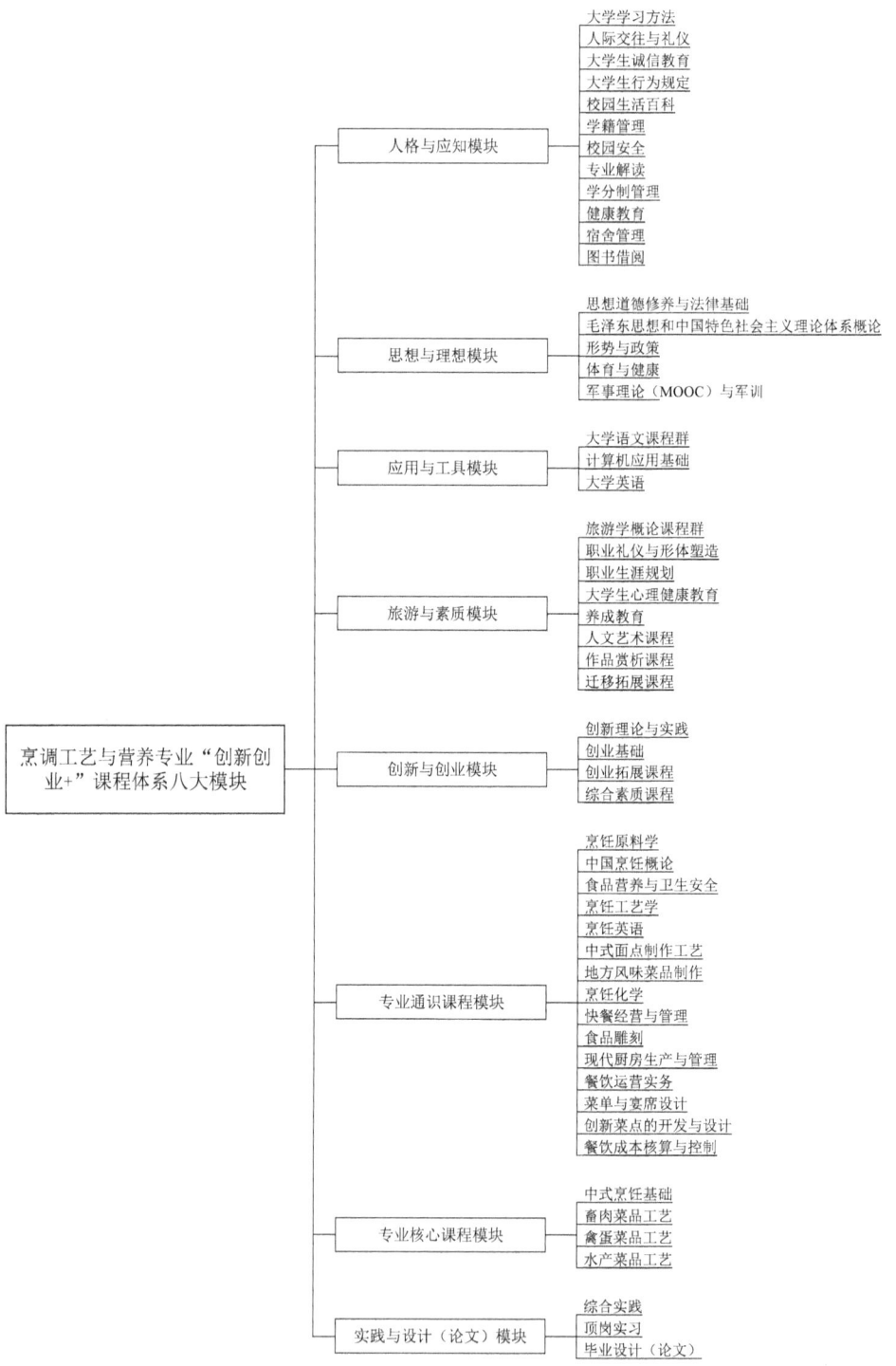

图9-7　烹饪工艺与营养专业"创新创业+"课程体系八大模块组成

表9-14 南京旅游职业学院烹调工艺与营养专业课程设置与教学计划

课程大类	课程类别	序号	课程名称（课程代码）	课时 理论	课时 实践	学分	学期 一	学期 二	学期 三	学期 四	学期 五	学期 六	课程性质	考核形式	开课单位
通识教育课程	人格与应知模块	1	人格与应知课程群	18		1							必修	考查	学工
	思想与理想模块	1	思想道德修养与法律基础	36	18	3							必修	考试	基础
		2	毛泽东思想和中国特色社会主义理论体系概论	36	18	3							必修	考试	基础
		3	形势与政策	18		1							必修	考查	基础
		4	体育与健康		108	6							必修	考查	基础
		5	军事理论（MOOC）与军训	24	112	4							必修	考查	人武
	应用与工具模块	1	大学语文课程群	36	18	3					顶岗实习		必修	考试	基础
		2	计算机应用基础	36		2							必修	考试	基础
		3	大学英语	144		8							必修	考试	国旅
	旅游与素质模块	1	旅游学概论课程群	36		2							必修	考试	旅管
		2	职业礼仪与形体塑造	18	36	3							必修	考查	基础
		3	职业生涯规划	18		1							必修	考查	招就
		4	大学生心理健康教育	18	18	2							必修	考查	学工
		5	养成教育	2	34	1							必修	考查	学工
		6	人文艺术课程	36		2							限选	考查	基础
		7	作品赏析课程	18		1							限选	考查	人文
		8	迁移拓展课程	36		2							任选	考查	教务
	创新与创业模块	1	创新理论与实践	9	9	1							必修	考查	招就
		2	创业基础	18		1							必修	考查	招就

续表

课程大类	课程类别	序号	课程名称（课程代码）	课时 理论	课时 实践	学分	学期 一	学期 二	学期 三	学期 四	学期 五	学期 六	课程性质	考核形式	开课单位
通识教育课程	创新与创业模块	3	创业拓展课程	18		1							限选	考查	招就
		4	综合素质课程		36	2							任选	考查	学工
			小计	575	407	50									
专业教育课程	专业通识课程模块	1	烹饪原料学	36	36	2							必修	考试	烹饪
		2	中国烹饪概论	36	36	2							必修	考试	烹饪
		3	食品营养与卫生安全	36		2							必修	考试	烹饪
		4	烹饪工艺学	36		2							必修	考试	烹饪
		5	烹饪英语	72		4							必修	考试	烹饪
		6	中式面点制作工艺	8	64	4							必修	考试	烹饪
		7	地方风味菜品制作	8	64	4							必修	考试	烹饪
		8	烹饪化学	18		1						顶岗实习	必修	考试	烹饪
		9	快餐经营与管理	18		1							必修	考试	烹饪
		10	食品雕刻	6	66	4							必修	考试	烹饪
		11	现代厨房生产与管理	36		2							必修	考试	烹饪
		12	餐饮运营实务	36		2							必修	考试	烹饪
		13	菜单与宴席设计	12	24	2							必修	考试	烹饪
		14	创新菜点的开发与设计	8	64	4							必修	考试	烹饪
		15	餐饮成本核算与控制	18		1							必修	考试	烹饪
	专业核心课程模块	1	中式烹饪基础	18	126	8							必修	考试	烹饪
		2	畜肉菜品工艺	16	128	8							考试	考试	烹饪
		3	禽蛋菜品工艺	16	128	8							考试	考试	烹饪
		4	水产菜品工艺	16	128	8							考试	考试	烹饪

续表

课程大类	课程类别	序号	课程名称（课程代码）	课时		学分	学期						课程性质	考核形式	开课单位
				理论	实践		一	二	三	四	五	六			
专业教育课程	实践与设计（论文）模块	1	综合实践		36	2					顶岗实习		必修	考查	烹饪
		2	顶岗实习		252	14							必修	考查	烹饪
		3	毕业设计（论文）		36	2							必修	考查	烹饪
	小计			450	1188	87									
合计				1025	1595	137									

六、面向未来，重塑南京旅游职业学院教师创新创业教育能力体系

当前和今后一个时期，南京旅游职业学院将根据《国务院办公厅关于深化高等学校创新创业教育改革的实施意见》、教育部、江苏教育厅的要求，依托正在组织实施的江苏省示范院校和省级品牌专业二项省政府重大工程，制定深化南京旅游职业学院创新创业教育改革的实施方案，重构教师创新创业教育能力培养体系。

（一）完善教师创新创业绩效考评体系

制定专业技术职务评聘和绩效考核标准，强化体现创新创业教育特点的考核评价。依托教师教育发展中心，不断加强烹饪专业教师创新创业教育能力培训，建立健全烹饪专业教师、创新创业教育专职教师与企业互动机制，与企业互聘、互派专业教师，引导和鼓励专任教师积极开展创新创业教育方面的理论和资源库建设，全面提升教师创新创业的意识、精神、人格、体验和能力。

（二）优化创新创业教师增量

根据专任为主、专兼结合的原则，利用江宁大学城的教育资源跨学校跨学院跨专业配齐配强创新创业教育与创业就业指导专兼结合的教师队伍。加大力度聘请旅游饭店、高端餐饮业的优秀人才担任专业课、创新创业课的授课或指导老师，建立烹饪专业优秀创新创业导师人才库，高质量进行创新创业教师培训，为高校创新创业教育师资队伍建设提供支持。同时打造"三师四双"型高水平专业教学团队，培养企业、专业双带头人2~3名、骨干教师5~9名，培养双师素质教师增加30%以上，培养双语教师1~2名，选派4~6人次短期、长期境外进修，选派4~5名教师参加信息化教学研讨会，参加信息化教学大赛1~2人次，培养万名旅游英才计划双师人才1~2人。

（三）建立健全实施创业教育的组织管理机构

首先，校级层面应设立大学生职业发展指导中心，下设创业教育研究室、大学生创业基金会、大学生创业园等机构，把大学生职业教育、就业教育和创业教育有机结合起来，成为全校创业教育的规划、组织和管理机构，形成其与职业发展教育紧密联系又相对独立的创业教育运行机制。其次，加强创业教育研究室的建设。创业教育研究室是师

资队伍建设的管理机构，师资队伍采用以专职教师为基础、以兼职教师为主体的方式组建，根据学生数量、课程设置情况、大学生创业活动开展情况，确定合适的教师数量和结构。最后，可以在系部的二级管理单位中设置就业创业指导教师，具体指导本系学生开展创业活动，以努力实现创业教育与专业教育、创业实践与专业实践的紧密结合，取得综合教育效果。

第十章 附 件

附件1：教育部关于大力推进高等学校创新创业教育和大学生自主创业工作的意见

教办〔2010〕3号

各省、自治区、直辖市教育厅（教委），部属各高等学校，各国家大学科技园：

党的十七大提出"提高自主创新能力，建设创新型国家"和"促进以创业带动就业"的发展战略。大学生是最具创新、创业潜力的群体之一。在高等学校开展创新创业教育，积极鼓励高校学生自主创业，是教育系统深入学习实践科学发展观，服务于创新型国家建设的重大战略举措；是深化高等教育教学改革，培养学生创新精神和实践能力的重要途径；是落实以创业带动就业，促进高校毕业生充分就业的重要措施。为统筹做好高校创新创业教育、创业基地建设和促进大学生自主创业工作，现提出以下意见：

一、大力推进高等学校创新创业教育工作

1. 创新创业教育

适应经济社会和国家发展战略需要而产生的一种教学理念与模式。在高等学校中大力推进创新创业教育，对于促进高等教育科学发展，深化教育教学改革，提高人才培养质量具有重大的现实意义和长远的战略意义。创新创业教育要面向全体学生，融入人才培养全过程。要在专业教育基础上，以转变教育思想、更新教育观念为先导，以提升学生的社会责任感、创新精神、创业意识和创业能力为核心，以改革人才培养模式和课程体系为重点，大力推进高等学校创新创业教育工作，不断提高人才培养质量。

2. 加强创新创业教育课程体系建设

把创新创业教育有效纳入专业教育和文化素质教育教学计划和学分体系，建立多层次、立体化的创新创业教育课程体系。突出专业特色，创新创业类课程的设置要与专业课程体系有机融合，创新创业实践活动要与专业实践教学有效衔接，积极推进人才培养模式、教学内容和课程体系改革。加强创新创业教育教材建设，借鉴国外成功经验，编写适用和有特色的高质量教材。

3. 加强创新创业师资队伍建设

引导各专业教师、就业指导教师积极开展创新创业教育方面的理论和案例研究，不断提高在专业教育、就业指导课中进行创新创业教育的意识和能力。支持教师到企业挂职锻炼，鼓励教师参与社会行业的创新创业实践。积极从社会各界聘请企业家、创业成功人士、专家学者等作为兼职教师，建立一支专兼结合的高素质创新创业教育教师队伍。高校要从教学考核、职称评定、培训培养、经费支持等方面给予倾斜支持。定期组

织教师培训、实训和交流，不断提高教师教学研究与指导学生创新创业实践的水平。鼓励有条件的高校建立创新创业教育教研室或相应的研究机构。

4. 广泛开展创新创业实践活动

高等学校要把创新创业实践作为创新创业教育的重要延伸，通过举办创新创业大赛、讲座、论坛、模拟实践等方式，丰富学生的创新创业知识和体验，提升学生的创新精神和创业能力。省级教育行政部门和高校要将创新创业教育和实践活动成果有机结合，积极创造条件对创新创业活动中涌现的优秀创业项目进行孵化，切实扶持一批大学生实现自主创业。

5. 建立质量检测跟踪体系

省级教育行政部门和高等学校要建立创新创业教育教学质量监控系统。要建立在校和离校学生创业信息跟踪系统，收集反馈信息，建立数据库，把未来创业成功率和创业质量作为评价创新创业教育的重要指标，反馈指导高等学校的创新创业教育教学，建立有利于创新创业人才脱颖而出的教育体系。

6. 加强理论研究和经验交流

教育部成立高校创业教育指导委员会，开展高校创新创业教育的研究、咨询、指导和服务。省级教育行政部门和高等学校要加强对国内外创新创业教育理论研究，组织编写高校创新创业教育先进经验材料汇编和大学生创业成功案例集。省级教育行政部门应定期组织创新创业教育经验交流会、座谈会、调研活动，总结交流创新创业教育经验，推广创新创业教育优秀成果。逐步探索建立中国特色的创新创业教育理论体系，形成符合实际、切实可行的创新创业教育发展思路，指导创新创业教育教学改革发展。

二、加强创业基地建设，打造全方位创业支撑平台

1. 全面建设创业基地

教育部会同科技部，以国家大学科技园为主要依托，重点建设一批"高校学生科技创业实习基地"，并制定出台相关认定办法。省级教育行政部门要结合本地实际，通过多种形式建立省级大学生创业实习和孵化基地；同时要积极争取有关部门支持，推动本地区有关地市、高等学校、大学科技园建立大学生创业实习或孵化基地，并按其类别、规模和孵化效果，给予大力支持，充分发挥基地的辐射示范作用。

2. 明确创业基地功能定位

大学生创业实习或孵化基地是高等学校开展创新创业教育、促进学生自主创业的重要实践平台，主要任务是整合各方优势资源，开展创业指导和培训，接纳大学生实习实训，提供创业项目孵化的软硬件支持，为大学生创业提供支撑和服务，促进大学生创业就业。

3. 规范创业基地管理

大学科技园作为"高校学生科技创业实习基地"的建设主体，要把基地建设作为园区建设的重要内容，确定专门的管理部门负责基地的建设和管理；加强与依托学校和有关部门的联动，共同开展大学生实习实训和创业实践。有关高等学校要高度重视大学科技园在创新创业人才培养中的作用，出台有利于大学科技园开展学生创业工作的政策措施和激励机制。

4. 提供多种形式的创业扶持

大学生创业实习或孵化基地要结合实际，为大学生创业提供场地、资金、实训等多方面的支持。要开辟较为集中的大学生创业专用场地，配备必要的公共设备和设施，为大学生创业企业提供至少12个月的房租减免。要提供法律、工商、税务、财务、人事代理、管理咨询、项目推荐、项目融资等方面的创业咨询和服务，以及多种形式的资金支持；要为大学生开展创业培训、实训；建立公共信息服务平台，发布相关政策、创业项目和创业实训等信息。

三、进一步落实和完善大学生自主创业扶持政策，加强创业指导和服务工作

1. 切实落实创业扶持政策

省级教育行政部门要按人力资源和社会保障部、教育部等《关于实施"2010高校毕业生就业推进行动"大力促进高校毕业生就业的通知》（人社部发〔2010〕25号）要求，与有关部门密切配合，共同组织实施"创业引领计划"，并切实落实以下政策：对高校毕业生初创企业，可按照行业特点，合理设置资金、人员等准入条件，并允许注册资金分期到位。允许高校毕业生按照法律法规规定的条件、程序和合同约定将家庭住所、租借房、临时商业用房等作为创业经营场所。对应届及毕业2年以内的高校毕业生从事个体经营的，自其在工商部门首次注册登记之日起3年内，免收登记类和证照类等有关行政事业性收费；登记求职的高校毕业生从事个体经营，自筹资金不足的，可按规定申请小额担保贷款，从事微利项目的，可按规定享受贴息扶持；对合伙经营和组织起来就业的，贷款规模可适当扩大。完善整合就业税收优惠政策，鼓励高校毕业生自主创业。

2. 积极争取资金投入

省级教育行政部门要与有关部门协调配合，积极争取当地政府和社会支持，通过财政和社会两条渠道设立"高校毕业生创业资金""天使基金"等资助项目，重点扶持大学生创业。要建立健全创业投资机制，鼓励吸引外资和国内社会资本投资大学生创业企业。

3. 积极开展创业培训

省级教育行政部门要积极配合有关部门，对有创业愿望并具备一定创业条件的高校学生，普遍开展创业培训。要积极整合各方面资源，把成熟的创业培训项目引入高校，并探索、开发适合我国大学生创业的培训项目。同时，高等学校要加强对在校生的创业风险意识教育，帮助学生了解创业过程中可能遇到的困难和问题，不断提高防范和规避风险的意识和能力。

4. 全面加强创业信息服务

省级教育行政部门和高等学校要加大服务力度，拓展服务内涵，充分利用现有就业指导服务平台，特别是就业信息服务平台，广泛收集创业项目和创业信息，开展创业测评、创业模拟、咨询帮扶，有条件的要抓紧设立创业咨询室，开展"一对一"的创业指导和咨询，增强创业服务的针对性和有效性。

5. 高等学校要出台促进在校学生自主创业的政策和措施

高校可通过多种渠道筹集资金，普遍设立大学生创业扶持资金；依托大学科技园、

创业基地、各种科研平台以及其他科技园区等为学生提供创业场地。同时,有条件的高校要结合学科专业和科研项目的特点,积极促进教师和学生的科研成果、科技发明、专利等转化为创业项目。

四、加强领导,形成推进高校创业教育和大学生自主创业的工作合力

1. 省级教育行政部门

把促进高校创新创业教育和大学生自主创业工作摆在突出重要位置。要积极争取有关部门支持,创造性地开展工作,因地制宜地出台并切实落实鼓励大学生创业的政策措施。要加大对高校创新创业教育、创业基地建设的投入力度,在经费、项目和基金等方面给予倾斜。有条件的地区可设立针对大学生的创业实践项目,为大学生创业实践活动提供小额经费支持。根据工作需要,可评选创新创业教育示范校、创业示范基地。

2. 高等学校

把创新创业教育和大学生自主创业工作纳入学校重要议事日程。要理顺领导体制,建立健全教学、就业、科研、团委、大学科技园等部门参加的创新创业教育和自主创业工作协调机制。统筹创新创业教育、创业基地建设、创业政策扶持和创业指导服务等工作,明确分工,切实加大人员、场地、经费投入,形成长效机制。

3. 营造鼓励创新创业的良好舆论氛围

省级教育行政部门和高等学校要广泛开展创新创业教育和大学生自主创业的宣传,通过报刊、广播、电视、网络等媒体,积极宣传国家和地方促进创业的政策、措施,宣传各地和高校推动创新创业教育和促进大学生创业工作的新举措、新成效,宣传毕业生自主创业的先进典型。通过组织大学生创业事迹报告团等形式多样的活动,激发学生的创业热情,引导学生树立科学的创业观、就业观、成才观。

中华人民共和国教育部
2010年5月4日

附件2:国务院办公厅关于深化高等学校创新创业教育改革的实施意见

国办发〔2015〕36号

各省、自治区、直辖市人民政府,国务院各部委、各直属机构:

深化高等学校创新创业教育改革,是国家实施创新驱动发展战略、促进经济提质增效升级的迫切需要,是推进高等教育综合改革、促进高校毕业生更高质量创业就业的重要举措。党的十八大对创新创业人才培养做出重要部署,国务院对加强创新创业教育提出明确要求。近年来,高校创新创业教育不断加强,取得了积极进展,对提高高等教育质量、促进学生全面发展、推动毕业生创业就业、服务国家现代化建设发挥了重要作

用。但也存在一些不容忽视的突出问题,主要是一些地方和高校重视不够,创新创业教育理念滞后,与专业教育结合不紧,与实践脱节;教师开展创新创业教育的意识和能力欠缺,教学方式方法单一,针对性、实效性不强;实践平台短缺,指导帮扶不到位,创新创业教育体系亟待健全。为了进一步推动大众创业、万众创新,经国务院同意,现就深化高校创新创业教育改革提出如下实施意见:

一、总体要求

(一) 指导思想

全面贯彻党的教育方针,落实立德树人根本任务,坚持创新引领创业、创业带动就业,主动适应经济发展新常态,以推进素质教育为主题,以提高人才培养质量为核心,以创新人才培养机制为重点,以完善条件和政策保障为支撑,促进高等教育与科技、经济、社会紧密结合,加快培养规模宏大、富有创新精神、勇于投身实践的创新创业人才队伍,不断提高高等教育对稳增长促改革调结构惠民生的贡献度,为建设创新型国家、实现"两个一百年"奋斗目标和中华民族伟大复兴的中国梦提供强大的人才智力支撑。

(二) 基本原则

坚持育人为本,提高培养质量。把深化高校创新创业教育改革作为推进高等教育综合改革的突破口,树立先进的创新创业教育理念,面向全体、分类施教、结合专业、强化实践,促进学生全面发展,提升人力资本素质,努力造就大众创业、万众创新的生力军。

坚持问题导向,补齐培养短板。把解决高校创新创业教育存在的突出问题作为深化高校创新创业教育改革的着力点,融入人才培养体系,丰富课程、创新教法、强化师资、改进帮扶,推进教学、科研、实践紧密结合,突破人才培养薄弱环节,增强学生的创新精神、创业意识和创新创业能力。

坚持协同推进,汇聚培养合力。把完善高校创新创业教育体制机制作为深化高校创新创业教育改革的支撑点,集聚创新创业教育要素与资源,统一领导、齐抓共管、开放合作、全员参与,形成全社会关心支持创新创业教育和学生创新创业的良好生态环境。

(三) 总体目标

2015年起全面深化高校创新创业教育改革。2017年取得重要进展,形成科学先进、广泛认同、具有中国特色的创新创业教育理念,形成一批可复制可推广的制度成果,普及创新创业教育,实现新一轮大学生创业引领计划预期目标。到2020年建立健全课堂教学、自主学习、结合实践、指导帮扶、文化引领融为一体的高校创新创业教育体系,人才培养质量显著提升,学生的创新精神、创业意识和创新创业能力明显增强,投身创业实践的学生显著增加。

二、主要任务和措施

(一) 完善人才培养质量标准

制定实施本科专业类教学质量国家标准,修订实施高职高专专业教学标准和博士、硕士学位基本要求,明确本科、高职高专、研究生创新创业教育目标要求,使创新精神、创业意识和创新创业能力成为评价人才培养质量的重要指标。相关部门、科研院所、行业企业要制订、修订专业人才评价标准，细化创新创业素质能力要求。不同层次、类型、区域高校要结合办学定位、服务面向和创新创业教育目标要求，制定专业教学质量标准，修订人才培养方案。

（二）创新人才培养机制

实施高校毕业生就业和重点产业人才供需年度报告制度，完善学科专业预警、退出管理办法，探索建立需求导向的学科专业结构和创业就业导向的人才培养类型结构调整新机制，促进人才培养与经济社会发展、创业就业需求紧密对接。深入实施系列"卓越计划"、科教结合协同育人行动计划等，多形式举办创新创业教育实验班，探索建立校校、校企、校地、校所以及国际合作的协同育人新机制，积极吸引社会资源和国外优质教育资源投入创新创业人才培养。高校要打通一级学科或专业类下相近学科专业的基础课程，开设跨学科专业的交叉课程，探索建立跨院系、跨学科、跨专业交叉培养创新创业人才的新机制，促进人才培养由学科专业单一型向多学科融合型转变。

（三）健全创新创业教育课程体系

各高校要根据人才培养定位和创新创业教育目标要求，促进专业教育与创新创业教育有机融合，调整专业课程设置，挖掘和充实各类专业课程的创新创业教育资源，在传授专业知识过程中加强创新创业教育。面向全体学生开发开设研究方法、学科前沿、创业基础、就业创业指导等方面的必修课和选修课，纳入学分管理，建设依次递进、有机衔接、科学合理的创新创业教育专门课程群。各地区、各高校要加快创新创业教育优质课程信息化建设，推出一批资源共享的慕课、视频公开课等在线开放课程。建立在线开放课程学习认证和学分认定制度。组织学科带头人、行业企业优秀人才，联合编写具有科学性、先进性、适用性的创新创业教育重点教材。

（四）改革教学方法和考核方式

各高校要广泛开展启发式、讨论式、参与式教学，扩大小班化教学覆盖面，推动教师把国际前沿学术发展、最新研究成果和实践经验融入课堂教学，注重培养学生的批判性和创造性思维，激发创新创业灵感。运用大数据技术，掌握不同学生学习需求和规律，为学生自主学习提供更加丰富多样的教育资源。改革考试考核内容和方式，注重考查学生运用知识分析、解决问题的能力，探索非标准答案考试，破除"高分低能"积弊。

（五）强化创新创业实践

各高校要加强专业实验室、虚拟仿真实验室、创业实验室和训练中心建设，促进实验教学平台共享。各地区、各高校科技创新资源原则上向全体在校学生开放，开放情况纳入各类研究基地、重点实验室、科技园评估标准。鼓励各地区、各高校充分利用各种资源建设大学科技园、大学生创业园、创业孵化基地和小微企业创业基地，作为创业教育实践平台，建好一批大学生校外实践教育基地、创业示范基地、科技创业实习基地和职业院校实训基地。完善国家、地方、高校三级创新创业实训教学体系，深入实施大学生创新创业训练计划，扩大覆盖面，促进项目落地转化。举办全国大学生创新创业大赛，办好全国职业院校技能大赛，支持举办各类科技创新、创意设计、创业计划等专题竞赛。支持高校学生成立创新创业协会、创业俱乐部等社团，举办创新创业讲座论坛，开展创新创业实践。

（六）改革教学和学籍管理制度

各高校要设置合理的创新创业学分，建立创新创业学分积累与转换制度，探索将学生开展创新实验、发表论文、获得专利和自主创业等情况折算为学分，将学生参与课题研究、项目实验等活动认定为课堂学习。为有意愿有潜质的学生制定创新创业能力培养计划，建立创新创业档案和成绩单，客观记录并量化评价学生开展创新创业活动情况。优先支持参与创新创业的学生转入相关专业学习。实施弹性学制，放宽学生修业年限，允许调整学业进程、保留学籍休学创新创业。设立创新创业奖学金，并在现有相关评优评先项目中拿出一定比例用于表彰优秀创新创业的学生。

（七）加强教师创新创业教育教学能力建设

各地区、各高校要明确全体教师创新创业教育责任，完善专业技术职务评聘和绩效考核标准，加强创新创业教育的考核评价。配齐配强创新创业教育与创业就业指导专职教师队伍，并建立定期考核、淘汰制度。聘请知名科学家、创业成功者、企业家、风险投资人等各行各业优秀人才，担任专业课、创新创业课授课或指导教师，并制定兼职教师管理规范，形成全国万名优秀创新创业导师人才库。将提高高校教师创新创业教育的意识和能力作为岗前培训、课程轮训、骨干研修的重要内容，建立相关专业教师、创新创业教育专职教师到行业企业挂职锻炼制度。加快完善高校科技成果处置和收益分配机制，支持教师以对外转让、合作转化、作价入股、自主创业等形式将科技成果产业化，并鼓励带领学生创新创业。

（八）改进学生创业指导服务

各地区、各高校要建立健全学生创业指导服务专门机构，做到"机构、人员、场地、经费"四到位，对自主创业学生实行持续帮扶、全程指导、一站式服务。健全持续化信息服务制度，完善全国大学生创业服务网功能，建立地方、高校两级信息服务平台，为学生实时提供国家政策、市场动向等信息，并做好创业项目对接、知识产权交易等服务。各地区、各有关部门要积极落实高校学生创业培训政策，研发适合学生特点的创业培训课程，建设网络培训平台。鼓励高校自主编制专项培训计划，或与有条件的教育培训机构、行业协会、群团组织、企业联合开发创业培训项目。各地区和具备条件的行业协会要针对区域需求、行业发展，发布创业项目指南，引导高校学生识别创业机会、捕捉创业商机。

（九）完善创新创业资金支持和政策保障体系

各地区、各有关部门要整合发展财政和社会资金，支持高校学生创新创业活动。各高校要优化经费支出结构，多渠道统筹安排资金，支持创新创业教育教学，资助学生创新创业项目。部委属高校应按规定使用中央高校基本科研业务费，积极支持品学兼优且具有较强科研潜质的在校学生开展创新科研工作。中国教育发展基金会设立大学生创新创业教育奖励基金，用于奖励对创新创业教育做出贡献的单位。鼓励社会组织、公益团体、企事业单位和个人设立大学生创业风险基金，以多种形式向自主创业大学生提供资金支持，提高扶持资金使用效益。深入实施新一轮大学生创业引领计划，落实各项扶持政策和服务措施，重点支持大学生到新兴产业创业。有关部门要加快制定有利于互联网创业的扶持政策。

三、加强组织领导

（一）健全体制机制

各地区、各高校要把深化高校创新创业教育改革作为"培养什么人，怎样培养人"的重要任务摆在突出位置，加强指导管理与监督评价，统筹推进本地本校创新创业教育工作。各地区要成立创新创业教育专家指导委员会，开展高校创新创业教育的研究、咨询、指导和服务。各高校要落实创新创业教育主体责任，把创新创业教育纳入改革发展重要议事日程，成立由校长任组长、分管校领导任副组长、有关部门负责人参加的创新创业教育工作领导小组，建立教务部门牵头，学生工作、团委等部门齐抓共管的创新创业教育工作机制。

（二）细化实施方案

各地区、各高校要结合实际制定深化本地本校创新创业教育改革的实施方案，明确责任分工。教育部属高校需将实施方案报教育部备案，其他高校需报学校所在地省级教育部门和主管部门备案，备案后向社会公布。

（三）强化督导落实

教育部门要把创新创业教育质量作为衡量办学水平、考核领导班子的重要指标，纳入高校教育教学评估指标体系和学科评估指标体系，引入第三方评估。把创新创业教育相关情况列入本科、高职高专、研究生教学质量年度报告和毕业生就业质量年度报告重点内容，接受社会监督。

（四）加强宣传引导

各地区、各有关部门以及各高校要大力宣传加强高校创新创业教育的必要性、紧迫性、重要性，使创新创业成为管理者办学、教师教学、学生求学的理性认知与行动自觉。及时总结推广各地各高校的好经验好做法，选树学生创新创业成功典型，丰富宣传形式，培育创客文化，努力营造敢为人先、敢冒风险、宽容失败的氛围环境。

国务院办公厅
2015年5月4日

附件3：国务院关于大力推进大众创业万众创新若干政策措施的意见

国发〔2015〕32号

各省、自治区、直辖市人民政府，国务院各部委、各直属机构：

推进大众创业、万众创新，是发展的动力之源，也是富民之道、公平之计、强国之策，对于推动经济结构调整、打造发展新引擎、增强发展新动力、走创新驱动发展道路具有重要意义，是稳增长、扩就业、激发亿万群众智慧和创造力，促进社会纵向流动、公平正义的重大举措。根据2015年《政府工作报告》部署，为改革完善相关体制机制，构建普惠性政策扶持体系，推动资金链引导创业创新链、创业创新链支持产业链、产业链带动就业链，现提出以下意见：

一、充分认识推进大众创业、万众创新的重要意义

——推进大众创业、万众创新，是培育和催生经济社会发展新动力的必然选择。随着我国资源环境约束日益强化，要素的规模驱动力逐步减弱，传统的高投入、高消耗、粗放式发展方式难以为继，经济发展进入新常态，需要从要素驱动、投资驱动转向创新驱动。推进大众创业、万众创新，就是要通过结构性改革、体制机制创新，消除不利于创业创新发展的各种制度束缚和桎梏，支持各类市场主体不断开办新企业、开发新产品、开拓新市场，培育新兴产业，形成小企业"铺天盖地"、大企业"顶天立地"的发展格局，实现创新驱动发展，打造新引擎、形成新动力。

——推进大众创业、万众创新，是扩大就业、实现富民之道的根本举措。我国有13亿多人口、9亿多劳动力，每年高校毕业生、农村转移劳动力、城镇困难人员、退役军人数量较大，人力资源转化为人力资本的潜力巨大，但就业总量压力较大，结构性矛盾凸显。推进大众创业、万众创新，就是要通过转变政府职能、建设服务型政府，营造公平竞争的创业环境，使有梦想、有意愿、有能力的科技人员、高校毕业生、农民工、退役军人、失业人员等各类市场创业主体"如鱼得水"，通过创业增加收入，让更多的人富起来，促进收入分配结构调整，实现创新支持创业、创业带动就业的良性互动发展。

——推进大众创业、万众创新，是激发全社会创新潜能和创业活力的有效途径。目前，我国创业创新理念还没有深入人心，创业教育培训体系还不健全，善于创造、勇于创业的能力不足，鼓励创新、宽容失败的良好环境尚未形成。推进大众创业、万众创新，就是要通过加强全社会以创新为核心的创业教育，弘扬"敢为人先、追求创新、百折不挠"的创业精神，厚植创新文化，不断增强创业创新意识，使创业创新成为全社会共同的价值追求和行为习惯。

二、总体思路

按照"四个全面"战略布局，坚持改革推动，加快实施创新驱动发展战略，充分发挥市场在资源配置中的决定性作用和更好发挥政府作用，加大简政放权力度，放宽政策、放开市场、放活主体，形成有利于创业创新的良好氛围，让千千万万创业者活跃起来，汇聚成经济社会发展的巨大动能。不断完善体制机制、健全普惠性政策措施，加强统筹协调，构建有利于大众创业、万众创新蓬勃发展的政策环境、制度环境和公共服务体系，以创业带动就业、创新促进发展。

——坚持深化改革，营造创业环境。通过结构性改革和创新，进一步简政放权、放管结合、优化服务，增强创业创新制度供给，完善相关法律法规、扶持政策和激励措施，营造均等普惠环境，推动社会纵向流动。

——坚持需求导向，释放创业活力。尊重创业创新规律，坚持以人为本，切实解决创业者面临的资金需求、市场信息、政策扶持、技术支撑、公共服务等瓶颈问题，最大限度释放各类市场主体创业创新活力，开辟就业新空间，拓展发展新天地，解放和发展

生产力。

——坚持政策协同，实现落地生根。加强创业、创新、就业等各类政策统筹，部门与地方政策联动，确保创业扶持政策可操作、能落地。鼓励有条件的地区先行先试，探索形成可复制、可推广的创业创新经验。

——坚持开放共享，推动模式创新。加强创业创新公共服务资源开放共享，整合利用全球创业创新资源，实现人才等创业创新要素跨地区、跨行业自由流动。依托"互联网+"、大数据等，推动各行业创新商业模式，建立和完善线上与线下、境内与境外、政府与市场开放合作等创业创新机制。

三、创新体制机制，实现创业便利化

（一）完善公平竞争市场环境

进一步转变政府职能，增加公共产品和服务供给，为创业者提供更多机会。逐步清理并废除妨碍创业发展的制度和规定，打破地方保护主义。加快出台公平竞争审查制度，建立统一透明、有序规范的市场环境。依法反垄断和反不正当竞争，消除不利于创业创新发展的垄断协议和滥用市场支配地位以及其他不正当竞争行为。清理规范涉企收费项目，完善收费目录管理制度，制定事中事后监管办法。建立和规范企业信用信息发布制度，制定严重违法企业名单管理办法，把创业主体信用与市场准入、享受优惠政策挂钩，完善以信用管理为基础的创业创新监管模式。

（二）深化商事制度改革

加快实施工商营业执照、组织机构代码证、税务登记证"三证合一""一照一码"，落实"先照后证"改革，推进全程电子化登记和电子营业执照应用。支持各地结合实际放宽新注册企业场所登记条件限制，推动"一址多照"、集群注册等住所登记改革，为创业创新提供便利的工商登记服务。建立市场准入等负面清单，破除不合理的行业准入限制。开展企业简易注销试点，建立便捷的市场退出机制。依托企业信用信息公示系统建立小微企业名录，增强创业企业信息透明度。

（三）加强创业知识产权保护

研究商业模式等新形态创新成果的知识产权保护办法。积极推进知识产权交易，加快建立全国知识产权运营公共服务平台。完善知识产权快速维权与维权援助机制，缩短确权审查、侵权处理周期。集中查处一批侵犯知识产权的大案要案，加大对反复侵权、恶意侵权等行为的处罚力度，探索实施惩罚性赔偿制度。完善权利人维权机制，合理划分权利人举证责任，完善行政调解等非诉讼纠纷解决途径。

（四）健全创业人才培养与流动机制

把创业精神培育和创业素质教育纳入国民教育体系，实现全社会创业教育和培训制度化、体系化。加快完善创业课程设置，加强创业实训体系建设。加强创业创新知识普及教育，使大众创业、万众创新深入人心。加强创业导师队伍建设，提高创业服务水平。加快推进社会保障制度改革，破除人才自由流动制度障碍，实现党政机关、企事业单位、社会各方面人才顺畅流动。加快建立创业创新绩效评价机制，让一批富有创业精神、勇于承担风险的人才脱颖而出。

四、优化财税政策,强化创业扶持

(一)加大财政资金支持和统筹力度

各级财政要根据创业创新需要,统筹安排各类支持小微企业和创业创新的资金,加大对创业创新支持力度,强化资金预算执行和监管,加强资金使用绩效评价。支持有条件的地方政府设立创业基金,扶持创业创新发展。在确保公平竞争前提下,鼓励对众创空间等孵化机构的办公用房、用水、用能、网络等软硬件设施给予适当优惠,减轻创业者负担。

(二)完善普惠性税收措施

落实扶持小微企业发展的各项税收优惠政策。落实科技企业孵化器、大学科技园、研发费用加计扣除、固定资产加速折旧等税收优惠政策。对符合条件的众创空间等新型孵化机构适用科技企业孵化器税收优惠政策。按照税制改革方向和要求,对包括天使投资在内的投向种子期、初创期等创新活动的投资,统筹研究相关税收支持政策。修订完善高新技术企业认定办法,完善创业投资企业享受70%应纳税所得额税收抵免政策。抓紧推广中关村国家自主创新示范区税收试点政策,将企业转增股本分期缴纳个人所得税试点政策、股权奖励分期缴纳个人所得税试点政策推广至全国范围。落实促进高校毕业生、残疾人、退役军人、登记失业人员等创业就业税收政策。

(三)发挥政府采购支持作用

完善促进中小企业发展的政府采购政策,加强对采购单位的政策指导和监督检查,督促采购单位改进采购计划编制和项目预留管理,增强政策对小微企业发展的支持效果。加大创新产品和服务的采购力度,把政府采购与支持创业发展紧密结合起来。

五、搞活金融市场,实现便捷融资

(一)优化资本市场

支持符合条件的创业企业上市或发行票据融资,并鼓励创业企业通过债券市场筹集资金。积极研究尚未盈利的互联网和高新技术企业到创业板发行上市制度,推动在上海证券交易所建立战略新兴产业板。加快推进全国中小企业股份转让系统向创业板转板试点。研究解决特殊股权结构类创业企业在境内上市的制度性障碍,完善资本市场规则。规范发展服务于中小微企业的区域性股权市场,推动建立工商登记部门与区域性股权市场的股权登记对接机制,支持股权质押融资。支持符合条件的发行主体发行小微企业增信集合债等企业债券创新品种。

(二)创新银行支持方式

鼓励银行提高针对创业创新企业的金融服务专业化水平,不断创新组织架构、管理方式和金融产品。推动银行与其他金融机构加强合作,对创业创新活动给予有针对性的股权和债权融资支持。鼓励银行业金融机构向创业企业提供结算、融资、理财、咨询等一站式系统化的金融服务。

(三)丰富创业融资新模式

支持互联网金融发展,引导和鼓励众筹融资平台规范发展,开展公开、小额股权众筹融资试点，加强风险控制和规范管理。丰富完善创业担保贷款政策。支持保险资金参与创业创新，发展相互保险等新业务。完善知识产权估值、质押和流转体系，依法合规推动知识产权质押融资、专利许可费收益权证券化、专利保险等服务常态化、规模化发展，支持知识产权金融发展。

六、扩大创业投资，支持创业起步成长

（一）建立和完善创业投资引导机制

不断扩大社会资本参与新兴产业创投计划参股基金规模，做大直接融资平台，引导创业投资更多向创业企业起步成长的前端延伸。不断完善新兴产业创业投资政策体系、制度体系、融资体系、监管和预警体系，加快建立考核评价体系。加快设立国家新兴产业创业投资引导基金和国家中小企业发展基金，逐步建立支持创业创新和新兴产业发展的市场化长效运行机制。发展联合投资等新模式，探索建立风险补偿机制。鼓励各地方政府建立和完善创业投资引导基金。加强创业投资立法，完善促进天使投资的政策法规。促进国家新兴产业创业投资引导基金、科技型中小企业创业投资引导基金、国家科技成果转化引导基金、国家中小企业发展基金等协同联动。推进创业投资行业协会建设，加强行业自律。

（二）拓宽创业投资资金供给渠道

加快实施新兴产业"双创"三年行动计划，建立一批新兴产业"双创"示范基地，引导社会资金支持大众创业。推动商业银行在依法合规、风险隔离的前提下，与创业投资机构建立市场化长期性合作。进一步降低商业保险资金进入创业投资的门槛。推动发展投贷联动、投保联动、投债联动等新模式，不断加大对创业创新企业的融资支持。

（三）发展国有资本创业投资

研究制定鼓励国有资本参与创业投资的系统性政策措施，完善国有创业投资机构激励约束机制、监督管理机制。引导和鼓励中央企业和其他国有企业参与新兴产业创业投资基金、设立国有资本创业投资基金等，充分发挥国有资本在创业创新中的作用。研究完善国有创业投资机构国有股转持豁免政策。

（四）推动创业投资"引进来"与"走出去"

抓紧修订外商投资创业投资企业相关管理规定，按照内外资一致的管理原则，放宽外商投资准入，完善外资创业投资机构管理制度，简化管理流程，鼓励外资开展创业投资业务。放宽对外资创业投资基金投资限制，鼓励中外合资创业投资机构发展。引导和鼓励创业投资机构加大对境外高端研发项目的投资，积极分享境外高端技术成果。按投资领域、用途、募集资金规模，完善创业投资境外投资管理。

七、发展创业服务，构建创业生态

（一）加快发展创业孵化服务

大力发展创新工场、车库咖啡等新型孵化器，做大做强众创空间，完善创业孵化服务。引导和鼓励各类创业孵化器与天使投资、创业投资相结合，完善投融资模式。引导和推动创业孵化与高校、科研院所等技术成果转移相结合，完善技术支撑服务。引导和

鼓励国内资本与境外合作设立新型创业孵化平台，引进境外先进创业孵化模式，提升孵化能力。

（二）大力发展第三方专业服务

加快发展企业管理、财务咨询、市场营销、人力资源、法律顾问、知识产权、检验检测、现代物流等第三方专业化服务，不断丰富和完善创业服务。

（三）发展"互联网+"创业服务

加快发展"互联网+"创业网络体系，建设一批小微企业创业创新基地，促进创业与创新、创业与就业、线上与线下相结合，降低全社会创业门槛和成本。加强政府数据开放共享，推动大型互联网企业和基础电信企业向创业者开放计算、存储和数据资源。积极推广众包、用户参与设计、云设计等新型研发组织模式和创业创新模式。

（四）研究探索创业券、创新券等公共服务新模式

有条件的地方继续探索通过创业券、创新券等方式对创业者和创新企业提供社会培训、管理咨询、检验检测、软件开发、研发设计等服务，建立和规范相关管理制度和运行机制，逐步形成可复制、可推广的经验。

八、建设创业创新平台，增强支撑作用

（一）打造创业创新公共平台

加强创业创新信息资源整合，建立创业政策集中发布平台，完善专业化、网络化服务体系，增强创业创新信息透明度。鼓励开展各类公益讲坛、创业论坛、创业培训等活动，丰富创业平台形式和内容。支持各类创业创新大赛，定期办好中国创新创业大赛、中国农业科技创新创业大赛和创新挑战大赛等赛事。加强和完善中小企业公共服务平台网络建设。充分发挥企业的创新主体作用，鼓励和支持有条件的大型企业发展创业平台、投资并购小微企业等，支持企业内外部创业者创业，增强企业创业创新活力。为创业失败者再创业建立必要的指导和援助机制，不断增强创业信心和创业能力。加快建立创业企业、天使投资、创业投资统计指标体系，规范统计口径和调查方法，加强监测和分析。

（二）用好创业创新技术平台

建立科技基础设施、大型科研仪器和专利信息资源向全社会开放的长效机制。完善国家重点实验室等国家级科研平台（基地）向社会开放机制，为大众创业、万众创新提供有力支撑。鼓励企业建立一批专业化、市场化的技术转移平台。鼓励依托三维（3D）打印、网络制造等先进技术和发展模式，开展面向创业者的社会化服务。引导和支持有条件的领军企业创建特色服务平台，面向企业内部和外部创业者提供资金、技术和服务支撑。加快建立军民两用技术项目实施、信息交互和标准化协调机制，促进军民创新资源融合。

（三）发展创业创新区域平台

支持开展全面创新改革试验的省（区、市）、国家综合配套改革试验区等，依托改革试验平台在创业创新体制机制改革方面积极探索，发挥示范和带动作用，为创业创新制度体系建设提供可复制、可推广的经验。依托自由贸易试验区、国家自主创新示范

区、战略性新兴产业集聚区等创业创新资源密集区域,打造若干具有全球影响力的创业创新中心。引导和鼓励创业创新型城市完善环境,推动区域集聚发展。推动实施小微企业创业基地城市示范。鼓励有条件的地方出台各具特色的支持政策,积极盘活闲置的商业用房、工业厂房、企业库房、物流设施和家庭住所、租赁房等资源,为创业者提供低成本办公场所和居住条件。

九、激发创造活力,发展创新型创业

(一)支持科研人员创业

加快落实高校、科研院所等专业技术人员离岗创业政策,对经同意离岗的可在3年内保留人事关系,建立健全科研人员双向流动机制。进一步完善创新型中小企业上市股权激励和员工持股计划制度规则。鼓励符合条件的企业按照有关规定,通过股权、期权、分红等激励方式,调动科研人员创业积极性。支持鼓励学会、协会、研究会等科技社团为科技人员和创业企业提供咨询服务。

(二)支持大学生创业

深入实施大学生创业引领计划,整合发展高校毕业生就业创业基金。引导和鼓励高校统筹资源,抓紧落实大学生创业指导服务机构、人员、场地、经费等。引导和鼓励成功创业者、知名企业家、天使和创业投资人、专家学者等担任兼职创业导师,提供包括创业方案、创业渠道等创业辅导。建立健全弹性学制管理办法,支持大学生保留学籍休学创业。

(三)支持境外人才来华创业

发挥留学回国人才特别是领军人才、高端人才的创业引领带动作用。继续推进人力资源市场对外开放,建立和完善境外高端创业创新人才引进机制。进一步放宽外籍高端人才来华创业办理签证、永久居留证等条件,简化开办企业审批流程,探索由事前审批调整为事后备案。引导和鼓励地方对回国创业高端人才和境外高端人才来华创办高科技企业给予一次性创业启动资金,在配偶就业、子女入学、医疗、住房、社会保障等方面完善相关措施。加强海外科技人才离岸创业基地建设,把更多的国外创业创新资源引入国内。

十、拓展城乡创业渠道,实现创业带动就业

(一)支持电子商务向基层延伸

引导和鼓励集办公服务、投融资支持、创业辅导、渠道开拓于一体的市场化网商创业平台发展。鼓励龙头企业结合乡村特点建立电子商务交易服务平台、商品集散平台和物流中心,推动农村依托互联网创业。鼓励电子商务第三方交易平台渠道下沉,带动城乡基层创业人员依托其平台和经营网络开展创业。完善有利于中小网商发展的相关措施,在风险可控、商业可持续的前提下支持发展面向中小网商的融资贷款业务。

(二)支持返乡创业集聚发展

结合城乡区域特点,建立有市场竞争力的协作创业模式,形成各具特色的返乡人员创业联盟。引导返乡创业人员融入特色专业市场,打造具有区域特点的创业集群和优

势产业集群。深入实施农村青年创业富民行动,支持返乡创业人员因地制宜围绕休闲农业、农产品深加工、乡村旅游、农村服务业等开展创业,完善家庭农场等新型农业经营主体发展环境。

(三)完善基层创业支撑服务

加强城乡基层创业人员社保、住房、教育、医疗等公共服务体系建设,完善跨区域创业转移接续制度。健全职业技能培训体系,加强远程公益创业培训,提升基层创业人员创业能力。引导和鼓励中小金融机构开展面向基层创业创新的金融产品创新,发挥社区地理和软环境优势,支持社区创业者创业。引导和鼓励行业龙头企业、大型物流企业发挥优势,拓展乡村信息资源、物流仓储等技术和服务网络,为基层创业提供支撑。

十一、加强统筹协调,完善协同机制

(一)加强组织领导

建立由发展改革委牵头的推进大众创业、万众创新部际联席会议制度,加强顶层设计和统筹协调。各地区、各部门要立足改革创新,坚持需求导向,从根本上解决创业创新中面临的各种体制机制问题,共同推进大众创业、万众创新蓬勃发展。重大事项要及时向国务院报告。

(二)加强政策协调联动

建立部门之间、部门与地方之间政策协调联动机制,形成强大合力。各地区、各部门要系统梳理已发布的有关支持创业创新发展的各项政策措施,抓紧推进"立、改、废"工作,将对初创企业的扶持方式从选拔式、分配式向普惠式、引领式转变。建立健全创业创新政策协调审查制度,增强政策普惠性、连贯性和协同性。

(三)加强政策落实情况督查

加快建立推进大众创业、万众创新有关普惠性政策措施落实情况督查督导机制,建立和完善政策执行评估体系和通报制度,全力打通决策部署的"最先一公里"和政策落实的"最后一公里",确保各项政策措施落地生根。

各地区、各部门要进一步统一思想认识,高度重视、认真落实本意见的各项要求,结合本地区、本部门实际明确任务分工、落实工作责任,主动作为、敢于担当,积极研究解决新问题,及时总结推广经验做法,加大宣传力度,加强舆论引导,推动本意见确定的各项政策措施落实到位,不断拓展大众创业、万众创新的空间,汇聚经济社会发展新动能,促进我国经济保持中高速增长、迈向中高端水平。

国务院

2015年6月11日

附件4：国家旅游局 教育部关于加快发展现代旅游职业教育的指导意见

旅发〔2015〕241号

近年来，我国旅游职业教育快速发展，培养了大批技术技能人才和管理服务人才，为提高旅游从业人员素质、推动旅游经济发展和促进旅游就业做出了重要贡献。但同时也要看到，当前旅游职业教育与旅游业发展要求还有一定差距，专业布局和结构不尽合理，校企合作不够深入，国际化水平不高，办学保障有待加强，质量有待提高。加快发展现代旅游职业教育对于提升旅游产业发展质量，提高旅游服务水平，更好地发挥旅游产业在扩内需、稳增长、增就业、减贫困、惠民生中的独特作用，实现将旅游业建设成为国民经济的战略性支柱产业和人民群众更加满意的现代服务业两大战略目标等都具有十分重要的意义。

为贯彻落实《国务院关于加快发展现代职业教育的决定》（国发〔2014〕19号）、《国务院关于促进旅游业改革发展的若干意见》（国发〔2014〕31号）、《国务院办公厅关于进一步促进旅游投资和消费的若干意见》（国办发〔2015〕62号）和旅游业"515战略"要求，加快发展现代旅游职业教育，现提出以下意见：

一、指导思想

贯彻落实党中央、国务院的决策部署，服务"四个全面"战略布局，以服务旅游业发展为宗旨，以促进旅游就业创业为导向，按照政府推动、市场引导、服务需求、就业导向，产教融合、特色办学的原则，加强统筹指导，深化体制机制改革，加快构建现代旅游职业教育体系，深化产教融合、校企合作，培养适应旅游产业发展需求的高素质技术技能和管理服务人才。

二、目标任务

加强对旅游职业教育改革发展的统筹指导和综合保障，大力改善旅游人才观念，优化旅游职业教育育人环境，强化行业企业的支持和参与度，加快建立适应旅游产业发展需求、产教深度融合、中职高职有机衔接、布局结构更加合理、行业培训更加完善的现代旅游职业教育体系，显著提升旅游专业学生和行业从业人员的人文素养、职业道德、职业技能和可持续发展能力。

三、主要举措

（一）优化专业结构

引导旅游职业院校结合自身优势，科学准确定位，围绕"互联网+""旅游+"，适应旅游新业态、新模式、新技术发展，紧贴市场、紧贴产业、紧贴职业设置专业，发展专业特色，着力解决目前旅游专业结构不合理，特色不鲜明，发展不平衡的问题。教育部会同国家旅游局遴选和建设一批国家级示范专业点和特色专业点，推动形成适应需求、特色鲜明、效益显著的旅游专业群，带动全国旅游类专业建设水平整体提升。

（二）丰富办学类型

加强普通本科旅游类专业，特别是适应旅游新业态、新模式、新技术发展的专业应用型人才培养。支持有条件的地方举办独立设置的旅游类高等学校。不断扩大旅游管理硕士专业学位研究生培养院校数量和培养规模。支持各类办学主体捐资、出资举办旅游职业教育，发展民办旅游职业教育。引导社会力量参与旅游职业教育，共同开发课程、教材、参与办学、管理和评价等。推动旅游职业院校依法制定体现旅游职业教育特色的章程和制度，完善治理结构，提升治理能力，建立学校、行业、企业等共同参与的学校理事会或董事会。进一步扩大旅游职业院校在专业设置、人事管理、教师评聘、收入分配等方面的自主权。

（三）完善专业课程体系

建立专业教学标准和旅游职业标准联动开发机制，形成对接紧密、特色鲜明、动态调整的旅游职业教育教学标准体系。教育部联合国家旅游局组织开发旅游相关专业教学标准、实习标准、专业仪器设备装备规范和行业人才评价标准等。鼓励校企联合开发专业课程，增加任务驱动型、项目开发型、行动研究型、案例教学型课程数量。组织开展优质课程资源建设，搭建旅游职业教育国家级数字化课程资源共享平台，支持开发一批数字化课程资源包。

（四）加强实践性教学

推动专业教学紧贴旅游技术进步和旅游服务实际，加大实践性教学比例，提高"双师型"教师和企业兼职教师承担教学任务比例。推广"多学期、分段式""淡旺季工学交替"等顶岗实习模式。创新学生评价方式，加强职业能力测评，提高职业实操性内容在学生考试测评中所占比例。国家旅游局组织实施"万名旅游英才计划——实践服务型英才培养项目"，资助在校生开展行业产业实践服务，到2020年共资助1000个项目团队。进一步扩大全国职业院校技能大赛的旅游专业覆盖面，研究开展与旅游新业态、新职业发展相适应的新赛项。

（五）深化校企合作

引导旅游企业充分发挥重要办学主体作用，积极推动校企联合招生、联合培养、一体化育人的现代学徒制试点。支持旅游企业，特别是龙头企业牵头组建旅游职业教育集团，发挥旅游职教集团在促进旅游产业链和旅游职业教育链有机融合中的重要作用。到2020年，国家旅游局在重点旅游企业建设100个国家级旅游职业教育实习实训基地和300个"技术技能大师工作室"，资助开展一批创新型示范性校企合作项目。

（六）加强"双师型"教师培养

完善专任教师评聘办法，提高有企业实践经历人员和高级技术技能、管理服务人才担任专职教师的比例。通过多种途径，加大旅游专业带头人、教学骨干和"教练型"教学名师培养力度。国家旅游局设立专项资金，到2020年共资助1000名教师开展教学研究，培训1000名骨干"双师型"教师。各地、各职业院校应严格执行新任教师先实践、后上岗和教师定期实践制度，从实际出发探索有效形式，提高教师企业实践针对性和实效性。

（七）提升国际化水平

支持旅游职业院校开展国际交流与合作，学习先进办学理念，引进优质教育资源，开发与国际先进标准相对接的专业课程标准。拓展海外实习实训渠道，扩大海外实习规模。支持有条件的职业院校开办国际化专业，招收留学生。推动实施高水平、示范性中外合作办学。探索与出境旅游快速发展相配套的旅游职业教育发展模式，支持优质旅游职业院校到国（境）外办学，培养符合中国游客境外旅游需要的本土化人才。国家旅游局加强与相关部门合作，支持一批旅游专业骨干教师和优秀学生到国外高水平院校留学进修，搭建与国外高水平院校沟通协作的平台。

（八）开展创新创业教育

围绕大众创业、万众创新和促进旅游就业等相关要求，大力开展旅游创新创业教育。各职业院校要围绕创新创业教育目标要求，促进专业教育与创新创业教育有机融合，挖掘和充实各类专业课程的创新创业教育资源，在传授专业知识过程中加强创新创业教育。国家旅游局会同教育部在旅游职业院校和旅游企业建设一批创新创业教育示范基地和旅游产业（产品）研发创新中心。国家旅游局组织开展"万名旅游英才计划——创新创业型英才培养项目"，到2020年，共资助300个项目团队。

（九）加强行业培训

建立健全行业自律管理、企业主体实施、院校和社会广泛参与的旅游行业培训体系。充分利用院校资源开展行业培训，开发完善培训标准，提高培训信息化水平。国家旅游局组织开展行业从业人员远程培训，开发优质培训资源和网络课程；组织开展"名导进课堂"工程，中高级导游"云课堂"研修项目，旅游职业经理人培训项目和旅游行政管理人员培训项目，实施"万名旅游英才计划——旅游企业拔尖骨干人才培养项目"等行业重点人才培训项目。

四、保障措施

（一）加强组织领导

各级教育行政部门、旅游部门要建立协同配合、各负其责的工作机制，加强旅游职业教育人才培养的指导和政策保障。各地教育行政部门要会同财政部门建立与本地旅游业发展水平相适应的经费保障机制，落实旅游职业教育生均经费标准。要支持旅游职业院校加强基础能力建设。加大对欠发达地区、民族地区旅游职业教育支持力度，支持符合条件的东部地区旅游职业院校根据中西部地区实际需求，扩大面向中西部地区的招生规模，开展东西部合作办学。各级旅游部门要将旅游职业教育纳入旅游业发展规划，设立专项经费支持旅游职业教育改革发展，加大对行业举办旅游职业教育的经费投入和保障。要加快完善旅游职业标准体系和就业准入制度，严格执行旅游法律法规对有关职业从业资格的规定。支持在符合条件的职业院校设立职业技能鉴定所（站），完善职业院校毕业生取得相应职业资格证书的办法。

（二）强化行业指导

充分发挥全国旅游职业教育教学指导委员会在旅游职业教育中的研究、咨询、指导和服务作用。支持旅游行业参与职业院校旅游类教学工作诊断与改进，进一步规范旅游职业教育办学，建立优胜劣汰机制，扩大优质教育资源示范辐射效应，推动区域内院校协同均衡发展。积极开展人才需求预测、毕业生跟踪调查、用人单位满意度调查等。发挥桥梁纽带作用，搭建校企政、产学研多种形式的对话合作平台，提高教育与行业、产业、市场的对接，促进产业资源向教育资源转化。针对旅游职业教育发展中的重点难点问题，开展教育教学研究。参与旅游职业教育教材质量监测与评价，引导规范教材开发和使用。

（三）落实企业责任

各级旅游部门要充分运用行业政策的杠杆效应，推动旅游企业大力参与旅游职业教育办学。要将旅游企业参与旅游职业教育情况纳入旅游企业等级、星级评价指标体系，并作为行业各级各类评选表彰重要条件。完善旅游企业接收学生顶岗实习和教师顶岗实践制度，规模以上旅游企业要建立职业院校学生和教师实习实践基地或项目。要将开展职业教育的情况纳入企业社会责任报告。鼓励有条件的企业在旅游职业院校设立奖助学金。旅游企业要依法履行职工教育培训的责任，提高岗位培训的制度化、规范化、标准化水平，为员工提供在职学习、提升学历、提高专业技能的多种渠道和机会。

附件5：教育部关于做好2016届全国普通高等学校毕业生就业创业工作的通知

教学〔2015〕12号

各省、自治区、直辖市教育厅（教委），有关省、自治区人力资源社会保障厅，部属各高等学校：

高校毕业生是实施创新驱动发展战略和推进大众创业、万众创新的生力军。高校毕业生就业事关经济发展和民生改善大局，关乎社会安定稳定，党中央、国务院高度重视。为全面贯彻落实党的十八届五中全会精神，按照《国务院关于进一步做好新形势下就业创业工作的意见》和《国务院办公厅关于深化高等学校创新创业教育改革的实施意见》等文件要求，现就做好2016届高校毕业生就业创业工作通知如下：

一、着力加强创新创业教育和自主创业工作

（一）加快推进创新创业教育改革

各地各高校要把提高教育质量作为创新创业教育改革的出发点和落脚点，根据人才培养定位和创新创业教育目标要求，促进专业教育与创新创业教育有机融合。从2016年起所有高校都要设置创新创业教育课程，对全体学生开发开设创新创业教育必修课和选修课，纳入学分管理。对有创业意愿的学生，开设创业指导及实训类课程。对已经开展创业实践的学生，开展企业经营管理类培训。要广泛举办各类创新创业大赛，支持高校学生成立创新创业协会、创业俱乐部等社团，举办创新创业讲座论坛。高校要设立创新创业奖学金，并在现有相关评优评先项目中拿出一定比例用于表彰在创新创业方面表现突出的学生。

（二）落实完善创新创业优惠政策

各地各高校要深入实施"大学生创业引领计划"，积极会同有关部门进一步加大政策落实力度，落实创业担保贷款、小微企业减税降费、创业培训补贴等各项扶持政策，重点支持高校学生到新兴产业领域创业。推动相关部门加快制定有利于互联网创业的扶持政策。要按照《普通高等学校学生管理规定》要求，制定本地本校创新创业学分转换、实施弹性学制、保留学籍休学创新创业等具体措施，支持参与创业的学生转入相关专业学习，为创新创业学生清障搭台。

（三）加大创新创业场地建设和资金投入

各地各高校要建设和利用好大学科技园、大学生创业园、创业孵化基地、大学生校外实践教育基地等创新创业平台。高校实验室、实验设备等各类资源，原则上向全体在校学生开放。高校要通过合作、转让、许可等方式，向高校毕业生创设的小微企业优先转移科技成果。要通过学校自设、校外合作、风险投资等多种渠道筹集资金，扶持高校学生创新创业。充分运用市场机制，引导社会资金和金融资本支持大学生创业活动。

（四）不断提升创新创业服务水平

各地各高校要配齐配强创新创业教育专职教师，聘请各行各业优秀人才担任兼职教师，建立全国万名优秀创新创业导师人才库。要创新服务内容和方式，为准备创业的学生提供开业指导、创业培训等服务，为正在创业的学生提供孵化基地、资金支持等服务。高校要建立校园创新创业导师微信群、QQ群等，发布创业项目指南，实现高校学生创业时时有指导、处处有服务。要进一步完善高校学生创业服务网功能，为高校学生提供项目对接、产权交易、培训实训、政策宣传等服务。

二、积极拓宽重点领域就业渠道

（一）鼓励高校毕业生到基层就业

各地各高校要进一步加大政策引领和服务保障，全面落实高校毕业生到中西部地区、艰苦边远地区和老工业基地县以下基层就业的学费补偿和国家助学贷款代偿政策。继续实施好"农村教师特岗计划""三支一扶""西部计划""大学生村官"等基层项目。鼓励各地结合实际，开发实施社区服务、健康养老等新项目。积极推进健全从政法专业毕业生中招录人才的规范便捷机制，促进政法专业毕业生就业。

（二）围绕国家发展战略开拓就业岗位

各地各高校要鼓励和引导毕业生到国家重点行业、重点地区、重大工程、重大项目就业。要结合"一带一路""长江经济带""京津冀协同发展"等国家重大发展战略，积极向沿海沿江沿线经济带输送毕业生。要结合实施"中国制造2025"和"互联网+"行动计划，大力开拓就业岗位。要结合新型工业化、信息化、城镇化和农业现代化，引导毕业生到战略性新兴产业等领域就业创业。

（三）引导高校毕业生到新兴领域就业

各地各高校要因地制宜，结合地方经济发展需要，深入挖掘新技术、新产业、新业态创造的就业机会。要大力引导高校毕业生到金融保险、节能环保、电子商务、现代物流等生产性服务业和旅游休闲、健康养老、社会工作、文化体育等生活性服务业就业。

要适应现代农业发展方式转变和新农村建设需要，鼓励高校毕业生面向农业新技术、新品种研发和现代农业经营管理等领域就业。

（四）继续做好高校学生征兵工作

各地各高校要与兵役机关密切配合，建立定期会商机制，及早部署2016年高校学生征兵工作，认真落实大学生征兵任务。逐项落实各项政策，重点落实好退役高校学生士兵专项研究生招生计划、新生宣传单、复学升学、就业创业等政策。逐校落实工作任务，明确责任，一级抓一级，层层抓落实。逐人开展宣传动员，办好"网上咨询周""征兵宣传月"等活动，对大学新生、在校生、毕业生等不同群体开展有针对性的宣传动员，确保高校学生征兵数量和质量进一步提高。

（五）支持毕业生到中小微企业就业

中小微企业是增加就业的主体，各地各高校要会同有关部门完善落实中小微企业吸纳毕业生的社保补贴、培训补贴、税费减免等优惠政策。要针对中小微企业特点，主动组织中小微企业集中开展校园招聘活动，引导毕业生到中小微企业就业。要持续关心到中小微企业等基层就业毕业生的成长和发展，通过跟踪服务、定期回访等方式，帮助解决工作和学习上的困难和问题，让他们切实感受到组织的温暖和关心。

三、大力提高就业指导服务能力

（一）建立精准推送就业服务机制

各地各高校要充分利用"互联网+"技术，根据毕业生需求，将他们的求职意愿与用人单位岗位相对接，实现智能化供需匹配，为毕业生精准推送就业岗位。广泛利用手机等移动终端，开展定制服务，为毕业生"送岗位、送政策、送指导"，实现就业服务个性化、信息化。要充分发挥校园市场的重要作用，通过举办分层次、分类别、分行业的招聘活动，提高招聘活动效率。高校要主动联系用人单位，结合毕业生专业特色，提供相应的就业见习岗位。

（二）建立未就业毕业生统计机制

健全高校毕业生就业创业状况统计指标体系。从2016年起，各地各高校要重点统计有就业意愿尚未就业毕业生、暂不就业毕业生等指标。建立三级联动机制，辅导员（班主任）及时了解每一位毕业生的就业状况和意愿，院系认真核实汇总就业数据，学校实时更新就业监测系统相关信息。高校要有针对性地加大对有就业意愿尚未就业毕业生的指导服务力度，帮助他们尽快实现就业创业。

（三）进一步提升就业指导服务质量

要把高校学生职业发展与就业指导课程融入人才培养全过程，结合行业动态和发展需求，建立以课堂教学为主渠道，讲座、论坛、培训为补充，以大学生职业生涯规划大赛、创新创业设计大赛等实践活动为载体的多形式就业指导课程体系。要针对不同层次、不同专业毕业生的特点和需求，广泛开展个性化的咨询服务。加快建设一支职业化、专业化、专家化的就业创业指导工作队伍，高度重视解决就业创业指导教师专业技术职务评聘问题。在专业技术职务评聘中充分考虑就业创业指导教师的工作业绩，并在同等条件下予以适当倾斜。

（四）加强就业创业政策宣传

各地各高校要认真学习领会、分类归纳、精准解读国务院文件精神和中央部门、地方促进就业创业的政策措施。要建立教育部门、高校、院系、班级四级联动的政策宣传网络，学校领导、院系领导、辅导员、班主任都要主动宣讲就业创业政策。要充分利用微博、微信等新媒体，采用图表、动漫等方式，根据毕业生求职需求，分时段、分类别推送基层就业、自主创业、参军入伍、困难帮扶等政策措施，让政策宣传接地气、见实效。

（五）优化规范就业工作管理

各地各高校要按照简政放权、放管结合、优化服务的要求，加强与有关部门的配合，切实做好毕业生档案、户口、组织关系等转递和手续衔接工作，做到简便、快捷、高效。要牢固树立安全意识，确保各类校园招聘等活动安全、有序。要坚决反对任何形式的就业歧视，凡校园招聘活动严禁发布含有限定院校、性别、民族等歧视性信息。高校要加强维权教育，切实防范"试用期陷阱"等危害毕业生权益的不法行为。要进一步加强毕业生就业数据信息监督管理工作，完善毕业生实名查询就业状况功能，确保就业数据信息真实、准确。

（六）做好就业困难毕业生帮扶

要准确掌握家庭困难毕业生、少数民族毕业生、农村生源毕业生、残疾毕业生等各类就业困难群体的具体情况，实行"一生一策"动态管理，通过开展个性化辅导、组织专场招聘等活动，做到精准发力、精准帮扶。各地各高校要积极协调配合人力资源和社会保障部、财政部等部门，做好求职创业补贴申请和发放工作。要进一步与人力资源和社会保障部门做好信息衔接和服务接续工作，实施好离校未就业毕业生就业促进计划，持续为他们提供就业信息和指导服务，切实做到"离校不离心、服务不断线"。

四、推动高等教育更好适应经济社会发展需要

（一）进一步优化高等教育结构

围绕国家和区域经济社会发展需求，优化院校布局、学科专业布局和人才培养机制，提高教育教学质量。鼓励具备条件的普通本科高校向应用型转变，加快应用型、技术技能型、复合型、科技创业人才培养。进一步完善专业学位研究生教育体系，扩大培养规模。建设现代职业教育体系，推进产教融合、校企合作，推进高职院校开展现代学徒制培养。

（二）切实提高毕业生就业创业能力

把深化高校创新创业教育改革作为推进高等教育综合改革的突破口，推进人才培养与社会需求间的协同，探索建立需求导向的学科专业结构和就业创业导向的人才培养类型结构调整新机制。推进高校与政府、企业、社会的协同，继续加强对"全国高校实践育人创新创业基地"的培育指导工作，促进产学研用紧密结合，推动高校学生参加形式多样的实习实训、社会实践和创新创业活动，增强学生创新精神、创业意识和创新创业能力，推动毕业生更高质量就业创业。

（三）积极发挥就业反馈作用

进一步完善高校毕业生就业质量年度报告发布制度，各地各高校要在每年年底前编制和发布就业质量年度报告，将创新创业相关情况以及有就业意愿尚未就业毕业生、升学、暂不就业等内容纳入就业质量报告，更加科学、客观地反映高校毕业生就业创业状况和特点。要积极发挥就业创业状况对教育教学的反馈作用，进一步完善学科专业预警、退出管理办法，健全就业与招生计划、人才培养、经费拨款、院校设置、专业调整的联动机制，促进人才培养与经济社会发展紧密对接。

五、进一步加强就业创业工作组织领导

（一）健全协调机制

各地各高校要切实落实"一把手"工程，把就业创业工作摆上重要议事日程，及时研判形势，协调解决存在问题，确保高校毕业生就业局势稳定。各地要建立相关职能部门会商机制，因地制宜出台新举措，逐项落实就业创业政策。各高校要健全就业部门牵头，招生、教学、学生、武装、团委等部门齐抓共管的工作机制，定期研究毕业生就业创业工作，做到开学有部署、工作有分工、过程有检查、年终有总结。

（二）建立督查机制

各地各高校要建立高校毕业生就业创业工作督查机制，把各项政策措施和年度重点工作的落实完成情况作为督查重点。开展日常督查和不定期抽查，及时查找问题、总结经验，以督查促整改、抓落实。要加大对高校毕业生就业创业工作问责力度，对落实不力的，要限期整改并追究领导责任。

（三）完善保障机制

各地各高校要进一步健全就业创业工作机构，配备指导教师，开辟专用场地，加大经费投入，切实做到"机构、人员、场地、经费"四到位。各地要积极协调地方政府将高校毕业生就业工作经费纳入同级财政预算，切实保障各项就业创业服务工作开展所需经费。要加快建设一批省级和校级示范性就业创业指导服务机构，促进就业创业指导服务水平进一步提高。

（四）加强思想教育和舆论引导

各地各高校要把思想教育和毕业教育有机结合起来，深入学习贯彻习近平总书记系列重要讲话精神，不断丰富思想教育内容和方式。积极组织干部讲政策、专家讲形势、师生讲感受、企业家讲经验，引导广大毕业生树立正确的人生观、价值观和成才观。要把创新精神和创业意识的培养融入思想教育，激励更多高校学生在就业创业实践中成就有梦想有奋斗有奉献的精彩人生。要积极开展全国高校创新创业总结宣传工作，加强对高校创新创业教育典型经验和高校学生就业创业典型的宣传，坚持正确的舆论导向，营造促进就业创业工作的良好氛围。

教育部
2015年11月27日

附件6：江苏省教育厅关于深化普通高等学校学分制改革的意见

为贯彻落实党的十八届五中全会关于提高教育质量的重大部署，适应我省经济结构调整和产业转型升级需求，深化人才培养机制改革，提升高校人才培养质量，更好地促进学生全面发展，现就全省普通高校深化学分制改革提出以下意见。

一、总体要求

创新高校人才培养模式和教学管理模式，优化教学资源配置，促进人才培养体制机制创新和教学模式深度转变，满足学生多样化、个性化的发展需要，不断提高办学水平和人才培养质量。积极推进与境外高校，特别是与主要发达国家高校专业课程和学分的互通互认。

加强素质教育，促进学生自主构建知识体系，优化学生的知识、能力和素质结构；推动因材施教，促进学生的个性化发展与创新创业能力的培养，满足经济社会发展对人才多样化需求；加强技术支撑，优化学校教育教学资源配置，提高办学效益；着力机制创新，调动师生教与学的积极性和主动性。

建立健全选课制、导师制、学分计量制、学分绩点制、补考重修制、主辅修制、学分互认制等教学制度体系，完善人事管理、学生管理、财务管理、后勤管理等教学管理保障，构建现代学分制教学管理信息系统平台，形成充满生机活力的教学运行机制。

二、改革人才培养模式

1. 优化人才培养方案

根据学校办学定位与人才培养定位，参照国内外专业认证要求，完善人才培养质量标准，建立学校通用人才培养标准和专业标准。将创新精神、创业意识和创新创业能力纳入人才培养质量的评价体系，制订满足社会需求，具有柔性化的人才培养方案和个性化的学习计划。在培养方案中明确学生毕业的最低学分要求，规定课程修读办法。

2. 深化人才培养模式改革

深化点面结合、立体交叉、因材施教的多样化人才培养模式改革，鼓励制订大类培养、跨学科专业培养等人才培养方案，形成科教融合、协同创新、合作育人新局面，努力构建由创新人才培养特区、卓越工程师（或其他卓越人才）培养计划和专业综合改革试验区、主辅修专业/学位等多种形式构成的"体系开放、机制灵活、渠道互通、选择多样"的人才培养体系。学校可自主选择按专业、专业类和专业大类等不同形式招生。

3. 强化实践创新创业能力培养

完善创新创业培养环节，积极开设创新创业类课程，设置多种类型的科研训练与实践活动，将创新创业课程学习、项目训练、平台打造、产品孵化进行高度融合，形成"理论教育、实训环节、实战环节"三位一体的创新创业教育体系。建立创新创业学分积累、转换或增加绩点制度，鼓励学生通过社会实践、发明创造或参加科技、竞赛活动获取创新实践学分替代选修课学分,对毕业论文(设计)、专业论文、调研报告被社会有关部门采用或在解决生产实际问题中,取得较好的社会效益和经济效益者,可适当获取部分选修课替代学分。

4. 加强课程资源建设

创新课程组织、管理模式和资源配置方式,形成结构优化的课程教学团队。围绕多样化人才培养需求,构建内容丰富、形式多样、开放共享的课程教材体系。进一步推进校企合作开发课程、教材,加强项目课程和教材建设,不断丰富项目库、案例库,最大限度满足学生的选课、选学要求。甄别引进一批国外先进课程资源,并进行本土化改造。建立教学内容更新机制,及时将本学科领域的最新成果、本行业的最新技术引入课程教学。学校新设课数量年均不得低于总课程数的2%,选修课比例不低于30%。遴选建设一批精品开放课程,加强课程资源共享系统和共享制度建设。

5. 加强教育教学信息化建设

充分发挥信息技术在学分制改革中的作用,促进信息技术与教学的深度融合。加强课程数字化资源开发,构建学科门类广博、层次各异、数量充足的优质信息化教育教学资源库。充分利用开放课程平台、课程学习网站等,创新信息化教学与学习方式,提升个性化互动教学水平和质量。

三、创新教学管理制度

建立与学分制管理相适应的教学管理制度、内部质量保障体系和配套管理制度,改革原有的招生、就业指导制度和学生管理体制,开展人事管理改革,完善后勤保障机制,为学分制的实施提供政策支持和服务保障。

1. 推行弹性学制

学校可自主确定学生在校学习的最短和最长年限,允许学生在规定年限内自行安排学习进程,参照标准学制缩短、延长学习期限或分阶段完成学业。建立与学分制相适应的毕业制度,学生修满学分,其他考核合格,达到毕业条件者,准予按学期办理毕业手续。

2. 构建多通道学业路径

根据修读的课程结构和学业完成情况,学生可以申请按注册专业毕业(或提前毕业)离校。允许学生在修满应修课程但未取得毕业最低学分时申请结业离校,结业离校后在弹性学制年限内经本人申请、学校同意,可以返校重修以前不合格的课程或另选其他课程,修满规定的学分,重新申请毕业并换发毕业证书。因成绩原因未能获得学士学位的学生在弹性学制年限内经本人申请,学校同意,可以返校重修相关课程,成绩达到学校学士学位授予条件可以取得学位。鼓励学生在学好本专业的同时,修读辅修专业。达到学分要求者,学校可发给辅修专业证书。

3. 建立科学的选课制度

建立健全学生自主选课制度,鼓励学生根据学习基础、学习能力、身体状况、经济条件等实际情况,按照学校公布的开课计划和选课规定,自主选择修读课程、授课教师和上课时间,自主安排学习进程。允许跨学科、专业、院系选课,允许学生对课程进行重修,并在管理制度上保证选课的科学性和有序性。推行任课教师挂牌上课。必修课程要增加拟开课教师名额，实行差额选课；选修课程要根据学生选课情况，确定是否开课。逐步实现每门课程都有2名以上教师授课，学生可以自主选择授课时段、任课教师，确定学业进程。

4. 推行校际学分互认

鼓励区域内高校联合开设优质课程并推进师资、课程的共享与学分互认，探索建设高校课程互选、学分互认联盟；鼓励学生在外校或基于互联网学习平台选修课程；学生所修外校或互联网课程，经过学校批准，可替代学生所在专业课程计划中要求的必修课程或选修课程。课程替代以不影响实现培养目标为前提，且原则上替代和被替代课程的内容相近，替代课程的学分不低于被替代课程的学分。具体课程替代标准和学分换算办法由学校依规自主确定。

5. 推进跨境学分互认

推进与境外高校的学分互认，支持学校与境外高校发展校际交流关系，鼓励学生通过留学、交换交流、暑期课程等多种形式赴境外高水平大学或特色学院选修一个月以上的学分课程。学校要制订鼓励学生选修境外课程的办法。

6. 完善学籍管理规定

各高校应以《普通高等学校学生管理规定》（教育部令第21号）为基础，根据本校的实际情况，修订学籍管理规定（办法），使之与学分制相适应。学籍管理规定要体现对学生的志向兴趣和个性发展的尊重，要在加大学生学业自主权等方面创造更为宽松的条件，要探索由全日制学历教育向终身教育延伸。

四、构建教学保障平台

1. 推行导师制

配套建立导师制度，指导学生选课、选择专业方向，帮助学生合理规划学习生涯和职业生涯。导师要悉心指导学生制定适合自己的可行的学习计划和发展目标，科学、合理选读课程，帮助学生既能自主学习，又能遵循学习规律，及时纠正在选课和选专业中出现的偏差，保证选课质量和知识结构的科学合理。

2. 创新学生工作体系

改变传统上按专业分班级、集中住宿的管理模式，逐步建立与教学工作体系相适应的学生教育管理和服务体系。各学校可以根据自身特点积极探索基于学生自治、社区管理的组织管理新模式。要加强学生思想政治教育，探索学分制下学生综合素质评价体系，充分调动学生的学习积极性和主动性，促进学生全面成才。

3. 实施基于网络的综合教务信息管理

加强基于网络的综合教务信息管理，保证学分制改革顺利实施。积极开发适合学分制的教学管理信息系统，成立学生注册、选课中心，方便学生进行注册、选课和成绩查询。鼓励有条件的地区构建基于高校教学联盟的教务信息共享平台。建立有效的教学质量监控、保障体系。

4. 建立与完善学分制条件下的教学保障机制

进一步加大对教室、实验室、校园网、图书馆等教学基础设施的资源整合与优化配置力度。学校后勤、财务部门要针对学分制改革后出现的新情况,加强教学设施、生活设施的配套管理和教学经费的投入与管理,制定更加灵活有效、更具服务功能的措施,全方位保证学分制改革的顺利实施。

五、加大组织实施力度

推行学分制是对传统教育教学观念和管理模式的重大改革,各高校要加强统筹,不断加大改革力度,不断积累经验,尽快抓出成效。学校各级领导和相关职能部门,要高度重视学分制的推进工作。各高校要在调查研究的基础上实事求是地制定出适合校情的实施方案和相应的实施细则,分步骤、分阶段地积极推行学分制工作,并以此为契机,推进学校全面改革,提高办学水平,提高教学质量。实施学分制的高校应严格执行国家和省有关收费管理规定。鼓励探索并逐步健全与学分制管理相适应的收费管理制度。

附件7:江苏省深化高等学校创新创业教育改革实施方案

为改革人才培养机制,提高高等教育质量,推动大众创业、万众创新,根据《国务院办公厅关于深化高等学校创新创业教育改革的实施意见》(国办发〔2015〕36号)要求,结合我省实际,制定本实施方案。

一、把创新创业教育改革作为一项重要紧迫任务来抓

(一)重要意义

深化高校创新创业教育改革,是实施科教与人才强省战略和创新驱动发展战略、促进经济提质增效升级的内在要求,是深化高等教育综合改革、提高人才培养质量、推进高等教育与经济社会发展紧密结合的重要举措。近年来,我省高校创新创业教育不断加强,取得了积极进展,在实现毕业生更高质量创业就业、推动高等教育服务经济社会发展等方面发挥了重要作用。但也要清醒地看到,有的高校创新创业教育理念滞后,与人才培养和专业教育脱节,教师开展创新创业教育的意识和能力欠缺,实践平台建设和指导帮扶不到位,创新创业教育体系亟待健全。江苏是国家高等教育综合改革试验区和教育现代化建设试验区,必须把创新创业教育改革作为突破口、摆到更加突出的位置,真正以教育理念的深刻变革促进人才培养质量的全面提升,努力造就大众创业、万众创新的生力军,为"迈上新台阶、建设新江苏"提供强大的人才智力支撑。

(二)总体要求

坚持育人为本,面向全体学生,把创新创业教育融入人才培养体系,以提高人才培养质量为核心,以创新人才培养机制为重点,集聚要素与资源推进教学、科研、实践协同育人,突破人才培养薄弱环节,增强学生的创新精神、创业意识和创新创业能力。坚持创新引领创业、创业带动就业,主动适应经济发展新常态,促进高等教育与科技、经济、社会紧密结合,加快培养规模宏大、富有创新精神、勇于投身实践的创新创业人才队伍,不断提高高等教育对稳增长、促改革、调结构、惠民生的贡献度。2020年左右,

建立健全创新创业教育与专业教育深度融合、知与行相辅相成的人才培养模式，基本形成课堂教学、自主学习、强化实践、指导帮扶、文化引领融为一体的高校创新创业教育体系，人才培养质量显著提升，学生创新精神、创业意识和创新创业能力显著增强，投身创业实践的学生显著增加，高校创新创业教育改革走在全国前列。

二、完善以提升创新创业能力为导向的人才培养方案

（一）强化人才培养中心地位

全面贯彻党的教育方针，落实立德树人根本任务，推动专业教育与创新创业教育深度融合。打通一级学科或专业类下相近学科专业的基础课程，开设跨学科专业的交叉课程，建立跨院系、跨学科、跨专业交叉培养创新创业人才的新机制，把学生全面发展与个性发展结合起来，促进人才培养由学科专业单一型向多学科融合型转变，逐步确立科学先进、广泛认同、具有江苏特色的创新创业教育理念。

（二）突出创新创业教育要求

根据相关专业教学质量国家标准和行业标准，修订高校专业教学质量标准。增加实习实训比重，确保人文社会科学类本科专业不少于总学分（学时）的15%、理工农医类本科专业不少于25%、高职高专类专业不少于50%；改进教师教育，师范类学生教育实践不少于1个学期；深化专业学位研究生教育改革，专业学位硕士研究生专业实践不少于半年。

三、建立创新创业教育协同育人新机制

（一）密切与地方政府、行业企业、其他高校院所的协同

有效整合集聚政府和社会资源，强化高校与政府部门、行业企业和社会机构的对接。建立江苏高校创新创业教育联盟，支持高校与国内外其他高校和科研院所开展创新创业教育专项合作，加快苏南高校将优质资源向苏中、苏北转移辐射步伐。鼓励各地、各类行业协会和企业定期发布创新创业项目指南，推动形成高校、政府、企业、社会共同参与、良性互动的创新创业教育协同机制。

（二）促进高校内部无缝对接

推进学科专业与人才培养协同，探索建立需求导向的学科专业结构和创业就业导向的人才培养类型结构调整机制。有条件的高校可以成立创新创业学院等校内综合协调机构，负责推进创新创业教育改革。建立教务部门为主导、创新创业学院和其他院系为主体的创新创业教学体系，构建教务、学工、团委等职能部门和院系协同的创新创业训练与实践体系，健全学工部门、就业创业中心等单位协同的就业创业指导服务体系，完善学工部门、科研部门、就业创业中心、大学创业园、大学科技园等单位协同的创新创业孵化体系。

四、健全与专业培养相融合的创新创业教育课程体系

（一）开设创新创业教育课程

面向全体学生，开发开设创新理论、研究方法、学科前沿、创业基础、就业创业指导等方面的必修课和选修课，建设理念先进、体系完整、动态优化的创新创业教育通识

课程群。开发开设与专业相关的创新创业教育基础课程，在专业课程中融入创新创业教育思想观念、原则方法和精神指向，建设选修必修、理论实践、课内课外、线上线下、校内校外相结合，与专业培养相融合的创新创业教育课程体系。

（二）整合创新创业教育课程资源

遵循创新创业教育基本规律和特点，挖掘和充实各类专业课程的创新创业教育资源。推进创新创业教育课程信息化建设，建立创新创业教育课程资源共享平台，推行在线开放课程和跨校学习的认证、学分认定制度。鼓励创新创业教育专家、知名企业家进课堂，推动高水平创新创业讲座、高品位创新创业活动进课程。到2020年，省立项建设10门"团队+教材+慕课"的创新创业教育通识共享课程、100个专业的创新创业教育基础示范课程。支持高校与出版机构合作组建优势互补的创新创业教育课程建设团队，进一步加强创新创业教育优秀课程和教材建设，编写出版100本不同层次的创新创业教育重点教材。

五、构建与创新创业教育理念相适应的教育模式

（一）改革教学方法

推进研究性教学，广泛开展启发式、讨论式、参与式和项目化教学，扩大小班化教学覆盖面，支持学生开展研究性学习、创新性实验、创业计划和创业模拟活动，真正把学术前沿发展、最新研究成果和创新实践经验融入课堂教学，把创新创业观念、原则和方法融入专业课程教学。发挥创新创业导师"传、帮、带"的作用，以"师傅授徒"方式指导学生参与创新创业实践。利用现代教育技术，采取翻转课堂、混合式教学等多种教学形式，培养学生的批判性、创造性思维，激发学生创新创业灵感。

（二）改进学生学业评价办法

改革考核内容和方式，注重考查学生运用知识分析解决问题的创新创业能力，探索灵活多样的开放考核方式，促进结果考核向过程考核、知识考核向能力考核、单一考核方式向多种考核方式的转变。设置合理的创新创业学分，建立专业创新课程学分和创新创业实践拓展学分积累转换制度。实施弹性学制，放宽学生修业年限，允许调整学业进程、保留学籍休学创新创业。对创新创业实践成果显著、经认定符合学位授予条件的学生，可授予相应学位。

六、开展多种形式的创新创业实践

（一）共建共享创新创业实践平台

加强专业实验室、虚拟仿真实验室、创新创业实践教育中心建设，支持高校在开发区、城市配套商业设施、科技企业孵化器中建设大学生创业园、创业孵化园、众创空间、科技园等创新创业实践平台。切实加强新一轮省级大学生创新创业教育示范校和省级大学生创业示范基地建设，组织遴选一批校内校外联动的省级大学生创新创业实践教育中心，推动创新创业理论教学、学科竞赛、项目实践、基地建设一体化。力争到2020年，全省每所公办本科高校自主使用的创新创业实践基地面积不少于4000平方米，其他本专科院校自主使用的创新创业实践基地面积不少于2000平方米。

（二）健全创新创业训练计划实施体系

继续深入实施大学生创新创业训练计划和新一轮大学生创业引领计划，形成国家、省、校、院（系）四级大学生创新创业训练计划实施体系。省每年立项建设一批大学生创新创业训练计划项目，力争使每一名大学生在校期间至少参与一项大学生创新创业训练计划。依托省大学生创新创业训练计划平台，举办大学生创新创业成果展示交流会暨创新创业教育论坛，努力将其打造成为集创新创业项目展示、成果转化、校企对接等功能为一体的交流平台。各高校要普遍建立大学生创新创业训练计划校级网络管理平台，加强对大学生创新创业训练计划实施过程的管理，为大学生及时了解政策和行业信息、学习积累行业经验、寻找合作伙伴和创业投资人创造良好条件。鼓励高校开办具有校本特色的创新创业实验班。支持学生参加各类志愿服务。

（三）办好各级各类创新创业竞赛

建立国家、省、校三级竞赛管理体系，形成政府指导、高校为主体的各类竞赛项目动态评价和认定机制。办好面向全体学生的创新创业大赛、职业技能大赛及各类科技创新、创意设计、创业计划等专题竞赛，鼓励高校参加"互联网+"大学生创新创业竞赛、"挑战杯"大学生课外学术科技作品竞赛等活动，自主创办符合学科专业特点的各类创新创业竞赛。各高校要依据专业培养要求，完善竞赛项目与课程互认、学分互换办法，将创新创业竞赛纳入实践教学课程体系，做到以赛促教、以赛促学。

七、提升教师创新创业教育教学能力和水平

（一）配齐配强创新创业教育师资队伍

按照专任为主、专兼结合的原则，优化高校教师队伍结构，鼓励高校聘请各行业优秀人才担任专业课、创新创业课的授课或指导老师，吸引有创新创业实践经验的企业家和技术人才到高校兼职。健全教师创新创业教育培训制度，搭建教师创新创业教育培训平台，造就一支能够将创新创业教育与素质教育、专业教育紧密融合的师资队伍。建好20个省级教师教学发展示范中心，重点建设5个创新创业师资培训基地。建设江苏优秀创新创业导师人才库，加强创新创业导师队伍建设。

（二）完善相关教师专业技术职务评聘标准

将创新创业教育纳入教师专业技术职务评聘标准和绩效考核指标体系，支持教师以对外转让、合作转化、作价入股、自主创业等形式将科技成果产业化，鼓励教师带领学生创新创业。建立健全专业教师、创新创业教育专职教师到企业和乡镇挂职锻炼制度，鼓励专业教师参与社会创新创业实践，引导专业教师积极开展创新创业教育方面的理论和案例研究。

八、注重对师生创新创业及其教育教学的激励支持

（一）鼓励全体教师开展创新创业教育

定期遴选创新创业优秀教学团队、创新创业教学名师、优秀青年导师，同时把创新创业教学成果作为高等教育教学成果评选表彰的重要内容。到2020年，评选100个省级创新创业教育优秀教学团队、100名省级创新创业教育教学名师、100名创新创业优秀青年

导师。

（二）激励大学生创新创业

有条件的高校要资助在校大学生开展创新科研工作，设立创新创业奖学金，并在现有相关评先评优项目中拿出一定比例用于表彰创新创业方面表现突出的学生。探索将学生开展创新创业训练、发表论文、获得专利和自主创业等情况折算为学分，优先支持参与创新创业的学生转入相关专业学习。自2016年开始，省每年评选150名创新创业标兵，省级创新创业标兵可直接推荐免试研究生或专升本；评选100个省级大学生创新创业优秀俱乐部（协会）。

九、加强对创新创业教育改革的组织领导和保障服务

（一）落实高校主体责任

各高校要把深化创新创业教育改革作为"培养什么人，怎样培养人"的战略任务，纳入学校综合改革的重要议事日程，成立由主要负责同志任组长、分管负责同志任副组长、教务等有关部门负责人参加的创新创业教育工作领导小组。精心制定创新创业教育改革实施方案，并将实施方案报省教育行政部门和主管单位备案，备案后向社会公布。省各有关部门要加强沟通协调，完善大学生创新创业政策保障体系，帮助符合条件的创业大学生获得相应政策扶持；成立由各行业专家、企业家、金融界人士组成的创新创业教育咨询委员会，为高校创新创业教育提供决策咨询和指导服务。

（二）统筹各类资金支持大学生创新创业

各高校每年要多渠道统筹安排资金，用于创新创业教育示范校、创业示范基地、创新创业实践教育中心建设，支持课程教材建设、学科竞赛、创新创业训练计划实施、创业项目孵化等工作，并建立创新创业教育经费稳定增长机制。省有关部门要研究制定鼓励企事业单位参与高校创新创业教育的政策措施，指导落实促进大学生创业就业的税收政策。大力发展"互联网+"创新创业服务，促进创业与创新、创业与就业、线上与线下相结合，进一步降低大学生创新创业门槛和成本。鼓励社会组织、公益团体、企事业单位和个人设立大学生创业风险基金，以多种形式向自主创业大学生提供资金支持。

（三）加大督导落实和宣传引导力度

将大学生创新创业教育工作纳入各级政府目标考核体系和高校教育教学评估指标体系、学科评估指标体系，作为高校品牌专业建设工程绩效评价的重要方面，在高校本科教学审核评估、本科教学质量年度报告、毕业生就业质量年度报告、高校年度数据报表中增设创新创业教育内容。实施以创新创业教育为观测点的个性化、多元化评价，分层次对各高校创新创业教育改革情况进行系统评价。及时总结推广各地各高校的好经验好做法，选树大学生创新创业成功典型，弘扬当代大学生积极投身实践、勇于创新创业的正能量，培育创客文化，努力营造敢为人先、敢冒风险、宽容失败的氛围环境。

附件8：2015年中国大学生就业压力调查报告（全文）

前　言

年年岁岁说就业，岁岁年年就业难！继2014年高校毕业生人数突破700万之后，2015年的毕业生人数持续突破700万，并超过去年的727万达到749万之多！毕业生人数在年年递增，就业之难也似乎成了常态。连续几年的"史上最难就业季"给人的感觉就是：对于就业，"没有最难，只有更难"！那么，今年的就业压力是否真的也会随人数增加而增加？与往年相比，今年的就业压力又有哪些变化？北京青年压力管理服务中心在连续6年携手新浪网教育频道之后，今年结合移动终端的新趋势，首次联手腾讯网教育频道，联合推出2015年中国大学生就业压力调查问卷，这也是既2009年之后连续第7年推出同一主题的系列调查，依据前面6年的调查结果而分别于每年的5月底发布的"中国大学生就业压力调查报告"，在引起媒体关注的同时，也给毕业生求职者以及相关就业机构提供了有价值的就业参考。今年的调查问卷于4月1日至4月27日在腾讯网推出之后，在将近一个月的时间内，共有18 171人参与此项调查，我们在严格剔除无效问卷后最终保留了15 728份有效问卷，然后利用专业的心理学统计软件，对数据进行处理与分析。现将结果报告如下。

第一部分：基本信息

一、性别比例

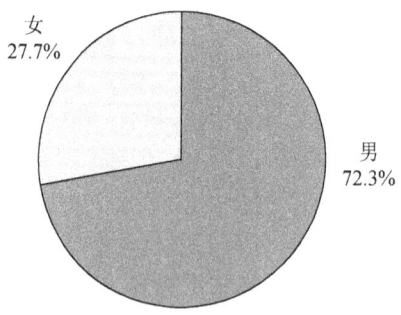

图10-1　性别比例

如图10-1所示，本次调查中，男性11 365人，占总人数的72.3%；女性4363人，占总人数的27.7%。

二、学历构成

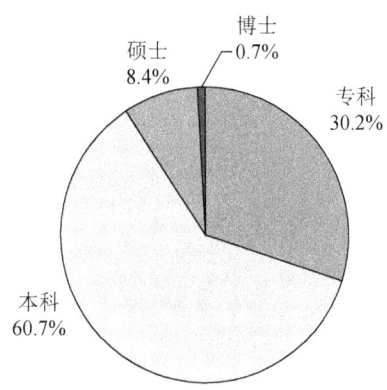

图10-2 学历构成

如图10-2所示，本次调查中，本科生9547人，占总人数的60.7%，为群体主导人群；专科生4754人，占总人数的30.2%；硕士生1321人，占总人数的8.4%；博士生人数相对较少，只有106人，占总人数的0.7%。

三、是否独生子女

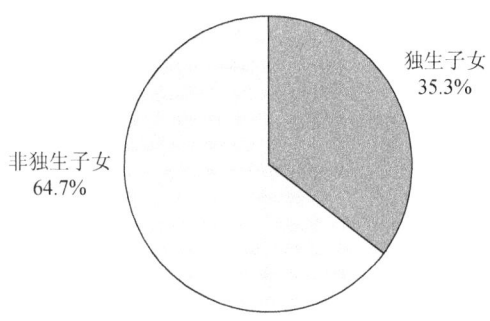

图10-3 独生子女比例

如图10-3所示，本次调查中，独生子女5548人，占总人数的35.3%，非独生子女10 180人，占总人数的64.7%。

四、是否应届毕业生

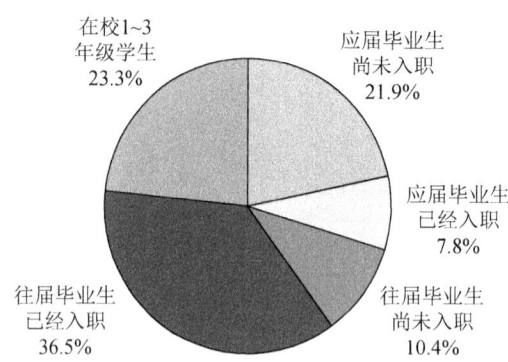

图10-4　应届毕业生比例

如图10-4所示,本次调查中,应届毕业生4675人(已入职3441人,未入职1234人),占总人数的29.7%,往届毕业尚未入职1642人(10.4%),往届毕业生已经入职5748人(36.5%),在校1~3年级学生3663人(23.3%)。

五、是否兼职与学生干部

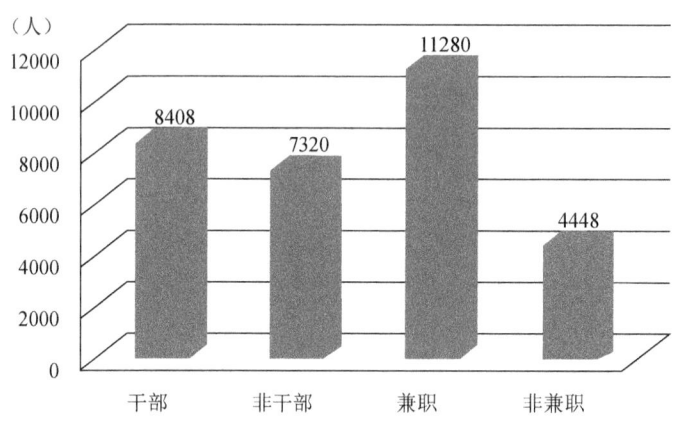

图10-5　总体人群的兼职与担任学生干部情况

如图10-5所示,本次调查中,有8408人(53.5%)表示在校期间曾担任过学生干部;有过兼职经历的为11 280人(71.7%)。两类人群比例均超过半数。

六、生源

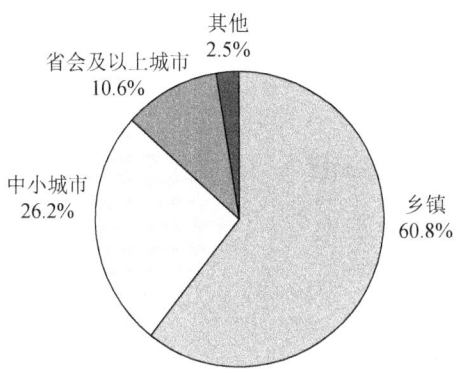

图10-6　学生生源情况

如图10-6所示，本次调查中来自乡镇9546人（60.8%），中小城市4108人（26.2%），省会及以上城市1662人（10.6%），其他地区389人（2.5%）。

七、专业构成

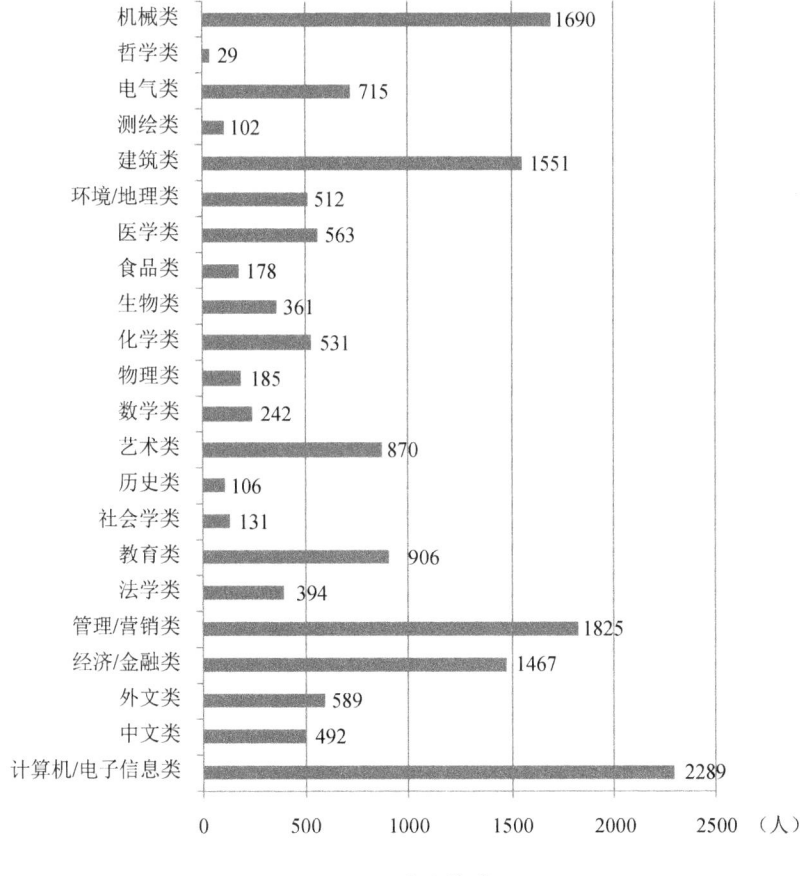

图10-7　专业构成

如图10-7所示，参与本次调查人群涉及22个专业，以计算机/电子信息类、管理/营销类、机械类最多，分别为2289人（14.6%）、1825人（11.6%）、1690人（10.7%），最少的为哲学类，仅有29人（0.2%）。

八、家庭经济情况

本次调查中最大部分被调查者家庭人均月收入在2001~5000元，为6833人，占总体的43.4%。

九、学校类别

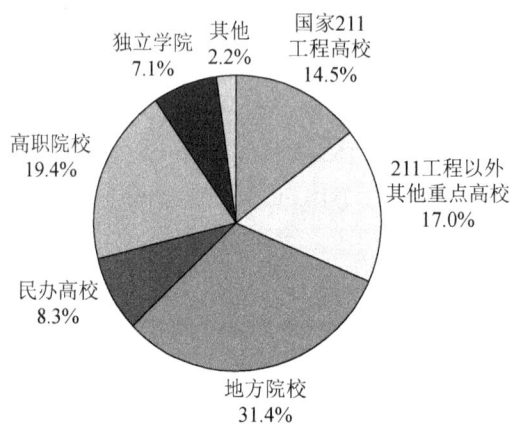

图10-8　学校类别

如图10-8所示，本次调查中，以来自地方院校、高职院校的学生为主，分别为4939人（31.4%）、3051人（19.4%），其他（海外）最少，只有353人（2.2%）。

十、期望月薪

如图10-9所示，本次调查中，期望月薪主要集中分布在3001~5000元范围内，人数为6972人（44.3%）。

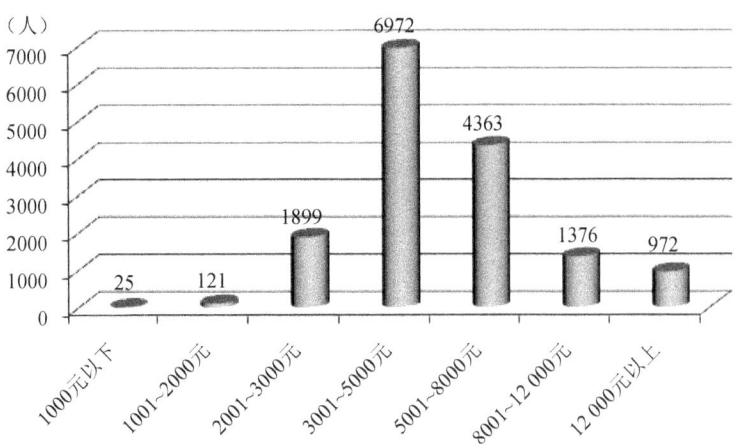

图10-9 总体人群的期望月薪分布

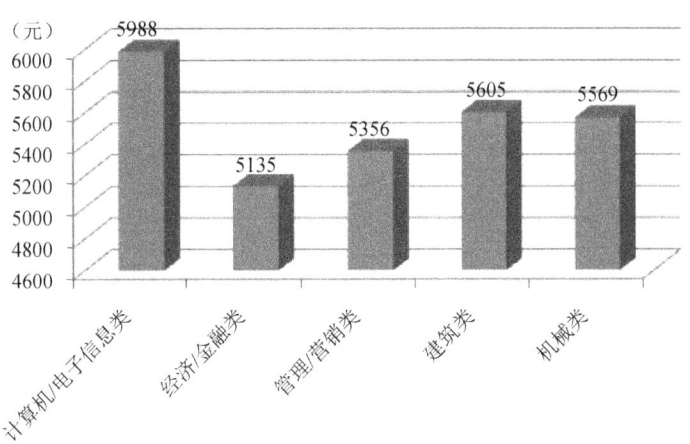

图10-10 不同专业的期望月薪

从图10-10中可看出，在5类人数最多的专业中，期望月薪由低到高的顺序依次是：经济/金融类、管理/营销类、机械类、建筑类、计算机/电子信息类。

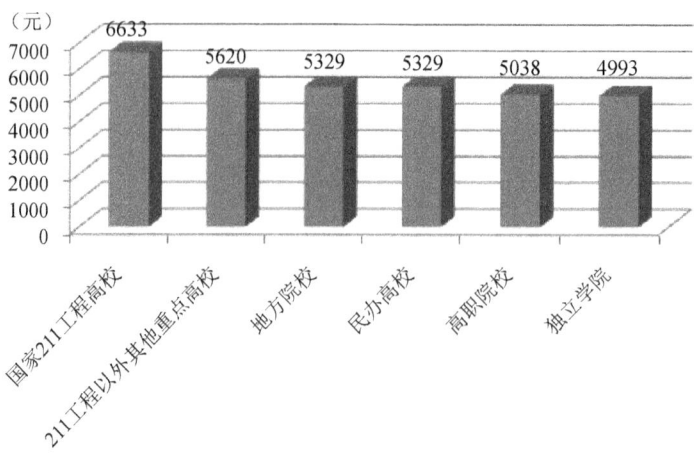

图10-11 不同类别高校的期望月薪

从图10-11中可以看到,求职者的期望月薪随着本人所属的高校类别而改变,重点高校求职者的期望月薪明显高于普通高校求职者的期望月薪,最大差值接近2000元(图中的211高校与独立学院相差1640元)。

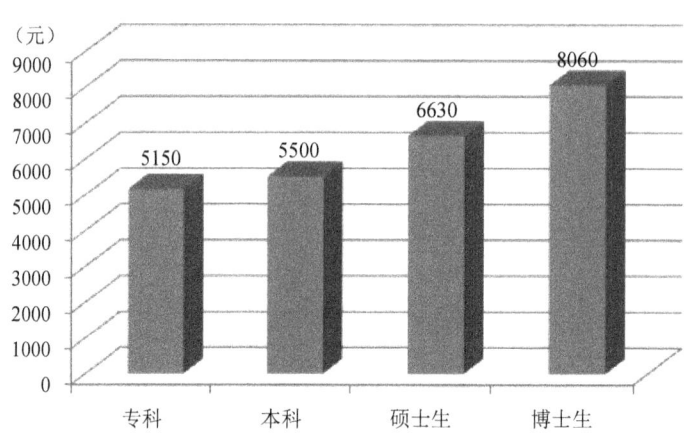

10-12 不同学历的期望月薪

如图10-12所示,期望月薪随着学历的增高而增高,其中,专科生期望月薪5150元、本科生期望月薪为5500元、硕士生为6630元、博士生为8060元,平均期望月薪为5510元。

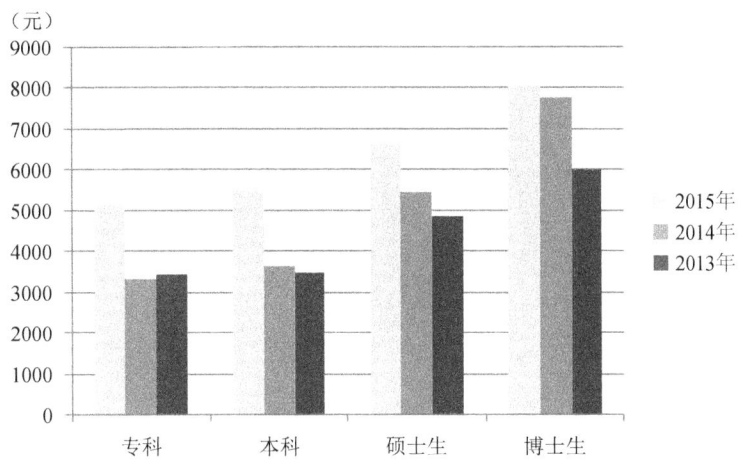

图10-13　不同学历的期望月薪（与2013年、2014年比较）

如图10-13所示，2015年与2014年相比：专科生期望月薪提高明显，达1810元；本科生期望月薪增幅最大，达1840元；硕士生期望月薪增幅也超过1000元，达1180元；博士生期望月薪增幅最小，只有270元。2015年总体的平均期望月薪与2014年相比增幅很大，达1830元。

十一、期望工作地点

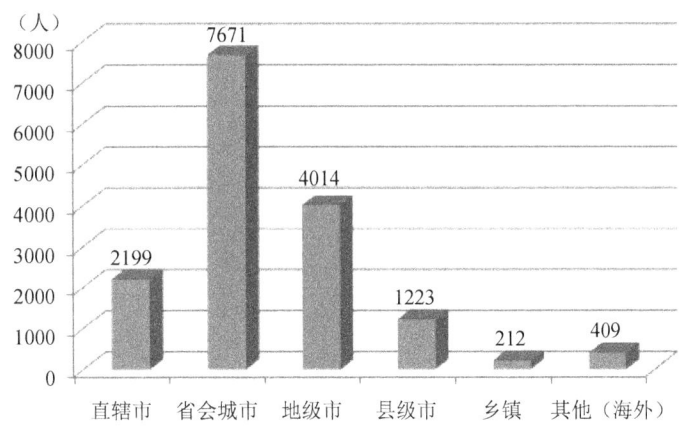

图10-14　期望工作地点

如图10-14所示，本次调查中，近半数（48.8%）的被调查者（7671人）表示希望去省会城市及计划单列市这样的二线城市工作，其次是地级市（4014人，25.5%），然后才是直辖市（2199人，14.0%）；另有1223人（7.8%）表示愿意去县级城市工作，212人（1.3%）表示愿意去乡镇工作，409人（2.6%）选择了其他地区（海外）。

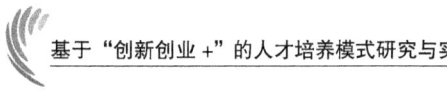

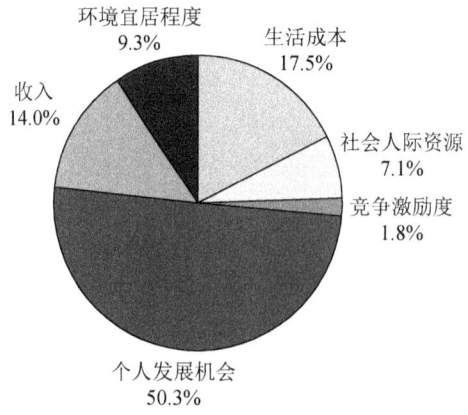

图10-15 选择工作地点的主要标准

对选取工作地点的原因做进一步的分析发现:半数人(50.3%)将个人发展机会作为了首要选择标准。可见对于面临就业的学生而言,发展前景是首要考虑因素,然后是生活成本与收入以及环境宜居程度(分别为17.5%、14.0%、9.3%)(见图10-15)。

十二、去基层等艰苦岗位工作的意愿

在本次调查中,明确表示不愿意去基层求职的占20.1%,相比去年的16.5%有所提高;"愿意"去的为38.3%,相比去年的31.6%也有所提高;"可以考虑"的为41.7%,相比去年的51.8%有所降低,学生更明确了自己是否愿意去基层锻炼的意向(见图10-16)。

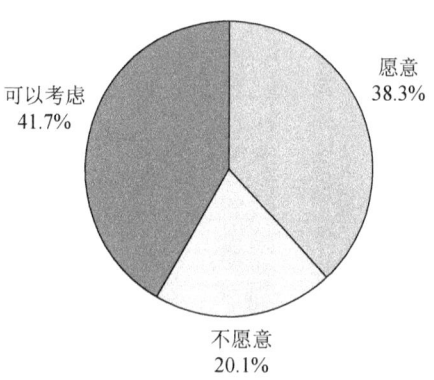

图10-16 去基层等艰苦岗位工作的意愿

十三、影响就业的因素

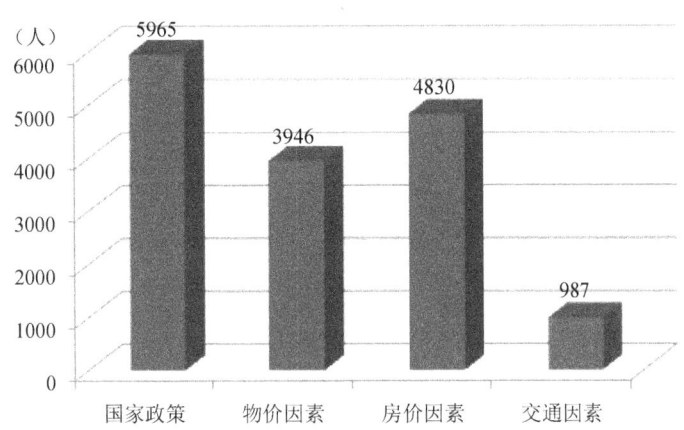

图10-17 对就业的影响因素

本次调查中,我们对社会上的热点问题对于就业的影响也做了一些探讨,国家政策成为影响大学生就业的最主要因素(5965人,37.9%),其次是房价(4830人,30.7%)与物价因素(3946人,25.1%),而交通因素(987人,6.3%)则远小于其他三个因素。这一比例趋势与2014年基本一致(见图10-17)。

十四、毕业选择

在毕业生的就业选择中,超过半数的人(8973人,57.1%)认为应该找工作就业;有创业想法的人数达3622人(23%),超过想考研(课程)的人数(2083人,13.2%)近10个百分点,这一比例差距相比于2014年更大;极少数人(495人,3.1%)认为应当出国深造;也有人(555人,3.5%)认为可以等几年再说(见图10-18)。

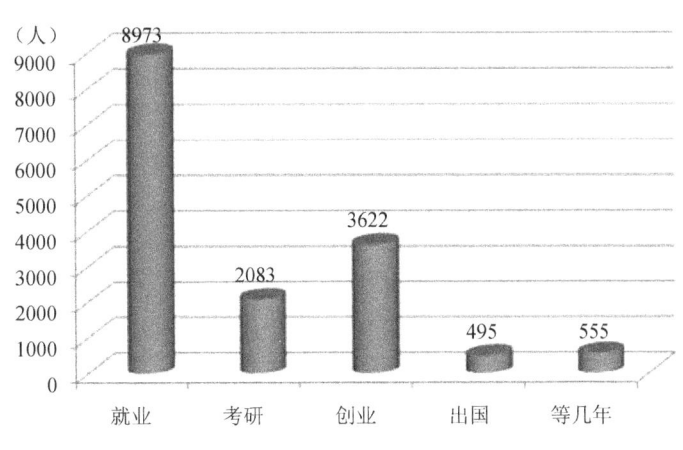

图10-18 毕业选择

对比去年的数据，今年求职者表示想创业和就业的人数比例都有所上升，而选择考研的比例有所下降。

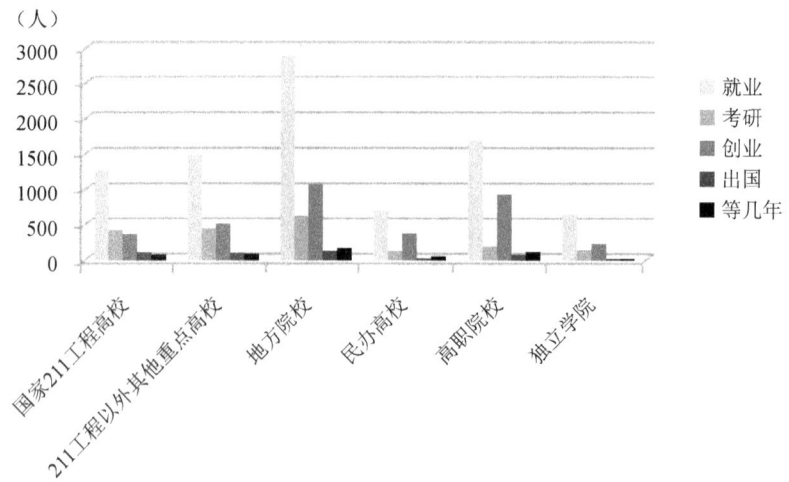

图10-19 高校类别与毕业选择

进一步分析发现：不论所在学校类别如何，毕业选择中"就业"均毫无疑问地排在首位，而排在第二位的却在不同类型学校间有一定差异：在国家211工程高校中，排在第二位的是考研；在其他类型的学校中，排在第二位的是创业。而出国和等几年这两个选项均是排在最后的（见图10-19）。

十五、大学生就业最应该具备的素质

在本次调查中，我们进一步对大学生就业时最应具备的基本素质进行了调查，其中沟通能力和专业技能依然最受求职者关注，其次是适应能力、学习能力；相反，道德修养、组织能力、独立能力、协作能力、进取心、刻苦精神与工作热情等，这些被用人单位与社会所看重的基本素质，却被求职大学生相对忽略。这一结果与去年的结果基本一致（见图10-20）。

比较不同类别高校大学生所看重的基本素质发现：无论重点院校还是普通院校，最看重的前五位均是沟通能力、专业技能、适应能力、学习能力、抗压能力。仅在前两位的顺序上有一定区别，重点院校更看重专业技能，普通院校更看重沟通能力。重点院校最看重的5类基本素质排序依次是：专业技能、沟通能力、适应能力、学习能力、抗压能力；普通院校最看重的5类基本素质排序依次是：沟通能力、专业技能、适应能力、学习能力、抗压能力（见图10-21）。

比较不同入职阶段所看重的基本素质发现：已入职群体最看重"沟通能力"，并且对"抗压能力"的重视程度强于未入职群体；而未入职群体最看重的是"专业技能"。已入职群体最看重的5项能力依次为：沟通能力、专业技能、适应能力、学习能力、抗压能力。而未入职群体最看重的5项能力依次为：专业技能、沟通能力、适应能力、学习能力、责任心（见图10-22）。

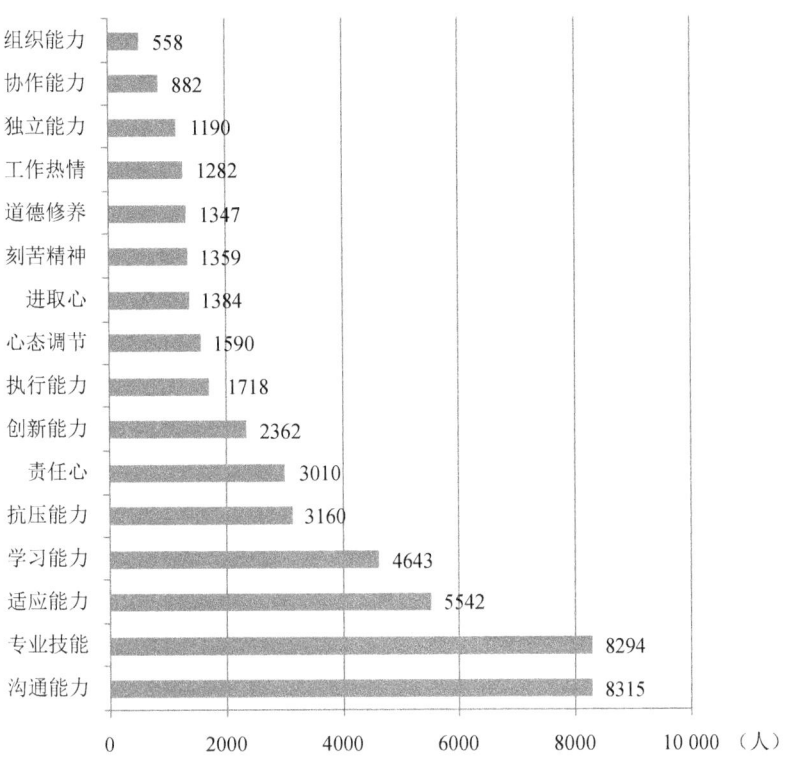

图10-20 大学生就业最应该具备的素质

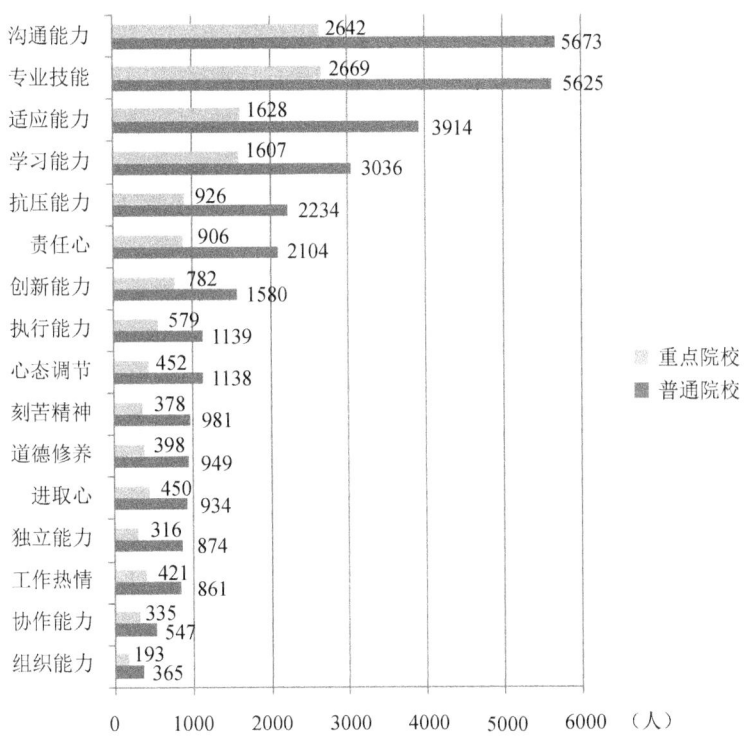

图10-21 不同高校类别看重的基本素质

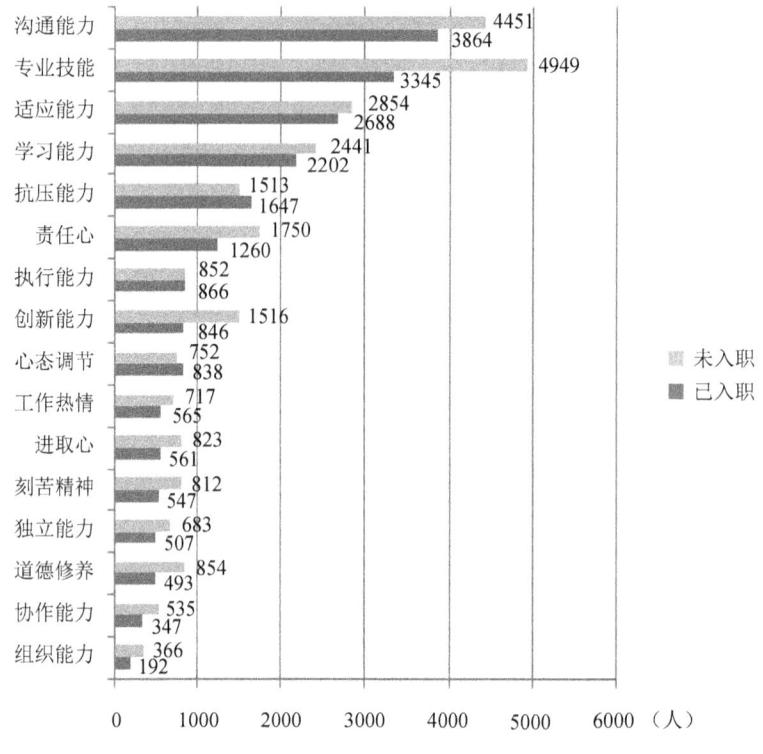

图10-22 不同入职阶段看重的基本素质

第二部分：压力分析

为了跟过去6年的调查结果进行比较，压力分析部分也分别从压力源、压力感受、压力应对以及幸福感4个方面进行分析。

一、压力源分析

就业压力源分为4个维度：家庭、学校、用人单位、个人，每个维度分别有3道题目，以及从2012年开始新增的关于主观幸福感的题目，一共包括13道题目。

1. 不同维度压力源的总体得分

由图10-23可以看出，压力源的调查结果与往年大体相同，家庭、社会依旧是最受关注的压力源，个人方面的压力源依旧不被求职者重视，不同的是学校方面的压力源得分有所降低，从2014年的9.32分降到了8.85分。

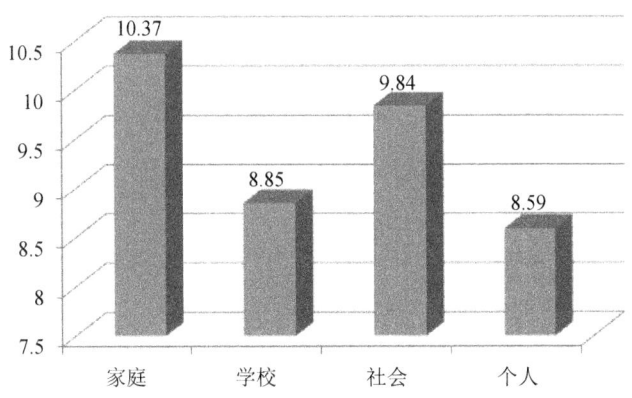

图10-23 不同维度压力源的得分

2.去基层工作的意愿对压力源的影响

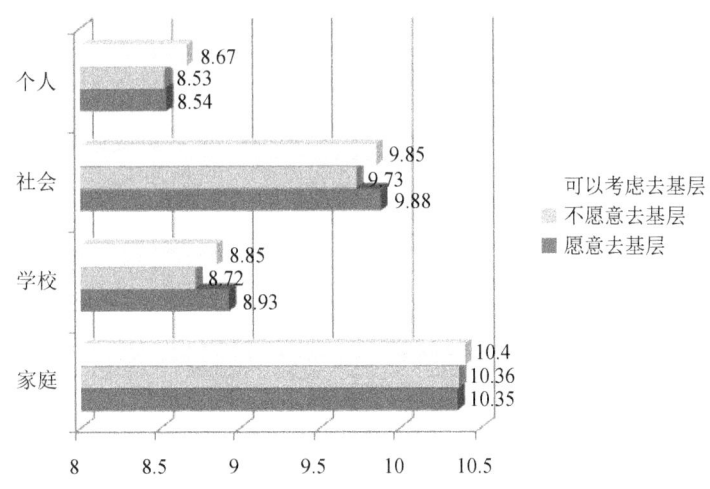

图10-24 去基层工作的意愿对压力源的影响

从图10-24中可以看到，愿意去基层工作的求职者，在社会压力源和学校压力源两个维度得分，高于不愿意去基层工作的求职者；可以考虑去基层的求职者在四个压力源维度上得分均高于不愿意去基层工作的求职者，说明这些求职者虽然有意去基层，但仍然存在很多纠结，这些纠结一方面说明在个人的想法与行为之间仍有冲突，想去与真正去还有很长一段距离；另一方面，家人的不支持甚至反对、外人的看法等，对于想去基层求职的毕业生来说同样是不可忽略的压力源。

3. 生源地与压力源

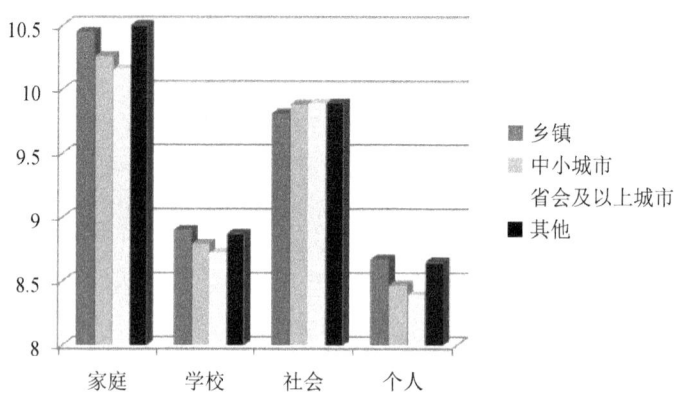

图10-25　生源地与压力源

从图10-25中可以看出,在家庭、学校与个人三个压力源维度上,相对于来自城市的毕业生来说,来自乡镇和其他(海外)的毕业生会感受到更多的现实压力。而在社会压力源维度上,生源地不会产生显著影响。

4. 兼职经历与压力源

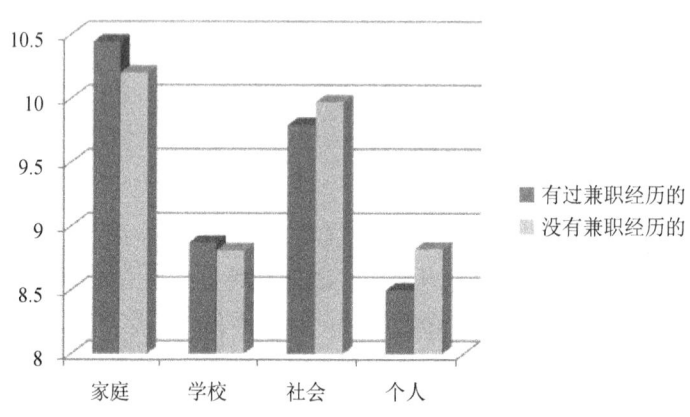

图10-26　兼职经历与压力源

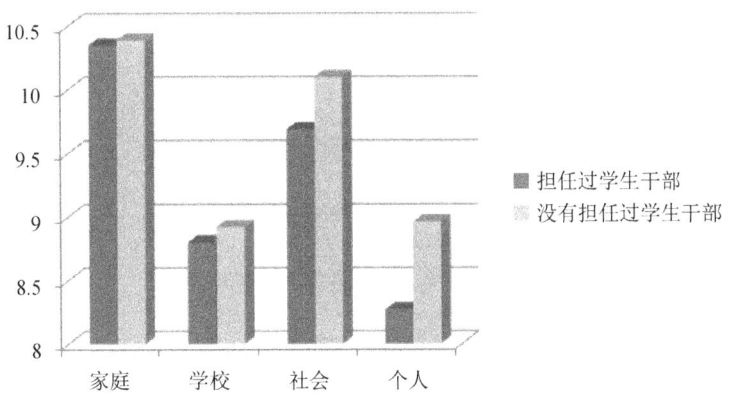

图10-27 学生干部经历与压力源

从图10-27分析发现,有过兼职经历的求职者,在家庭和学校维度上的压力源得分高于没有兼职经历的求职者,而在社会和个人维度上的压力源得分低于没有兼职经历的求职者;担任过学生干部的求职者在学校、社会以及个人压力源上的得分都显著低于没有担任过学生干部的求职者,而在家庭维度上则没有显著差异。

5. 学历与压力源

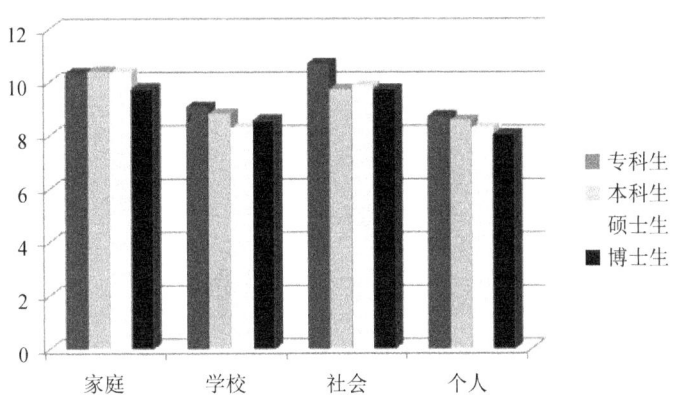

图10-28 学历与压力源

从图10-28中可以看到,求职者的压力源得分基本上有随着学历的增加而降低的趋势。

6. 入职阶段与压力源

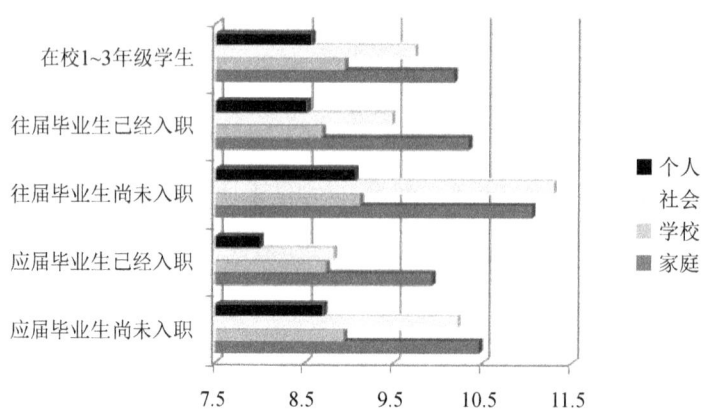

图10-29 入职阶段与压力源

在不同入职阶段的求职者中，往届毕业尚未入职的求职者在个人、社会、学校与家庭4个维度上的压力源得分都明显高于其他人群（见图10-29）。

二、压力感受分析

就业压力感受共分为3个维度，分别为压力导致的生理、情绪和行为感受。每个维度各2道题目，共6道题。

1. 压力感受总体分布

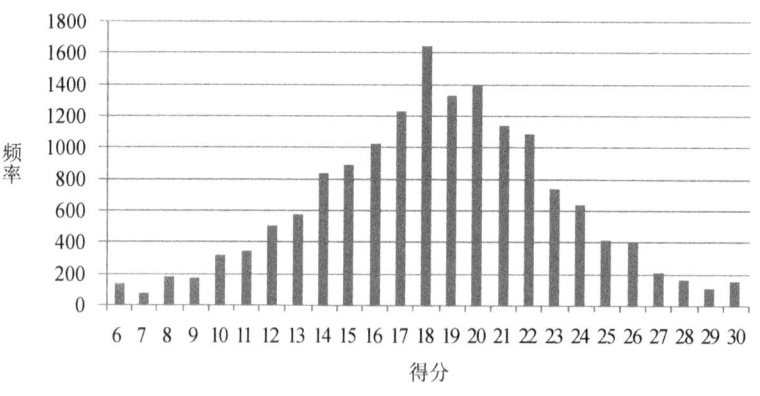

图10-30 压力感受总体分布图

表10-1 就业压力感受分量表上的总体得分情况

平均数	18.39
众数	18.00
标准差	4.688
全距	24

从图10-30和表10-1可看出，今年的就业压力感受平均数为18.39，明显高于2014年的压力水平（16.91），与2013年的压力水平（18.17）相当，仅次于2009年的压力水平（19.12）。

2. 总体人群的压力体验

由图10-31可以看出，在衡量压力大小的三项指标上，仍然以情绪体验最为突出，此结果与历年的数据基本吻合，说明年轻的求职者在情绪管理的意识与技能方面仍需提高。

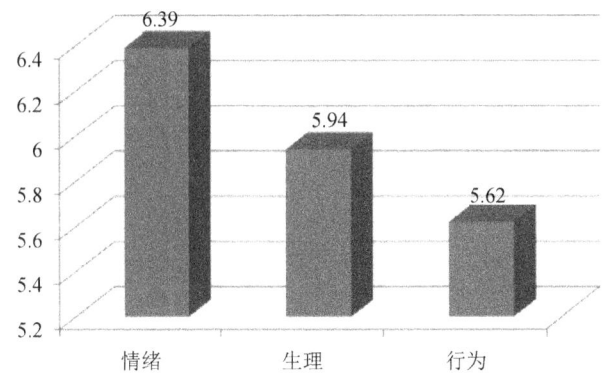

图10-31 总体人群的压力体验

3. 专业类别与压力体验

参与调查的人群一共涉及22个不同的专业类别（见图10-7）。我们选择了其中人数最多的5个类别，进一步分析他们的压力感受发现：在这5类人数最多的专业中，以经济/金融类专业的群体感受到的压力最大，机械类的群体感受到相对最小的压力（见图10-32）。

从图10-33中可以看到，两类重点高校的学生所体验到的就业压力均明显低于其他四类普通高校。此结果也揭示了重点高校的毕业生在就业时普遍拥有的优越或者优势心理。

4. 学生干部经历与压力体验

图10-34的结果表明：担任过学生干部的求职者所体验到的就业压力显著低于没有担任过学生干部的求职者。表面看来，担任学生干部似乎会承担更多的事务压力，但正因为这样，反而使得这些担任过学生干部的求职者得到了更多的锻炼，这也就进一步提高了他们的实际能力与抗压能力，因此，他们更少受到心理压力的困扰。

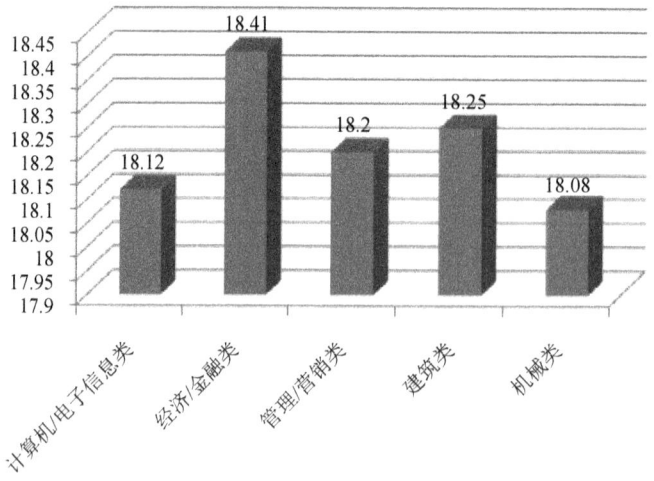

图10-32 专业类别与压力体验

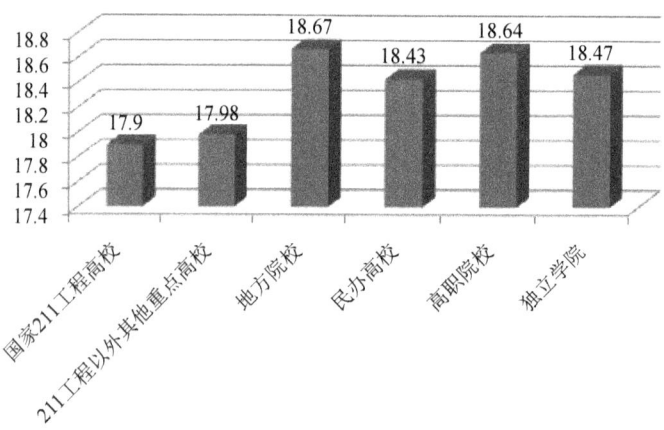

图10-33 学校类别与压力体验

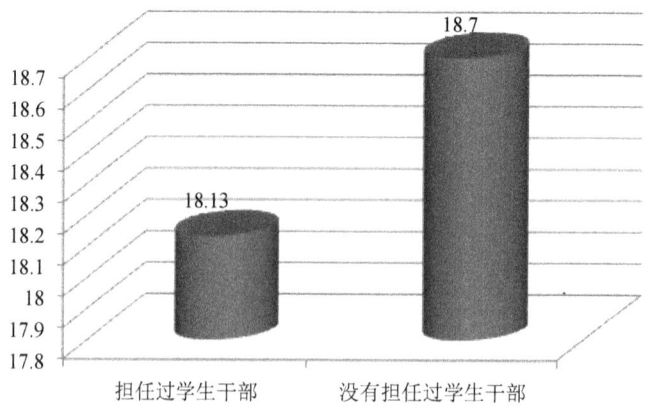

图10-34 学生干部经历与压力体验

5.期望工作地点与压力体验

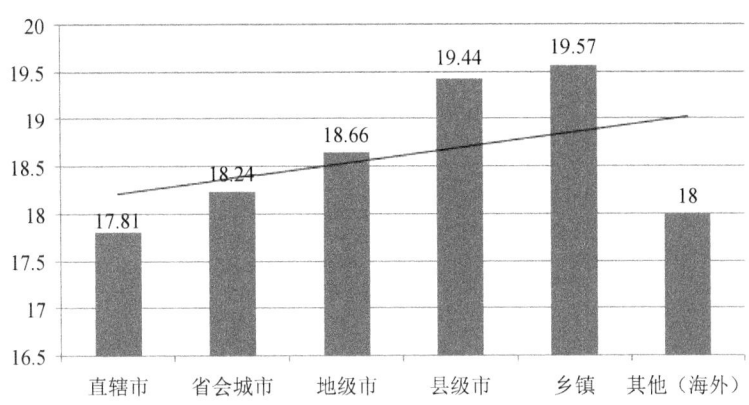

图10-35 期望工作地点与压力体验

从图10-35中可以看到，随着期望工作地点从一线的直辖市到基层的乡镇，求职者的压力体验几乎呈现直线上升的趋势，这一趋势与2014年的调查结果相同。到底是因为想回避更大的现实压力才期望去更小的地方工作，还是因为想去小地方工作会带来更多的内在压力体验呢？在大城市工作，显而易见的是更大更多的外在现实压力，诸如住房、交通、竞争、生活环境等，但要离开求学的大城市而去（或者回到）偏远的小城乃至乡镇工作，这与"人往高处走"的常态思维是不相符的，因此，期望"往低处走"的人表面上似乎回避了大城市的外在现实压力，但实际上可能会体验到更多的内在心理压力，诸如担心他人的看法、个人职业发展等。

6.入职阶段与压力体验

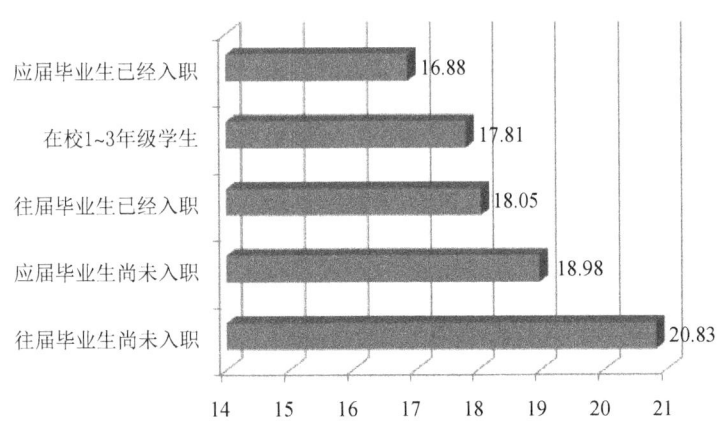

图10-36 入职阶段与压力体验

随着入职阶段的不同，求职者的压力体验会有显著的不同。往届毕业尚未入职的人，其压力体验显著高于其他人群，其次是应届毕业尚未入职的人，而应届毕业已经入职的人所体验到的压力甚至低于在校的低年级学生，对于求职者来说，找到工作才是硬道理。不过，比较两类已经入职人群的压力体验，应届毕业生已经入职的人群所体验到的压力明显比往届毕业生已经入职的人群低，一方面，可能是因为刚刚找到工作的成功喜悦冲淡了现实的压力，另一方面，刚刚入职的人群可能还没有体验到更多的职场压力，因此，他们的压力体验明显低于往届毕业已经入职的人群（见图10-36）。

7. 毕业选择与压力体验

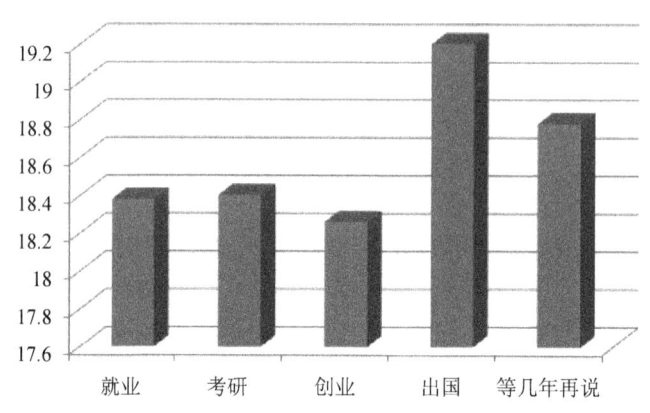

图10-37　毕业选择与压力体验

与2014年不同的是，2015年毕业后打算出国的学生，在几类人群中所体验到的压力最大，相对于陌生的职场环境来说，国外环境的不可知性与不可控性显然更为突出，在申请出国的过程中也同样存在诸多的不可知性与不可控性，而这些也正是导致压力体验增强的主要因素。

压力体验仅次于"出国"选择的是"等几年再说"的人，相对于有明确目标的人来说，那些困惑于选择而仍然没有主意的大学生，显然也会承受更多的压力体验，就像现实中的拖延族，"等几年再说"常常会使得压力随着"拖"的时间延长而递增，因此，那些等几年再说的人群体验到相对较大的压力同样也就不足为奇了（见图10-37）。

8. 期望月薪与压力体验

图10-38的结果与前几年的基本相似，求职者的压力体验基本上有随着期望月薪的增加而降低的趋势，换言之，过低的期望月薪反而体验到更高的压力。自身能力强、压力体验小的求职者，在求职时有相对高的期望月薪；而自身能力弱、压力体验大的求职者，在求职时自然会有相对较低的期望月薪。因此，在增强自身实力与抗压能力的同时，求职者还需要更清晰更全面地认识自己，以利于在求职时提出更为合理的期望月薪。

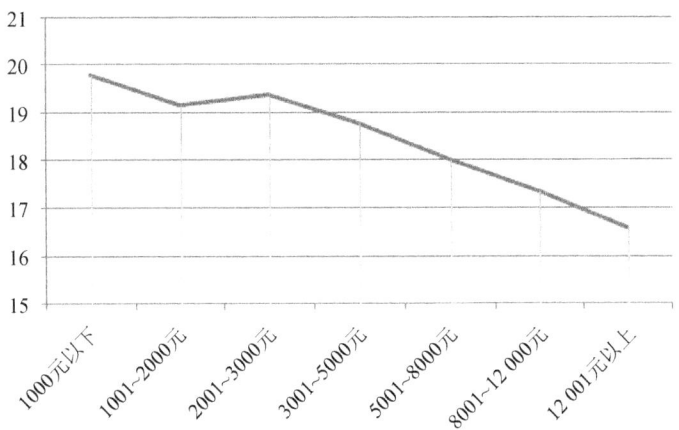

图10-38 期望月薪与压力体验

9. 不同学历与压力体验

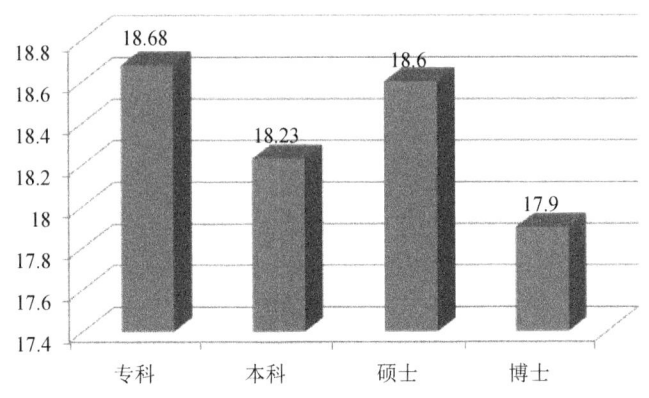

图10-39 不同学历与压力体验

从图10-39中可以看到,专科生和硕士生的压力最大,"高压硕士"现象再次出现;博士生的压力体验虽然在图中显示是最低的,但因为在整个调查中博士人群的样本量太少(106人,占总人数的0.7%),因此,依据此图还不足以说明博士人群的压力最低。

10. 去基层的意愿与压力体验

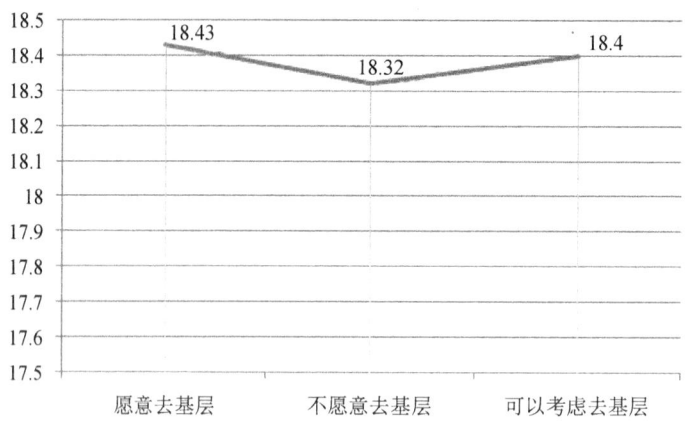

图10-40　去基层的意愿与压力体验

图10-40的结果揭示了压力感受与是否愿意去基层的意愿无显著关系。

11. 生源地与压力体验

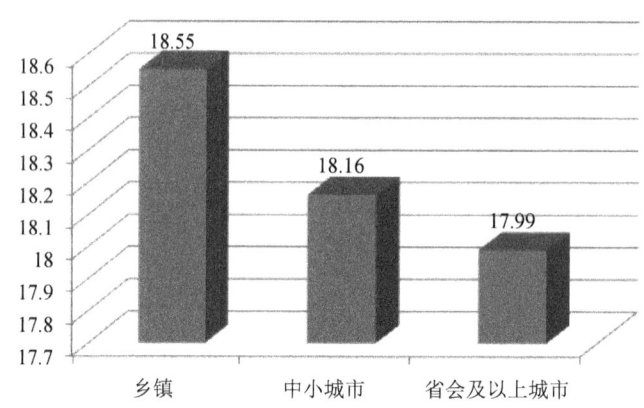

图10-41　生源地与压力体验

从长期来看，尽管来自大城市的大学生求职者最终成就不一定就比来自乡镇的大学生求职者高，但就毕业求职的阶段来说，这两类求职者所拥有的外在资源确实差别很大，因此，他们所体验到的就业压力也就有了显著的差异（见图10-41）：来自乡镇的大学生求职者所体验到的就业压力显著高于来自中小城市的求职者，更高于来自大城市的求职者。这一结果与去年的完全吻合。这也从另外一个侧面揭示了这样一个现实问题：就业不仅仅是能力问题，个人所拥有的现实资源也会影响大学生的就业成功率以及就业过程中的压力体验。

三、压力应对分析

能否有效缓解压力,很大程度上取决于人们所采用的压力应对方式是否合理。在就业压力应对的题目设计上,我们选择了两种应对方式,分为自我调整与向社会寻求帮助,我们为每种方式分别设计了2道题目,共计4道题目,试图寻找每个维度的积极应对或是消极应对情况,在计分方面,我们采取了反向计分,举例而言,如果A的自我调整得分很高,那么说明A在自我调整方面的问题很大,处理的相对被动,并因此带来很大的压力。

1. 压力应对方式

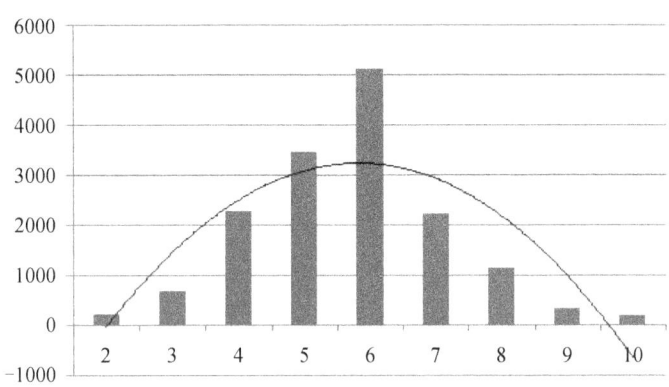

图10-42 社会支持维度应对方式总体分布图

表10-2 社会支持维度应对方式分量表总体得分

均值	5.7
众数	6
标准差	1.471
全距	8

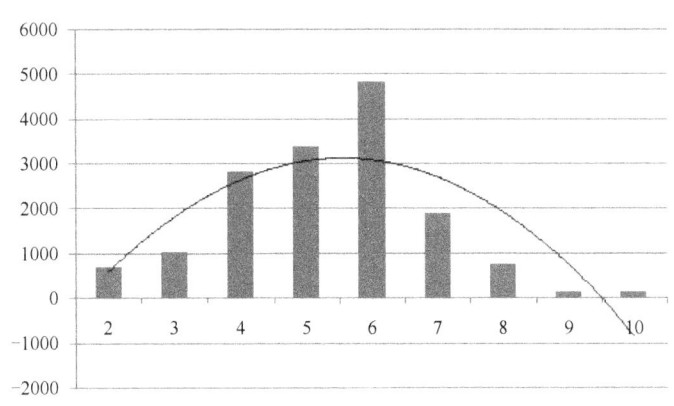

图10-43 自我调整应对方式总体分布图

表10-3　自我调整应对方式分量表总体得分

均值	5.3
众数	6
标准差	1.518
全距	8

从图10-42、表10-2、图10-43、表10-3可以看出，总体的被调查人群采用社会应对方式的平均值（5.7）只是略低于众数（6），采用自我调整应对方式的平均值（5.3）也低于众数（6），表明参与此次调查的大学生在选择缓解压力的应对方式时，无论是采取自我调整，还是寻求社会帮助的意愿与行为都是比较积极的，这一点与前几年相比有所改善。

在具体的压力应对方式上，我们把主动寻求社会支持、主动解决问题等应对方式定义为积极应对，把自己独自忍受和回避问题定义为消极应对。一般来讲，积极应对可以减少部分的压力而消极的应对反而增加新的压力。下面对不同因素与压力应对方式之间的关系尝试做进一步的分析。

2. 是否独生子女与积极应对方式

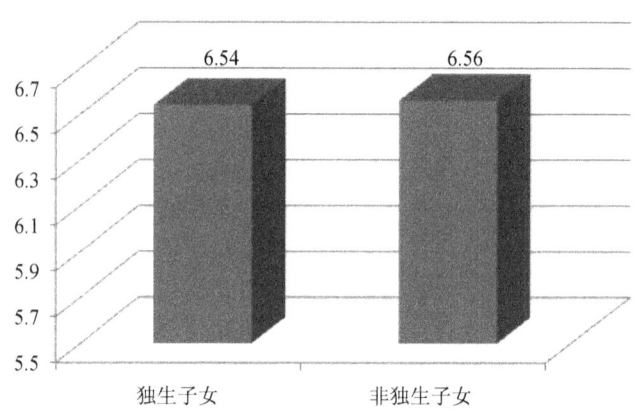

图10-44　独生子女与非独生子女的积极应对

注：图中为反向计分，即得分越低越倾向于积极应对。

图10-44显示，与前几年的情形不同，非独生子与独生子女在采用积极的压力应对方式，诸如寻求社会支持、主动解决问题等方面已无差异。

3. 是否兼职与消极应对

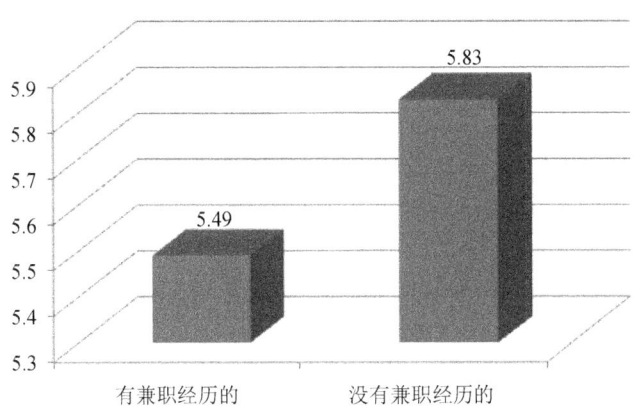

图10-45　兼职经历与消极应对

从图10-45可以看到，有兼职经历的求职者在压力的消极应对方式上的得分显著低于没有兼职经历的，说明有过兼职经历的求职者在应对压力的方式上更多地采用积极的自我调整，而更少采用消极应对。

4. 是否担任过学生干部与消极应对

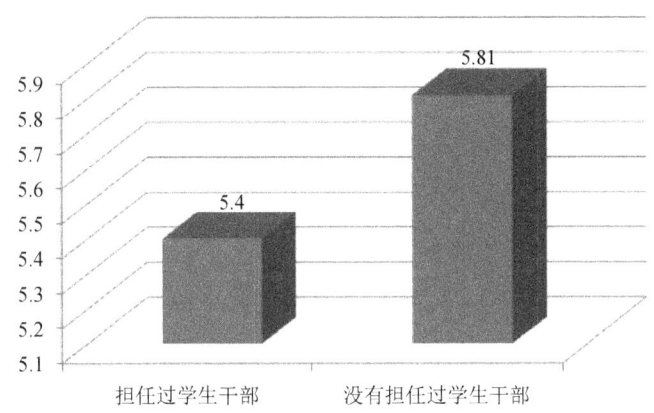

图10-46　是否担任过学生干部与消极应对

图10-46表明，担任过学生干部的求职者更少采用消极应对。

5. 期望工作地点与消极应对

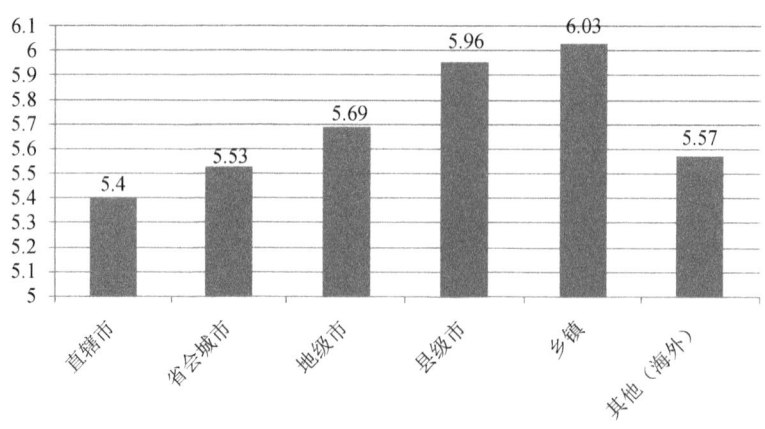

图10-47　期望工作地点与消极应对

与前面的压力体验趋势相似：求职者的消极应对随着期望工作地点的边远化而越发明显，而选择去海外的求职者反而更少采用消极的应对方式。与期望去大城市工作的求职者相比，期望去乡镇工作的求职者在压力应对方式上更多地采用消极的诸如回避、独自忍受之类的方法，也正因为如此，他们反而体验到更多的压力。因此，如果只是想回避现实的压力而期望去边远的乡镇工作，其实并不能真正地减缓压力。只有提高自身的综合实力、正视各种现实压力才是应对压力的正确途径（见图10-47）。

6. 毕业选择与压力应对

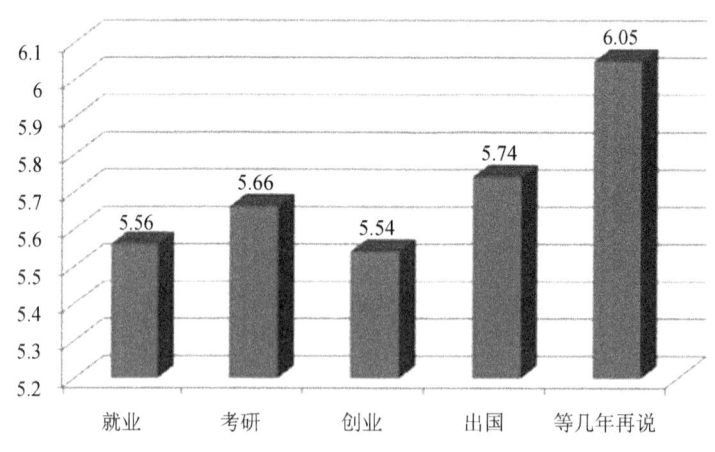

图10-48　毕业选择与压力应对

相对于其他就业选择的求职者来说，选择毕业后等几年再说的求职者本身就是奉行回避与拖延的人生哲学，因此，他们在消极的压力应对方式上的得分显著地高于其他几类求职者也就不足为奇了（见图10-48）。

四、幸福感

从2012年开始，我们在调研中增设了有关幸福感的相关问题。今年得到的结果如下：

1. 幸福感的人群分布

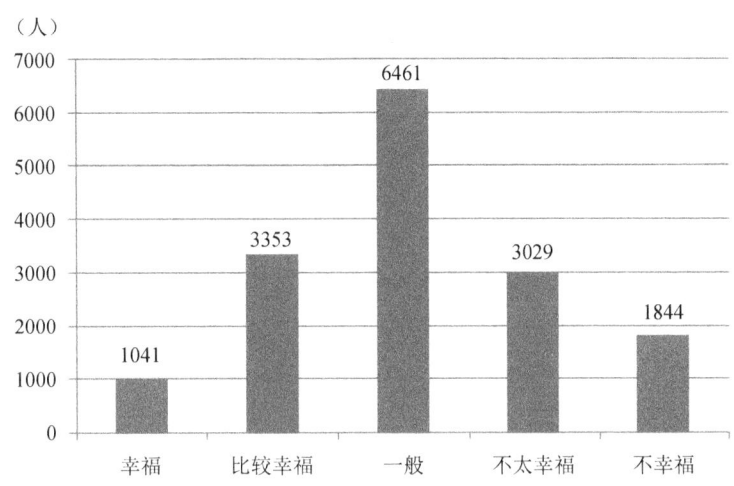

图10-49　幸福感的人群分布

可以发现调查对象处于偏向不幸福的状态（反向计分：分值越大幸福感越低。平均数为3.08，略大于中位数3），其中，感觉幸福的人数为1041人（6.6%），比较幸福的3353人（21.3%），一般的6461人（41.1%），不太幸福的3029人（19.3%），不幸福的1844人（11.7%）。与去年的偏向于幸福的状态相比，今年的求职者偏向于不幸福的状态，这种幸福感下降的结果也从另外一个侧面印证了今年的就业压力在增加（见图10-49）。

2. 幸福感与压力体验

图10-50中的结果表明，压力确实让求职者不爽！压力体验与幸福感之间几乎是直线相关。压力越大的求职者感受的幸福感越低（不太幸福、不幸福），而感受到比较幸福或幸福的求职者体验到的压力也越小。

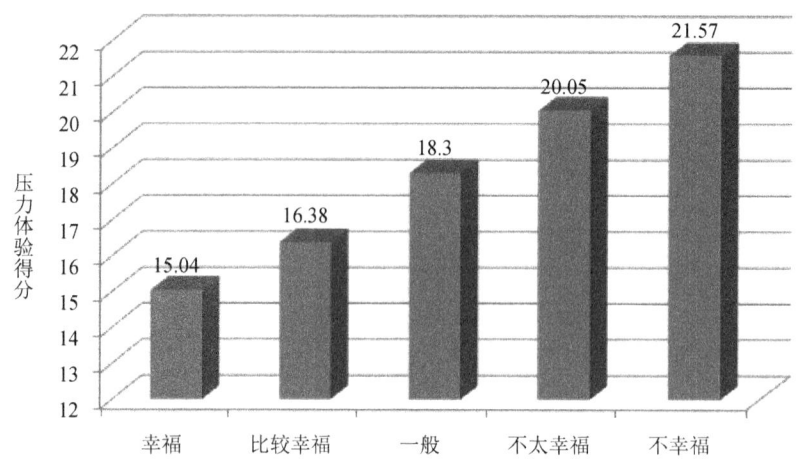

图10-50 幸福感与压力体验

第三部分：变化趋势

一、就业压力趋势

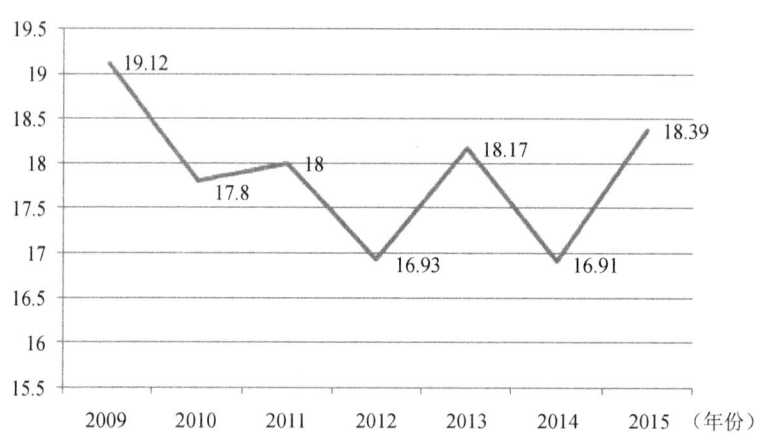

图10-51 2009—2015年就业压力趋势

对2009—2015年的压力感受进行单因素方差分析，差异显著；事后检验结果显示，2015年的压力感受（18.39）与2009年（19.12）、2010年（17.8）、2011年（18）、2012年（16.93）、2014年（16.91）的压力感受之间的差异显著，仅与2013年（18.17）的压力感受差异没达到显著水平，说明2015年的就业压力显著低于2009年的水平，但显著高于2010年、2011年、2012年以及2014年的水平,而与2013年处于相当的水平(见图10-51)。

在经历了2013年所谓的"史上最难就业季"之后,2014年的就业压力也并没有出现预期的"没有最难,只有更难"的现象,相对于2013年的就业压力水平来说,2014年求职者的压力感受下降明显,回落到了2012年的水平。但到了今年,就业压力再次提高,甚至略高于2013年的就业压力水平,在历年就业压力中排名第二,仅次于2009年的水平。从2009年至2015年的就业压力总趋势也可以看出,就业压力呈波浪形,下降与上升逐年交替进行,而并不是直线形的上升或者下降,只不过起伏的幅度不同罢了。

二、期望月薪变化趋势

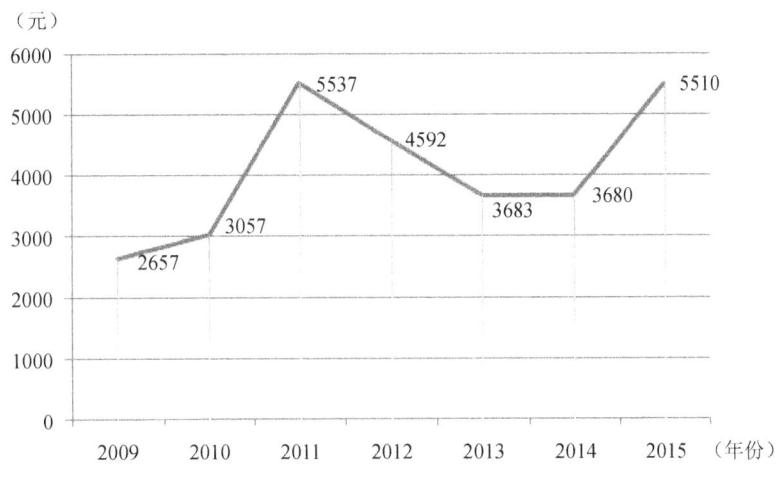

图10-52 2009—2015年期望月薪变化趋势

相比2014年的期望月薪平均值3680元,今年的期望月薪增长了近2000元(1830元)而达到了5510元。从连续7年的调查数据来看,2011年的期望月薪最高,平均达到5537元,在2012年、2013年分别下降到4592元和3683元,每年降幅都在1000元左右。2014年的期望月薪均值为3680元,与2013年持平。而到了2015年,期望月薪又有了大幅提高,达到了5510元,与2011年的最高值(5537元)基本持平(见图10-52)。物价在上涨,职场的总体工资也在上涨,求职者的期望月薪也随之水涨船高,但这种过大的增幅也从另外一个侧面加大了求职者的就业压力。

三、期望工作地点的总趋势

从图10-53中可以发现,连续5年的结果都显示"省会城市以及计划单列市"这样的二线城市在求职者选择工作地点时都是最受欢迎的,其次是"地级市",第三才是"直辖市"这样的一线大都市。二线城市的受欢迎程度连续5年都是稳居第一位,并且远高于其他工作地点。

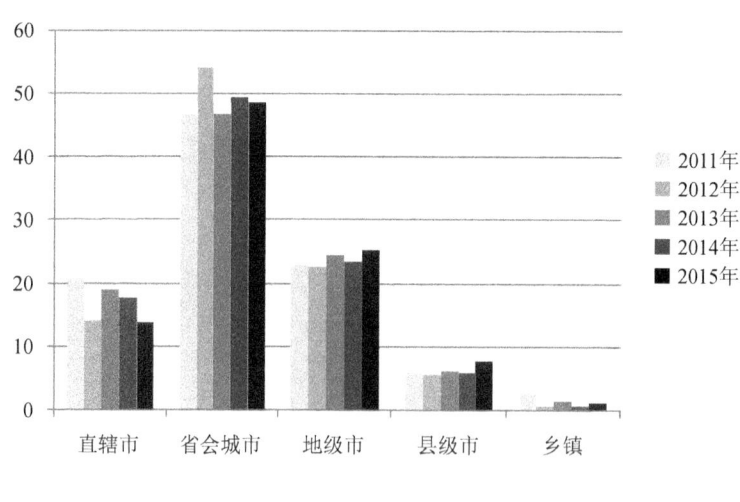

(a)

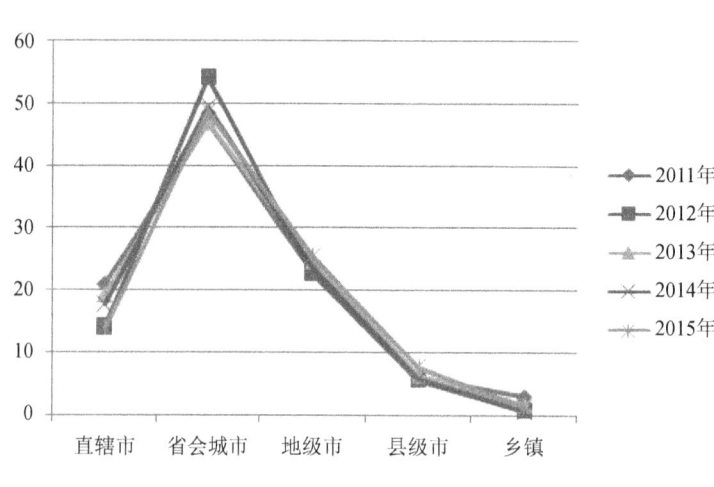

(b)

图10-53 2011—2015年期望工作地点的变化趋势

四、去基层工作意愿的总趋势

从图10-54、图10-55、图10-56中可以看出，2009—2015年表示"愿意""不愿意""可以考虑"去基层工作的人群比例虽然偶有起伏，但从这7年的总体趋势来看：明确表示"不愿意"去基层工作的求职者比例呈缓慢下降趋势；表示"可以考虑"的比例呈现总体上升趋势，但是2014年到2015年有一个明显的下降趋势；表示"愿意"去基层工作的求职者比例呈缓慢下降趋势，但2014年到2015年有一个明显的提升趋势。表明求职者对于去基层工作的态度总体上越来越开放、越来越清晰。

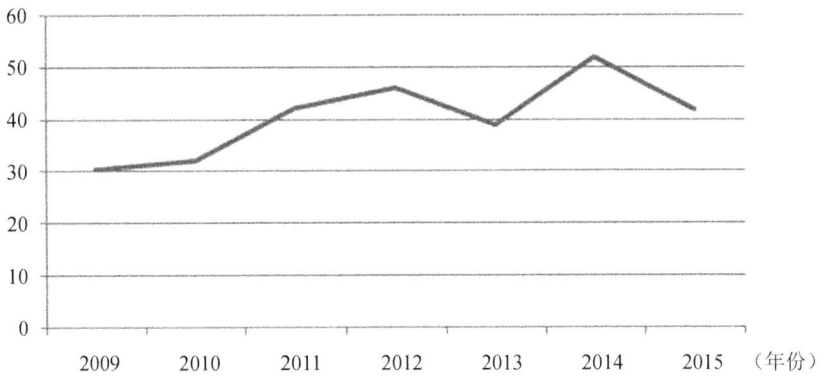

图10-54 2009—2015年去基层工作意愿（可以考虑）

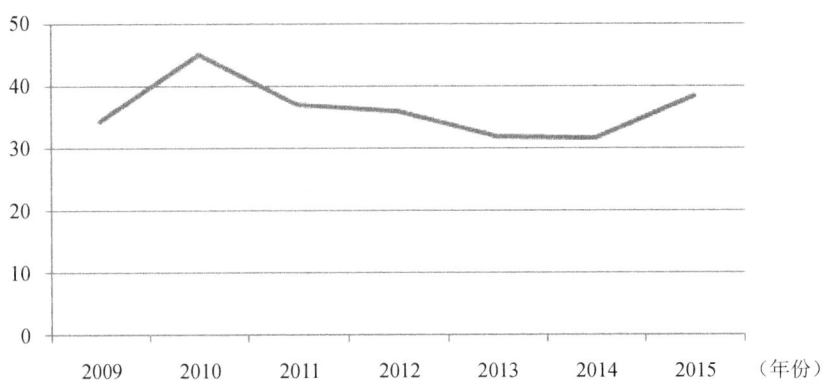

图10-55 2009—2015年去基层工作意愿（愿意）

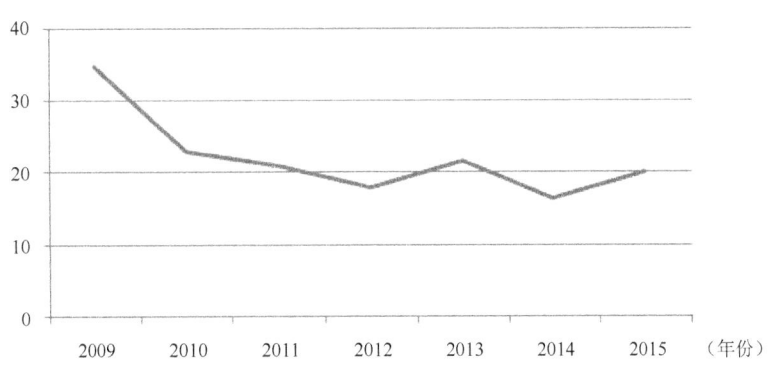

图10-56 2009—2015年去基层工作意愿（不愿意）

五、毕业选择的总趋势

图10-57的结果表明,毕业后选择直接"就业"的依然为主体人群,并且在比例上较2014年有明显的上升;相反,2015年选择"考研"的比例较前一年有明显下降、选择"创业"的人群不仅相比去年有所增长,而且也明显超过2015年选择"考研"的人群比例。这些结果表明,高学历不再是求职者所追求的主要目标,往年的考研大军今年已有相当一部分分流到了直接就业和创业这两支队伍中去了。这可能也是导致今年就业压力回升的原因之一。

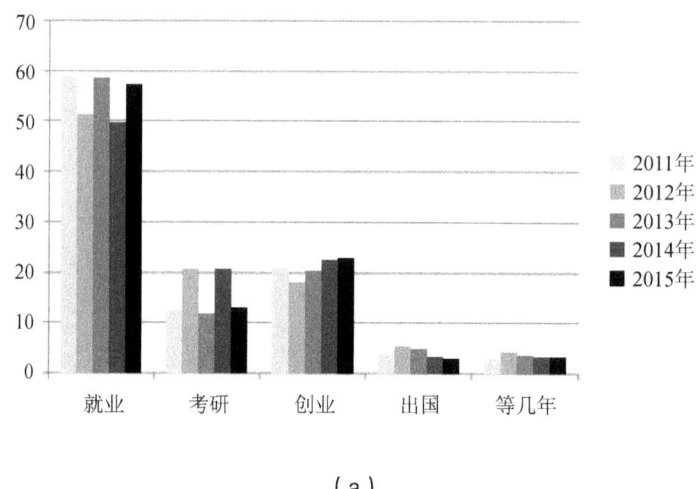

(a)

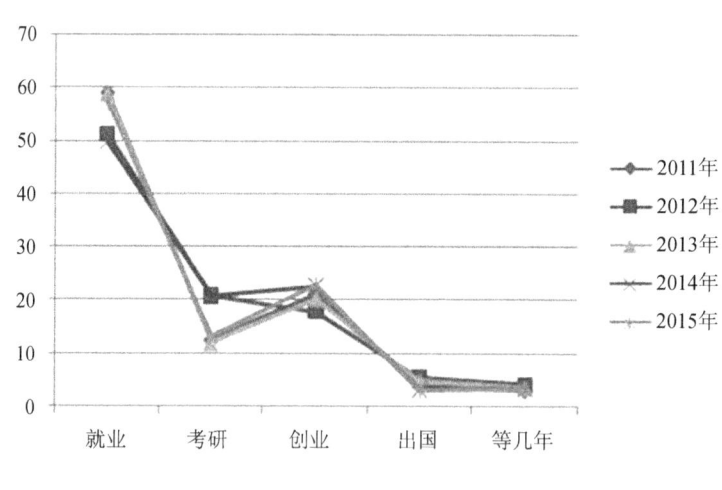

(b)

图10-57　2011—2015年毕业选择的变化趋势

六、幸福感总趋势

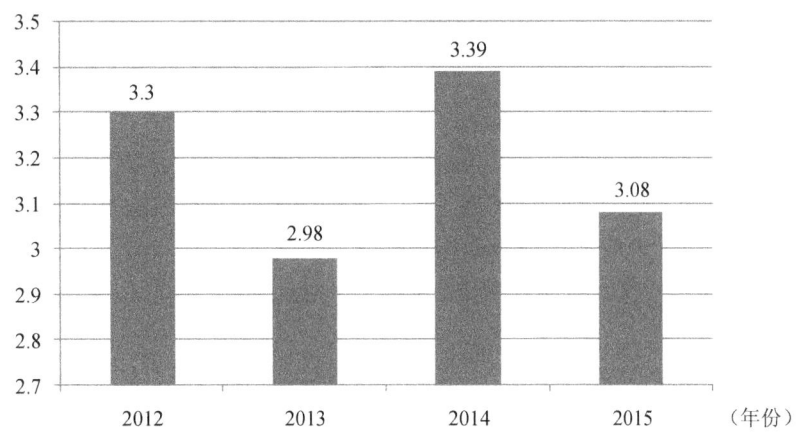

图10-58　2012—2015年幸福感趋势

从2012年增加了有关幸福感的题目之后，这4年的幸福感均值以2013年为最低，2014年显著提高，2015年相对2014年又有了明显的降低。如果比较这几年的就业压力趋势图，就会发现：就业压力与当年的幸福感成反比，就业压力越大，幸福感越低；就业压力越小，幸福感越高。表明就业压力显著影响了当年求职者的幸福感水平（见图10-58）。

第四部分：思考与建议

一、发现与思考

连续7年的大学生就业压力调查，每一年的调查结果都会有一些新的发现。从本次调查来看，2015年的大学生就业压力总体上呈现出以下几个显著特点：

1. 就业压力总体回升

连续7年的调查结果显示：尽管就业人数连年攀升，但就业压力并没有随着人数的增加而直线上升，在外界传言"没有最难，只有更难"的2014年，高校毕业生人数首次突破700万人，但实际的就业压力不仅没有在2013年的基础上随就业人数的增加而水涨船高，相反还出现了明显的回落，总体的就业压力回落到了2012年的相当水平；今年的就业压力相比2014年有了显著的回升，甚至还略高于2013年度的水平，在7年的连续调查中处于第二高的水平，仅次于最高的2009年。

2. 期望月薪再次反弹

与就业压力回升同步的是，2015年的期望月薪也出现了显著的增长，增幅接近2000元（1830元），接近了2011年的最高水平（5537元）。

过高的期望往往会带来更大的压力，合理的期望反而会降低压力。

从2009年到2015年，每一年的平均期望月薪分别是2657元、3057元、5537元、4592

元、3683元、3680元、5510元，相对于前一年的水平，2011年的期望月薪几乎翻了一番而达到虚高的最高值，随后在2012年、2013年连续两年持续下降，几乎每一年的降幅都接近1000元。2014年的期望月薪与2013年基本持平，2015年的期望月薪又有了明显的增幅，这种过高的增幅实际上揭示的可能就是求职者过高的期望，因此，就业压力的增加也就不足为奇了。

3. 二线城市持续受宠

连续几年的调查结果一致显示：在选择期望工作地点时，大学生求职者对省会城市与计划单列市这样的二线城市的选择比例每年都在50%左右。其次选择的工作地点是地级市，而以直辖市为代表的一线城市仅排在第三位。

相对于排在前三位的工作地点来说，选择以县级市以及乡镇为工作地点的人数则少的太多了。

4. 学校越好压力越小

就业压力明显与求职者所在高校的类别有关：以211高校为代表的重点高校的求职者所体验到的就业压力，明显低于来自普通高校的求职者的就业压力。重点高校的学生本来就在整体素质上有优势，加上综合资源的差异以及求职过程中用人单位的偏向性，让一般院校的求职者更加体验到找到理想工作的不容易。

5. 考研热情持续走低

内外冲突常常是导致压力的主要原因，不想考研但实际上还是考了，其结果就会导致"高压硕士"现象的出现。

在"毕业选择"的意愿中，选择直接就业的毕业生每年都是主流，选择考研的人群比例有升有降，但今年想考研的人群比例相比2014年又有了进一步的下降。

在本项调查开始的最初几年（2009年、2010年、2011年），我们发现了就业的"高压硕士"现象，即在专科生、本科生、硕士生、博士生四类人群中，以硕士生的就业压力最为显著，因此在2011年的调查中我们增加了"毕业选择"的题目，以探讨就业的"高压硕士"现象产生的深层原因，结果发现，"被考研"（不想考研而实际上参加考研了）是导致"高压硕士"现象的一个重要原因。2011年的"毕业选择"中有考研意愿的只占总人群的13%，而实际上参加考研的人群比例为23%，因此，当年的"高压硕士"现象依旧显著；2012年有考研意愿与实际考研的人群比例分别为21%和25%，比例接近，"高压硕士"现象消失；2013年有考研意愿与实际考研的人群比例分别为12%和26%，差距再次拉大，"高压硕士"现象再次抬头；2014年的毕业生人数比2013年增加了将近30万，但实际考研人数反而下降了8万，实际考研比例为24%，有考研意愿的为21%，两者很接近，"高压硕士"现象消失；今年的毕业生人数相比2014年增加了22万，实际考研人数却减少了6.5万，但实际考研比例并没有减少多少（2015年为22%，略低于2014年的24%），远高于想考研的比例（13.2%），因此，2015年的"高压硕士"现象再次出现了。

6. 创业热情持续高涨

连续几年的调查发现，每年有创业意愿的人群比例都在20%左右，2014年为22.7%，比2013年的20.4%上升了2.3个百分点，但实际上大学生毕业后每年真正走向创业的人群比例还不足2%，两者差距都在10倍以上，2015年有创业意愿的人群比例为23%，超出想考研的（13.2%）近10个百分点。

7. 职前职后重点不同

调查发现，求职者在入职前后的偏重点有所不同：入职前看重的是专业技能，入职后看重的是沟通能力和抗压能力。因此，对于在校的大学生来说，除了掌握过硬的专业技能之外，还应该注重沟通能力、抗压能力的培养和提升，这样一旦离开学校就可以更顺利地进入职场，更好地适应职场环境。

8. 实践意识已成主流

连续几年的调查都发现了一个特别好的现象，即大学生的实践意识已成常态和主流，包括在校期间担任学生干部（含各类社团干部）和从事兼职社会工作，这两类人群的比例在历年的调查中都维持在总体人群的一半以上，有时甚至超过七成。进一步分析发现，这些有过兼职与担任过学生干部经历的求职者不仅在压力应对方式上更为积极主动，而且他们在求职时能体验到更低的压力感、更高的幸福感。这种主流的实践意识会帮助大学生更好地提升就业能力以及应对就业压力。

9. 幸福指数有所下降

幸福感与压力体验直接相关。2013年被称为"史上最难就业季"，总体的就业压力确实也在前几年里是最高的，参与调查人群相应的幸福感偏低；而2014年的就业压力总体上低于2013年（与2012年的就业压力水平相当），参与调查人群的幸福感指标也相应地有所提升，而且在总体人群的幸福感分布上略微偏向"幸福"一侧；2015年的就业压力明显回升，不仅显著高于2014年，甚至还略高于2013年，因此，求职者的幸福感也随之下降。看来压力确实显著影响人们的幸福感，因此，缓解求职者的就业压力也就显得更加重要和必要了。

二、建议与对策

每年的大学生就业压力调查，我们都是本着帮助大学生求职者"挑战就业压力，提升就业能力"的基本理念，试图从心理学的角度出发，调查和分析大学生求职者的就业压力现状、压力应对模式等，期望在为各级政府、高校以及与大学生就业相关的各类专业机构、用人单位、学生家长等提供相应的参考与依据的同时，更期望能为在校大学生尤其是即将走上社会的毕业生以及已经走向社会的职场新人提供专业化的指导与建议。

（一）学生层面

1. 认清自我，发挥优势

俗话说"没有最好的职业，只有最合适的职业"，即便是大多数人都认为很好的职业或者岗位，只要自己不喜欢或者不擅长，最终的结果也就可想而知。年轻人的自我认知常常不是很清晰，加上盲目攀比，这些都会导致压力的产生。如果能够结合专业的心理测评，在增加自我认识的同时，做好职业规划，充分发挥自身的优势，不仅会增加求职成功的概率进而减少就业压力，而且对于求职者的职场晋升、幸福感提升乃至终身发展等都会产生积极长远的影响。

2. 管理情绪，提升能力

就业能力的提高显然都是硬指标，但就业能力常常受情绪的影响。

几乎每年的调查都发现：在衡量压力大小的三项指标中，情绪指标基本上都是最为突出的，均高于生理指标以及行为指标。表明年轻的求职者在情绪管理的意识与技能方面都需要加强，只有这样才能够真正提高自身情商，从而提升就业能力。

3. 降低期望，缓解压力

调查发现，从总体来看，过高的期望月薪常常与高的就业压力相伴而行。因此，适当地降低期望值（包括月薪、环境等）也是有效缓解就业压力的措施之一。当然，掌握一个合适的度也很重要，过低的期望揭示的可能是不自信，这样反而会增加求职者的就业压力。

4. 表里如一，减压之道

每年的调查显示：实际考研人群比例与有考研意愿的人群比例如果相差不大，那么"高压硕士"现象消失，如果相差很大（2015年的数据：22%对13.2%），则硕士人群的就业压力明显增加。其原因就在于想法与做法不同，表里不一。

另外，连续的调查结果都一致显示：二线城市最受求职者欢迎。但是否这些愿意去二线城市就业的求职者真的去了二线城市？还是他们虽然心里想去，实际上依然挤在一线城市就业了呢？这方面的数据还有待进一步核实。

知道自己到底要什么，并且在现实中还能够真正地跟随自己的内心，这样做到表里如一的求职者，就业压力自然就小了。

（二）社会层面

1. 政府：加强政策落实，加大扶持力度

既然每年都有20%左右的毕业生有创业意愿、二线城市总是最受欢迎，那么，政府对大学生创业，在将政策落到实处的同时，完全可以加大扶持力度；对于大学生真正走向二线城市的分流措施也同样可以进一步加强和完善。只有这样，那些有创业意愿的大学生才能真正走向自主创业之路，那些"可以考虑"去基层工作的态度模糊的求职者才能被可以看得见的好处所吸引而真正走向基层。

2. 媒体：加强正面宣传，正视就业压力

媒体似乎总喜欢负面的新闻点，一些本来很正常的现象，一旦被媒体作为负面新闻报道之后，又会产生进一步的消极影响，从而形成恶性循环。虽然今年的就业压力明显回升，但就业压力也并非洪水猛兽那样可怕。就业压力有涨有落也是很正常的事，作为媒体没有必要过分渲染。媒体完全可以客观地报道，引导大众（包括毕业生）正视就业压力，甚至帮助大学生求职者更好地利用各种资源顺利就业。

3. 高校：加强特色教学，满足社会需求

调查中发现，重点高校的求职者更重视专业技能和考研，普通高校的求职者更重视沟通能力和创业，因此，不同的高校，可以根据高校自身以及学生特点，结合社会的实际需求，开设一些特色专业和课程，以促进学生的考研和就业。高校的教学与培养模式应该面向社会，以社会需求为导向，适当调整专业与课程设置。我们的调查结果有一点非常令人欣慰的就是：如今大学生的实践意识已成主流并呈现常态化的趋势。这一点与高校的具体支持分不开。事实上，高校还可以进一步整合各类资源，在为本校学生提供校内资源（就业指导、职业规划、心理咨询等）的同时，完全可以采用"请进来"与"走出去"相结合的方式，尝试进行一定程度的开放式教学："请进来"，即聘请更多有实践经验的社会人士为客座教授;"走出去",即加大大学生实践基地建设。同时,结合各高校各专业自身的特点与优势,加强课程的实用性改革,这样培养出的人才才是社会真正需要的。

4. 家长:加强心理支持,尊重孩子的选择

对于大学生就业,家长的干预越大越不利于大学生独立与成长,尤其是心理成长。进入大学是子女离开父母走向相对独立的关键一步,但仍然只是一小步,因为大学生们所处的环境依旧是自己所熟悉的校园,任务也依旧是自己所熟悉的学习,人际关系同样依旧是自己所熟悉的年龄相仿的同学关系。这种熟悉并不能让大学生的心理真正成熟起来,而走向社会的就业考验却能够做到这一点。如果说进大学与选专业有相当一部分是家长的主意的话,那么,就业或考研或创业,大学生们应该会有更多自己的主张。作为家长,此时的角色更多的应该是参谋与心理支持,即便面对的是严峻的就业形势,相信自己的子女能够很好地做出选择,尤其是对于选择自主创业的孩子,家长的支持就显得更加重要了。

5. 相关机构:加强桥梁作用,引导指导结合

社会上与就业相关的各类机构,包括就业网站、就业指导机构、面试辅导机构、人才中心、职业介绍机构、心理咨询机构等,都有责任发挥各自的资源优势,为高校毕业生提供信息、牵线搭桥、提供辅导,以利于大学生顺利就业,从而真正提高有实际意义的大学生就业率。

6. 用人单位:增强公平意识,减少就业歧视

在就业过程中,性别歧视、生源歧视等不正常现象屡见不鲜。调查中发现,普通高校的求职者比重点高校的求职者体验到更大的压力、来自乡镇的求职者比城市生源的求职者体验到更大的压力。如果用人单位在大学生求职者时能够不问出身,只看重求职者自身的真正能力,让求职者感到用人单位选人的公平性,那么,求职者的就业压力也自然会减缓许多,从而帮助更多的求职者成功就业。

附件9:南京旅游职业学院大学生创新创业教育学分管理办法

为培养学生的创新创业精神和实践能力,促进学生个性发展,鼓励人才冒尖,落实创新创业教育学分制度,特制定本管理办法。

第一条 创新创业教育学分是指全日制专科生在校期间根据自己的特长和爱好,参与以培养创新创业意识与能力为主的科研训练和创新创业实践活动所取得具有一定创新意义的智力劳动成果或其他优秀成果,经认定获得的学分。

第二条 学校成立创新创业教育学分评审委员会。委员会由教务处负责人及学工相关人员组成,负责对学生创新创业教育学分认定范围的确认。教务处具体负责管理大学生创新创业教育学分的申请受理工作,协助委员会进行认定,公布创新创业教育学分认定结果。各学院成立创新创业活动领导小组,组织创新创业活动,并负责学分的审核工作。

第三条 创新创业教育学分认定范围主要包括:

1. 科研训练项目及论文、论著、专利等成果。
2. 各级各类学科竞赛、技能竞赛和文体比赛。

3. 创业教育及实践。
4. 社会实践与社会工作。
5. 各类技能证书。
6. 经认定的其他活动或项目。

第四条 学分认定

一、学分类型及认定部门

根据创新创业学分的性质不同，分为科技创新类学分、人文素质类学分和职业技能类学分。

1. 科技创新类学分。包括学科竞赛、创新创业训练计划、学术论文、专利、科研助手、创业教育和创业实践活动等，均可根据结题情况和取得的成绩认定科技创新类学分，该学分由教务处和学工处负责认定。

2. 人文素质类学分。学生参加由学校组织的相关社团活动、理论与人文类竞赛活动、群众性（非专业）文艺体育活动、养成教育、社会实践活动等，可根据活动过程或取得的成果获得人文素质类学分，该学分由学工处、团委、基础部负责认定。

3. 职业技能类学分。学生参加学校或学校认可的机构组织的技能测试或各类职业资格、专业技能的培训和考证等活动，取得相应成绩或证书，可获得职业技能类学分，该学分由培训处、继续教育学院、教务处负责认定。

二、学分认定的基本规则

1. 学生参加各类项目取得立项的级别和等级是认定学分高低的重要依据。项目的级别由组织单位级别决定，且必须以结题为认定学分的依据。

2. 集体奖项中每一位参与学生获得的学分均计满分。论文、项目、作品、专利类等集体成果，参与学生根据项目不同分别计分。

3. 同一项目成果在学分认定时，遵循就高成果原则，不重复认定。

4. 创新创业学分的成绩按获得的总学分进行转换来记载。学生获得创新创业学分多于或等于10学分的，成绩记载为"100"，学分记载为4学分；多于4学分而少于10学分的，成绩记载为"90"，学分记载为4学分；等于4学分的，成绩记载为"85"，学分记载为4学分；少于4学分的，成绩记载为"0"，学分记载为实际获得的学分，具体学分认定标准见表10-4。

三、学分认定的程序

1. 学校每年12月进行创新创业学分认定工作，毕业生在每年毕业前完成最终审核认定。

2. 在同一个年度内取得的各类成果学生需提出创新创业学分申请，同时提供各类成果证明，根据学分的不同类型，交相应学分的认定部门审定。

3. 学分认定部门根据南京旅游职业学院大学生创新创业学分认定标准表，对学生创新创业活动的学分类型和学分数进行认定，并将认定结果返回给学生所在学院。

4. 经学院初步审核后统一上报给教务处，教务处进行终审。

5. 此办法从2016级学生开始实行。

本办法自发布之日起实施，由教务处负责解释。《南京旅游职业学院关于印发大学生创新创业教育学分管理办法（试行）的通知》。

表10-4 南京旅游职业学院大学生创新创业学分认定标准表

学分类型	一级项目	二级项目	认定内容或等级		分值	认定依据及部门
科技创新类	科研创新训练	论文或文艺术作品发表	SSCI、A&HCI、SCI检索期刊		8	有正式刊号的刊物，提供刊物目录和录用论文索证明，第一作者得满分，第二、第三作者得分减半，第三作者后不得分，教务处认定
			校核定的一级期刊		6	
			外国刊物定的一级期刊		4	被检索的论文提供论文检索证明，第一作者得满分，第二、第三作者得分减半，第三作者后不得分，教务处认定
			其他公开发表的论文或文艺学术作品（摘要不计）、国际学术会议论文		2	
			译文、校级及以上报刊发表的文章、文学艺术作品等		1	
		专著、译著	国家一级出版社		6	"国家一级出版社"以当年学校公布的目录为准，第一作者得满分，第二、第三作者得分减半，第三作者后不得分，科研开发处认定
			其他出版社		3	
		科技成果			4	提供科技成果证明，第一作者得满分，第二、第三作者得分减半，第三作者后不得分，科研开发处认定
					2	
		发明、专利及软件著作	发明专利		8	提供专利授权证书、软件著作权证书等，第一作者得满分，第二、第三作者得分减半，第三作者后不得分，教务处认定
			实用新型专利		2	
			外观设计专利		1	
			软件著作类		1	
		创新创业训练计划项目	创新创业训练计划、新苗人才计划、科研助手	国家级	6	根据学生取得立项并以项目结题为依据，科研助手期满考核合格，项目负责人得满分、成员得分减半，教务处认定
				省部级	4	
				校级	2	

续表

学分类型	一级项目	二级项目	认定内容及等级	分值	认定依据及部门
科技创新类	学科竞赛	学科竞赛	一类竞赛国家级一等奖及以上	8	提供获奖证书或获奖文件，不重复计分，教务处认定
			一类竞赛国家级二等奖	6	
			一类竞赛国家级三等奖	4	
			二类竞赛国家级一等奖及以上	4	
			二类竞赛国家级二等奖	3	
			二类竞赛国家级三等奖	2	
			一类竞赛省级一等奖及以上	6	
			一类竞赛省级二等奖	4	
			一类竞赛省级三等奖	2	
			二类竞赛省级一等奖及以上	3	
			二类竞赛省级二等奖	2	
			二类竞赛省级三等奖	1.5	
			校级比赛一等奖	1.5	
			校级比赛二等奖、三等奖	1	

210

续表

学分类型	一级项目	二级项目	认定内容或等级	分值	认定依据及部门
科技创新类	创业实践	创业教育	各类创业培训、各类创业教育、模拟公司创业实训、网上创业项目、学生参与教师创业项目、创新创业类通识限选课等课程并考核合格	1	提供证书、项目结题文件。教务处、学工处认定
		创业实践获奖	国家级	8	提供获奖证书或获奖文件,不重复计分,负责人得满分,成员得分减半,学工处认定
			省级	6	
			获创业团队考核优秀	4	
			获创业团队考核良好	3	
			获创业团队考核合格	2	
			其他获资助的校创业团队	1	
		校外创业实践	拿到地方创业基金、风险投资基金或进入地方创业基地	4	提供相关证明,负责人得满分,成员得分减半,学工处认定
		网上创业实践	网上商店获三钻或相应等级	2	提供相应证明或证书;负责人满分,其他成员减半,学工处认定
			开办网上商店获1~2钻或相应等级	1	
	讲座	参加学校集中组织的各类讲座	校内外创新创业、人文素质和学术讲座	1	要求听各类讲座5次及以上,每次0.2分,上限为1分,不到5次不得分,团委认定
	出国游学	出国考察与学习	参加学校组织的出国考察、出国学习经历	2	要求出国考察和学习1周及以上,国际交流中心认定

211

续表

学分类型	一级项目	二级项目	认定内容或等级		分值	认定依据及部门
人文素质类	人文素质提高	学校组织的理论与人文、职业技能类竞赛（含演讲与辩论活动）	职业竞赛类：导游技能大赛、餐饮摆台大赛、烹饪技能大赛。人文社科类：理论征文比赛、主持人大赛、演讲赛、辩论赛、语言文字类竞赛等	国家级一等奖及以上	4	提供获奖证书或获奖文件，不重复计分，相关选系、学工处、团委认定（备注：①参加人文社科类竞赛，不重复计分，每次0.5分；②现场观摩学习人文社科类竞赛，每次0.2分）
				国家级二等奖	3	
				国家级三等奖	2	
				省级一等奖	3	
				省级二等奖	2	
				省级三等奖	1	
				校级一等奖	2	
				校级二、三等奖	1	
		由基础部组队参加的体育竞赛	全国运动会前八名		8	提供获奖证书或获奖文件，取当年最高成绩，不重复计分。其中一等奖与名次的互换方式：获得一等奖队的数量除以2；该队实际名次为：比赛级别的确定
			江苏省运动会前八名		6	
			全国旅游院校田径运动会、江苏省大学生运动会前五名		6	
			全国旅游院校、江苏省大学生运动会前六名		4	
			全国旅游院校、江苏省大学生运动会前七名		4	
			全国大学生单项协会组织的赛事、江苏省大学生单项协会组织的第一名		3	
			华东区旅游院校体协举办的赛事、全国大学生单项协会组织的赛事、江苏省大学生单项协会组织的赛事第二、第三名		4	
			华东区旅游院校体协举办的赛事、全国大学生单项协会组织的赛事、江苏省大学生单项协会组织的赛事第四至八名		3	
			华东区旅游院校体协举办的赛事、江苏省大学生单项协会组织的赛事的第四至八名		2	
			任校基础部举办的各项赛事中获得前三名		1	

212

续表

学分类型	一级项目	二级项目	认定内容或等级	分值	认定依据及部门
人文素质类	人文素质提高	学校组织的群众性（非专业）文体活动	文化艺术类："129"合唱比赛、大学生艺术节、迎新晚会、师生大联欢、艺术讲座、毕业典礼演出		提供获奖证书或获奖文件，不重复计分，若团体项目分数减半，团委认定
			体育竞技类：趣味运动会、踏"飞燕"团学干部羽毛球竞赛		
			人文社科类：我的青春故事报告会、南旅大讲堂、社团巡礼、社团活动		
			校级一等奖（第1名）	2	
			校级二等奖（第2-3名）	1.5	
			校级三等奖（第4-6名）	1	
			参加文体活动	0.5	
			观摩各项活动	0.2	
		举办个人艺术专场	学生举办个人独唱、独奏、个人画展、设计展等		由学院提供证明，学工处、团委认定
			市级及以上	2	
			校级	1	
		社会实践活动	获得省级、市级以上先进团队的成员	2	活动组织单位提供考核意见。已列入教学计划中的思想政治理论课社会实践的活动时数、实践成果不得再次获得本类学分，团队负责人满分，成员减半，团委认定
			获得校级先进团队的成员、先进个人或优秀调查报告获得者	1	
			参加学校集中组织的、有指导老师参与的课外社会实践活动（7天以上）	3	
职业技能类	职业技能培训	职业水平能力类证书	大学英语等级考试证书		提供证书，仅限非英语学生，各证书不累计学分，教务处认定
			六级 成绩达总分70%及以上	3	
			六级 成绩达总分60%及以上	2	
			四级 成绩达总分60%及以上，艺术类三级成绩达总分60%及以上	1	

续表

学分类型	一级项目	二级项目	认定内容或等级		分值	认定依据及部门
		大学英语口语证书	合格		1	提供证书，仅限非英语学生，各证书不累计学分，教务处认定
		托福（TOEFL）	英语专业学生：成绩90分及以上 非英语专业学生：成绩80分及以上		2	
		雅思（IELTS）	英语专业学生：成绩6.5分及以上 非英语专业学生：成绩6分及以上		2	提供成绩证明，各证书不累计学分，教务处认定
		托业（TOEIC）	成绩达总分80%及以上		2	
职业技能类	职业技能培训	职业水平能力类证书	英语专业四级证书	及格	1	提供成绩证明和证书，教务处认定
				良好	1.5	
				优秀	2	
			英语专业四级口语证书	及格	1	提供成绩证明和证书，教务处认定
				良好	1.5	
				优秀	2	
			英语、日语专业八级证书	良好	1.5	提供成绩证明和证书，教务处认定
				合格	1	
			上海市外语（英、日）口译岗位资格证书	中级	2	提供证书，教务处认定
				高级	3	
			国家人事部口译证书	2级	2	提供证书，教务处认定
				3级	4	
			商务英语证书（BES）	2级	2	提供证书，教务处认定
				3级	3	

续表

学分类型	一级项目	二级项目	认定内容或等级		分值	认定依据及部门
职业技能类	职业技能培训	职业水平能力类证书	日语能力考试一级证书	日语专业学生：成绩100分及以上 非日语专业学生成绩90分及以上	2	提供成绩证明，教务处认定
			国家普通话等级证书	二级及以上	1	提供证书，教务处认定
			计算机等级考试证书	全国二级以上	2	参加由学校组织的考试，提供证书，仅限非计算机专业学生，各证书不累计学分，教务处认定
				全国二级	1	
				省高校三级合格	1	
			教育部ITAT认证	工程师	2	提供证书，教务处认定
				单科	1	
			计算机技术与软件专业技术资格（水平）证书	高级	3	提供证书，教务处认定
				中级	2	
				初级	1	
			社会艺术水平考级证书	国家级高级（9~10级）	2	参加由学校认可的单位组织的考试，提供证书，同类证书不累计学分，因委，教务处认定
				非本专业学生 国家级中级（6~8级）	1	
			全国信息化工程师-GIS应用水平考试证书	二级	2	提供证书，教务处认定
				一级	1	
			国家司法考试	合格	2	提供证书，教务处认定

续表

学分类型	一级项目	二级项目	认定内容或等级		分值	认定依据及部门
职业技能类	职业技能培训	国家职业资格类证书	高级工（三级）		2	提供证书，同一职业证书（以高等级计）不累计学分，继续教育学院、教务处认定
			中级工（四级）		1	
		行业认证证书	国内外知名企业、行业协会等组织认证的各类行业从业资格和职业技能等级证书	高级或等同于高级	2	提供证书，同类证书不累计学分，继续教育学院、教务处认定
				中级或等同于中级	1	
		其他类技能证书	除上述类型外的且具有法律法规依据的所有技能证书		1~2	提供证书，同一职业证书（以高等级计）不累计学分，高级2分，中级1分，继续教育学院、教务处认定

附件10：南京旅游职业学院关于修订2016级人才培养方案的若干意见

南旅院〔2015〕 号

专业人才培养方案是人才培养工作的总体设计和实施蓝图。为使我校的人才培养模式进一步适应区域经济建设和社会发展需要，提高人才培养质量，根据《教育部关于深化职业教育教学改革全面提高人才培养质量的若干意见》（教职成〔2015〕6号）、《国务院办公厅关于深化高等学校创新创业教育改革的实施意见》（国办发〔2015〕36号）、《国务院关于促进旅游业改革发展的若干意见》（国发〔2014〕31号）、《国家旅游局 教育部关于印发〈加快发展现代旅游职业教育的指导意见〉的通知》（旅发〔2015〕241号）和教育部《普通高等学校高等职业教育（专科）专业目录（2015年）》《普通高等学校高等职业教育（专科）专业设置管理办法》（教职成〔2015〕10号）等文件精神，参照教育部《高等职业学校专业教学标准》，现对修订我校2016级专业人才培养方案提出如下指导性意见：

一、指导思想

践行社会主义核心价值观，全面贯彻落实国家教育方针，主动适应江苏经济发展需要，坚持以立德树人为根本，以服务发展为宗旨，以促进就业创业为导向，结合落实我校创建省级示范高职院校建设和"十三五"事业发展规划，建立通识教育、创新创业教育与专业教育相结合，具有我校特色的旅游职业教育教学体系，践行"以微笑和知识服务社会"的校训，着力培养学生服务的意识和能力。各专业从实际出发，突出学生主体地位，依据国家新调整专业目录和专业标准要求，完善产教融合、工学结合、校企合作的人才培养模式，积极探讨现代学徒制的人才培养，努力推行学分制，深化创新创业教学模式改革，强化专业特色和优势，注重培养学生的社会适应性，引导学生自主学习，提升学生的创新精神、创业意识和创新创业能力，以满足管理、服务第一需要的综合性高素质技术技能和管理服务型人才。

二、基本原则

（一）坚持注重素质教育和全人教育原则

要坚持育人为本，德育为先，把立德树人作为根本任务。全面贯彻国家的教育方针，加强思想政治教育，重视学生的职业道德教育，尊重高等职业教育发展规律和人才成长规律，秉承"修德尚美，勤学敏行"的育人理念，贯彻落实"精致化、专门化、特色化、国际化"的高职教育教学指导思想，培养具有优秀的人文与科学素养、深厚的专业基础、开阔的国际视野、强烈的社会责任感的未来旅游行业的技能型、应用型人才。

（二）坚持校企合作协同育人原则

对接旅游行业企业，根据旅游人才培养规律，从人才培养方案制定到产教融合的课程体系构建,从专业课程教学到实训、顶岗实习,从人才培养过程管理到人才培养质量评价,校企深度融合,共同参与人才培养全过程,努力营造有利于高素质、技能型旅游专门人才培养的校企合作育人环境,实现"专业共建、人才共育、过程共管、成果共享、责任共担"的紧密型校企合作育人机制。

(三)坚持建立先进与特色培养模式原则

研究国内外高水平院校的先进教学理念和培养方案,选择国内外高水平院校同类专业作为标杆,借鉴先进人才培养模式和经验,深化"分阶段、能力递升"工学结合的人才培养模式改革,在重点建设专业及相关辐射专业中推行现代学徒制,探索"创新创业教育+专业教育"新模式,促进创新创业教育与专业教育教学的深度融合,设计出先进合理又体现我校特点的培养方案。在遵循学院培养方案总体框架基础上,根据各专业的特点、专业建设和教学改革需要,在充分挖掘现有教学积淀的基础上,科学设计人才培养体系和课程体系,整合优质资源,重点突破,彰显专业特色。结合专业建设实际情况,选择适合本专业的人才培养模式,如"创新创业+"、产教融合、校企合作、工学交替、现代学徒、订单式、分段进阶式等。

(四)坚持专业国际化教育理念原则

探索完善与境外高校联合培养人才的新机制,扩大专业教育的对外开放度,推进国际化专业建设进程,实施示范品牌专业国际认证,按照世界旅游组织国际教育质量认证体系、高水平院校人才培养目标和国家专业标准要求设置课程体系,调整完善专业课程与国际认证接轨,鼓励完善全英文课程、双语课程建设,加大国内外优质教学资源的引进力度,提升国际化办学水平,加大国际化人才培养力度。

(五)以御冠生产性酒店为基地推进现代学徒制和"创新创业+"的人才培养模式

以御冠生产性酒店为基地,运用互联网思维和现代学徒制的理念,拓展创新创业教育空间,将创新创业教育融入人才培养全过程,渗透到教育教学各环节。开发大学生创新创业课程,培养学生的创新创业意识、创新创业精神。依托大学生创新创业中心,开展多样化的创新创业实践活动课程,提高学生创新创业的能力,以创业带动就业。

(六)坚持课程体系整体优化原则

课程设置要根据人才培养目标和职业能力的需要,坚决克服因人设置课程的偏向。在通识教育课程和专业教育课程的基础上,增加博雅课程、创新创业课程。课程体系的整体优化,要注重课程之间在逻辑和结构上的联系和融合,妥善处理好通识教育课程、博雅课程、创新创业教育课程和专业教育课程的关系,处理好专业通识课程、专业核心课程和综合实践类课程的关系,处理好课程的先行与后续、基础与专业、理论与实践的辩证关系。各院系应根据自身专业特点和实际条件,科学论证专业人才培养目标和培养要求,合理规划课程体系和课程内容,凸显专业优势。

(七)坚持学生个性化培养原则

稳步推进学分制改革,实施学分奖励制度,树立学生主体观念,尊重学生的个性发展,注重引导和培养学生的学习主动性,体现因材施教、分层教学和分类指导的思想,利用信息化课程资源,增加选修课程数量,加大学生自主选课范围,力求为学生自主选择、自主学习和独立思考留出足够的时间与空间，培养学生的创新思维与创新能力，满足学生个性化成长的需要。

三、具体修订思路

培养方案是高职院校培养人才、组织教学与管理教学的纲领性文件，是体现大学办学理念和教育模式的重要载体，也是进行人才培养质量保障的基础性文件。培养方案应该随着人才培养目标的调整、社会发展与科技进步对人才培养提出的新需求而定期进行调整。在继续保持我校2014版人才培养方案优势与特色基础上，2016版人才培养方案重点就以下方面进行修订：

（一）深化通识教育课程改革

通识教育课程由学校统一规划、建设，由教务处和相关学院系（部）共同组织实施。

1. 旅游职业素养课程改革

以先进的符合社会发展的教学理念、系统科学的教学内容和创新的教学方式方法，培养人格健全、身心健康、人文素养高、具有发展潜力的新时期旅游专业人才为己任，构建由道德素养、体育与健康素养、人文素养、科学素养和艺术素养所组成的旅游职业素养课程体系。

2. 思想政治理论课程改革

进一步推进运用现代信息技术和行业应用案例等手段扩展课程资源，完善思想政治理论课教学试点改革，要求教师从全人教育和立足行业的角度提升教学层次，优化教学过程，丰富教学方式，设置实践环节，增强实效性。

3. 大学英语课程改革

按照分类指导、因材施教的原则，非英语专业学生大学英语课程继续实行分层教学，同时强化英语应用与英语口语能力培养，体现教学的基础性、连贯性、系统性、阶段性与多样化，使不同层次的学生在英语综合应用能力方面得到充分的训练与提高。新生入学后需进行外语分级考试，确定修课类型。另再设置英语语言提高类、面试英语类、升学考试类等考试培训类大学英语选修课程，由学生自主选择。

4. 大学语文课程改革

注重课程工具性与人文性并重的性质定位，实现学生的全人教育，服务于学生的职业生涯和终身学习。以专业特色为基础，建立大学语文课程群，将教材资源模块与专业特色整合，开展大学语文教学设计，营造课内导读与课外阅读相结合的校园书香氛围。通过将阅读纳入考核体系等途径，实现从传统的教师讲述知识点转为培养学生的语文能力和阅读习惯的改革。

5. 大学计算机课程改革

根据教育部相关精神要求，从计算机技术发展的趋势和学生发展对计算机能力的需求出发，对课程体系、教学内容、教学方法进行改革，加强实践创新能力培养，进行入学计算机水平分级测试，构建"专业分类、能力分级"的分类分层级教学模式。专业分类指针对旅游类、计算机类、艺术类、设计类等专业门类的不同特点和需求，进行有针对性的教学;能力分级指根据新生实际掌握的计算机技能水平的不同,进行差异性教学。继续实施以证代考制度。

6.体育课程改革

重点突出"课内与课外紧密结合,基础课、专项课、阳光体育活动与体质健康测试紧密结合"的思想,对学校体育课程的结构设置、授课内容、教学模式、考试项目、评价方式等进行全面改革,深化体育特色课程教学、强化身体素质练习与提高、深入推进阳光体育活动等。

(二)增设创新创业教育课程,构建创新创业教育体系

围绕大众创业、万众创新和促进旅游就业等相关要求,大力开展旅游创新创业教育。教务处、学工处、团委、宣传部、招就处、各教学单位要围绕创新创业教育目标要求,紧密配合,共同谋划,协调发展,促进专业教育与创新创业教育有机融合,挖掘和充实各专业课程的创新创业教育资源,设置创新创业课程,并在传授专业知识过程中加强创新创业教育,提升学生的创新创业能力和可持续发展能力。

1.培养学生创新创业能力

增设行业趋势讲座类课程、研讨类课程、创新研修课、专业交叉综合课等,加强学生批判性思维训练,渗透"互联网+"思想,使学生在学习专业课程过程中获得本专业研究能力、创新创业能力提升的初步体验。各专业至少设置1门新型研讨课程或项目专题课程等,培养学生创新性学习的能力。

2.构建创新创业教育体系

践行创新创业教育融入人才培养全过程、专业教育与创新创业教育相融合的理念,建设依次递进、有机衔接、科学合理的创新创业教育课程体系;以改进教学方法与考核方式为抓手,正确处理创新创业教育与专业教育、课堂教学的关系;建立多元化实践平台,进一步推进创新创业教育与实践教育相结合。

3.实施创新创业学分奖励制度

学生在校期间可通过参加科研训练项目、各级各类竞赛、创业教育及实践、社会实践与社会工作、大学生创新创业训练计划、发表研究论文、申请专利等方式获得创新创业学分(科技创新类学分、人文素质类学分和职业技能类学分)。创新创业学分的成绩按获得的总学分进行转换来记载,具体可参照《南京旅游职业学院大学生创新创业教育学分管理办法(试行)》执行。

4.推进创新创业活动支撑体系建设

依托御冠酒店综合实训基地、创新创业中心和行业产业优势,进一步加强创新创业实践教学基地与平台建设,发挥创新创业孵化中心作用,建立创新创业活动指导支持体系。各专业积极聘请行业企业专家开设选修课或讲座,并鼓励聘请行业企业专家指导学生开展创新创业活动。

(三)改革专业教育类课程

1.专业教育类课程优质化建设

专业(群)课程设置根据行业市场需求,依据职业岗位(群)的任职要求,参照相关的职业资格标准,与行(企)业资深专家和高级管理人员共同研究各专业人才培养总

目标，课程方向体现前沿性、延展性、互补性，院系可根据不同专业特点分模块设置。各专业在专业核心课程中分别精选3~5门课程数作为优质课程进行建设。

2. 推进专业教育类课程国际化进程

以修订培养方案为契机，加大与国际高水平院校专业课程体系接轨，省级品牌示范专业至少开设1门全英文或双语授课课程，并不断提高英语授课的比重，提高专业课程中采用外文原版教材或参考书的比例，鼓励引进国际优质开放课程资源。采取多种方式增加学生赴境外交换学习及国外游学的机会，并给予相应学分认定。深化外语教学改革，支持院系聘请高水平外籍专业教师，适当增加全英文教学专业课程，全面提升学生在专业领域的国际交往和竞争能力。

3. 增加入学教育和专业导论课开设

各专业在人才培养方案的课程设置时必须在新生报到第一学期第一周开设"人格与应知"课程群，新生入学教育和专业导论课，不少于1学分，鼓励各专业若干优秀教师轮流授课，促进学生行业认知和专业学习的适应性，不断增强学生专业学习兴趣与吸引力。

4. 注重课程设置的更新与衔接

各专业要注重课程设置和境内外研修实习课程的有效衔接，尤其是3+2高职与本科衔接班、3+3中高职衔接班、计划单招班、注册入学专业的课程设置，并处理好专业课程间教学内容重复设置，作为此次培养方案修订的重要内容；同时，要根据本专业领域的知识发展和新业态的变化，更新课程内容，淘汰过时陈旧的课程，增加有必要开设的新课程。

（四）课程标准（教学大纲）编制优化

1. 课程标准（教学大纲）编制

参考2015版教育部普通高等学校高等职业教育（专科）专业目录和专业认证（评估）标准中对本专业课程设置的具体规定设置课程；专业（群）课程以严谨规范、优质精练为设置目标，并与开设的各专业（群）紧密结合，制定确定为各专业（群）服务的教学大纲，凡是含操作性较强的专业（群）课程以项目课程的形式开发课程标准，条件具备的院系将一些专业（群）课程的相关知识直接融入项目课程教学。

2. 改革教学与评价方式

倡导探究式、讨论式、参与式教学，建立学生导师制、助教制等，强化对学生的学习指导。理论课教学原则上均应设置一定学时的阅读参考书籍、小组研讨等课外教学环节。合理控制班级规模，40人以下小班授课比例不低于专业课总数的60%。改革学习考核评价方式，强化过程评价，加强平时考核管理，平时考核应占课程总成绩的40%~60%。积极推进基于网络学习的教学内容和教学方法改革，支持学生修读相关知名在线平台课程，建立成绩和学分认定机制。

3. 规范课程管理和指导性修读要求

完善课程设置管理机制，建立课程准入和退出机制，加强课程教学大纲管理，所有列入培养方案的课程均应在学校相关网站公布教学大纲。各专业培养方案所设课程应明确课程属性、课程归属、课程课时与学分要求，不同专业开设相同课程，应按课程属性归属开课单位。加强对学生课程修读的指导，各专业应根据专业类型制订各学年、学期指导性修读要求，避免出现部分学期课程负担过重或过轻的现象，充分保证学生课外自主学习和参与创新创业训练和社会实践的时间。

（五）鼓励学生自主构建个性化修读方案

在学分结构和课程设置上，力求为学生自主选择部分课程提供可能。降低必修学分要求，削枝强干，增加选修学分比例。利用信息化教学平台资源，增加选修课程资源建设。设置自由选修学分，学生可修读全校选修课程。

（六）实施专业国际化认证

根据"国际化"的办学理念和省级示范高职院校建设要求，在2017年前，重点打造旅游管理、烹饪工艺与营养、酒店管理、空中乘务和旅游英语5个具有鲜明特色和优势的示范专业，通过世界旅游组织教育质量认证（UNWTO-TedQual），辐射带动相关专业群建设。

（七）实施学分奖励制度

制定学分奖励管理办法，针对不同课程和实践活动给予学分奖励，如高级别计算机课程学分、外语课程学分、职业技能大赛奖励学分、创新创业实践活动学分等。

四、相关要求

1. 各专业根据实际需要，确定学生的毕业学分，原则上控制在126~136学分。一般18学时为1学分，集中实践（实训、实习等）环节1周可计算为2学分，顶岗实习环节可计算为14学分（3周可计算为1学分，共计10个月约14周），毕业设计（论文）为2学分，第二课堂为2学分。

2. 人才培养方案的课程结构由两大部分八个模块构成即通识教育（人格与应知模块、思想与理想模块、应用与工具模块、旅游与素养模块、创新与创业模块）和专业教育（专业通识模块、专业核心模块、实践与设计（论文）模块）部分。

3. 新生入学专业教育1周，军训1.5周。

4. 人才培养方案中多证书考核要与职业资格证书直接挂钩，突出外语和计算机应用能力的培养。

5. 条件具备的专业全面推进项目课程模块化教学和学分制教学。

6. 思想政治类课程设置按教育部有关规定执行。

7. 人才培养方案中注明考核形式，考核形式可分为理论考试（闭卷、开卷）、现场操作、面试、市场调研、实践活动等，全院开设的共性课程考核形式由教务处统一要求。

8. 专业趋向明显的实习期为一年，实行顶岗实习，工学交替。其他专业实习为一学期，实习安排在最后一学期。毕业论文（设计、调研报告）在实习期完成。

9. 各院系在实习前布置与专业密切相关的或应用性较强的毕业论文（设计、调研报告）。外语专业的学生可以用文献翻译替代毕业论文，在实习前由相关专业公布翻译内容，原则上每人一题，翻译内容与旅游业或经济、社会相关的内容。各院系按学院有关文件，负责对学生的毕业论文（设计、调研报告）管理。

10. 凡操作性较强的核心课程在人才培养方案中列为项目课程，且必须首先制定项目课程标准。

11. 专业人才培养方案内容包括专业名称、专业代码、学制、专业培养目标、主要就业方向、专业培养要求（素质结构、知识结构、专业能力、其他能力、职业证书）、主要课程及说明、学时分配表、课程设置及教学计划进度表。

五、本意见自公布之日起执行，由教务处负责解释

附件：专业人才培养方案模板

××××专业人才培养方案
（2015年12月修订）

专业名称：××××××
专业代码：××××××

一、学制
基本学制三年，弹性学制 3~5 年。

二、专业培养目标
××××××

三、主要就业方向
（应提出主要就业领域、行业部门和从事工作的性质，注意要和学校定位、专业培养目标相协调一致，内容不应太空泛，应有具体指向）。

四、专业培养要求
（一）素质结构
××××××
（二）知识结构
（三）专业能力
（四）其他能力
（五）职业证书

五、主要课程及说明
（一）主干课程：
（二）主干课程说明
1. ××××
教学目的：通过本课程的教学，使学生掌握……
课时要求：××学时，理论××
授课方式：
考核方式：××考试，总成绩××
参考教材：《××××》（"十二五"国家规划教材），××××出版社，××年

××月出版。

......

2.××××

......

六、学时分配表

（一）各类课程学时比例表（见附表1）

（二）理论教学与实践教学学时比例表（见附表2）

七、课程设置及教学计划进度表（见附表3）

该表要注明（本专业总课时、总学分、课内课时及学分，实践教学环节课时、学分以及占总课时和总学分的比例）等数据。

制定人：

审核人：

附表1

课程类型	学时数	占总学时比例

附表2

学时分配	学时数	占总学时比例
理论教学时数		
实践教学时数		
合计		

附表3

××××专业课程设置与教学计划进度表（略）

附件11：学校组织召开2016级人才培养方案修订研讨会

校企深度合作交流，共研旅游人才培养

为深入贯彻教育部《关于全面提高高等职业教育教学质量的若干意见》（教高〔2006〕16号），落实《国务院关于加快发展现代职业教育的决定》（国发〔2014〕19号）、《国务院关于促进旅游业改革发展的若干意见》（国发〔2014〕31号）等文件精神，适应当前高职教育教学改革形势以及旅游行业人才培养需求，切实提升人才培养质量，结合我院省级示范性高职院校建设任务，2016年1月16—17日，教务处于行政楼四楼会议室组织召开了2016级人才培养方案修订研讨会。校党委书记王海平、校长周春林、党委副书记黄斌、纪委书记张久明、副校长冯明、田寅生出席了会议。会议由教务处处长方法林主持，相关二级学院、系（部）正/副院长（主任）、教研室主任及教务处工作人员参加了研讨会。会议还邀请了来自行业、企业及兄弟院校的13名专家对人才培养方案进行了研讨。

本次研讨主要为我校省级示范校建设5个专业人才培养方案（"4+1"——酒店管理、烹调工艺与营养、旅游管理、空中乘务以及旅游英语）。研讨会上，各专业负责人从专业调研基本情况、专业调研结果以及2016级人才培养方案修订的思考及创新等方面进行了汇报，重点对专业课程设置进行了分析。

在听取汇报的基础上，来自南京香格里拉大酒店、南京金陵饭店、厦门航空公司、中国国旅、金陵商务旅行社、环球动漫嬉戏谷以及中山陵园管理局的9位专家结合工作实际，从旅游行业发展态势、从业人员知识技能需求、服务心理及职业素质养成等方面提出了旅游人才的培养需求：酒店管理人才培养要适应酒店信息化、智能化的形势，丰富学生的知识结构；增强学生操作能力，培养财务管理能力；提升学生综合素质，培养学生创新能力；塑造积极服务心态，增加人际交往与沟通能力；培养学生的职业兴趣，增强职业规划能力。烹调工艺与营养专业人才培养要紧跟目前的餐饮潮流，在强化技能的同时，还要提升学生的管理能力和营销能力；随着社会对餐饮要求的不断提高，注重复合型烹饪人才的培养。空中乘务专业人才培养方面，要注重职业形象塑造，提前熟悉航空设施设备；增强情绪与压力管理，强化特殊旅客管理以及应急医疗等知识与技能。旅游管理专业人才培养上，要结合不同的工作岗位来强化能力训练，如旅行社管理能力、经营能力以及产品设计能力。在教学中要通过具体的课程，让学生真正得到操练，熟悉基础性工作；了解电子商务，结合"互联网+"让学生能够具有基本的工具应用能力。导游方向要注重学生自身心理素质，强化沟通和应变能力，还要考虑到学生个性化因素；注重培养学生的导游词创作能力，相关课程的开展要和实践紧密结合，通过具体案例开展教学。旅游英语人才培养上要强化语言能力，增强口语和听力训练，结合专业人才培养目标，注重技能训练，提升职业能力。

来自南京交通职业技术学院、江苏海事职业技术学院、江苏经贸职业技术学院以及南京铁道职业技术学院的4位专家主要从人才培养方案的规范性、课程分类的统一性、课程分布的合理性、教学计划的实施性、专业课程设置的科学性、创新创业教育落实等方面提出了意见和建议，并就具体的课程和相关专业进行了研讨。

研讨会后，学校领导结合专家反馈专门召开了专题会议，对专家反馈的意见及时进行了交流，并就人才培养方案修订的后续工作进行了探讨。最后，王海平对2016级人才培养方案修订提出了具体要求：人才培养方案是学校办学理念、办学思想的集中体现，是人才培养的指导性文件，学校高度重视；人才培养方案修订是一项系统性工程，各项工作要明确时间进度要求，有序开展；人才培养方案修订是学校教育教学改革工作的重要内容，要全员参与，全院参与，集全校之力，全力做好2016级人才培养方案的修订工作。

参考文献

[1] 高志宏, 刘艳. 创新创业教育的理论与实践[M]. 南京：东南大学出版社, 2012.

[2] 孙德林. 创新创业多样化人才培养模式研究[M]. 北京：科学出版社, 2014.

[3] 吴金秋. 中国高校"融入式"创新创业教育[M]. 黑龙江：黑龙江人民出版社, 2013.

[4] 腾讯科技频道. 跨界[M]. 北京：机械工业出版社, 2015.

[5] 刘爱东. 大学生创新能力提升研究与实践[M]. 北京：经济科学出版社, 2012.

[6] 黄光扬. 学生创新精神与实践能力的培养[M]. 北京：国家行政学院出版社, 2013.

[7] 赵金华. 基于科技创新的理工学院 创业教育理论研究与实践[M]. 合肥：合肥工业大学出版社, 2014.

[8] 何向荣. 高职教育创新创业研究——基于平衡计分卡理论[M]. 上海：上海交通大学出版社, 2014.

[9] 郑旭煊, 朱孟楠. 探索创新创业教育 深化实验教学改革——2011年全国经济管理实验教学研讨会论文集[M]. 四川：西南财经大学出版社, 2012.

[10] 石国亮. 大学生创新创业教育[M]. 北京：研究出版社, 2010.

[11] 刘丽君. 知识创业教育导论——理工科研究生创新创业型人才的有效培养模式研究[M]. 北京：北京理工大学出版社, 2010.

[12] 李才俊. 大学生创新能力培养新探[M]. 重庆：重庆出版社, 2006.

[13] 骆守俭, 宋来, 陈立俊, 等. 创业精神导论[M]. 北京：高等教育出版社, 2012.

[14] 马旭晨, 马尔航, 阮娟. 用项目管理提升大学生创新、就业与创业能力[M]. 北京：机械工业出版社, 2012.

[15] 黄兆信, 王志强. 地方高校创业教育转型发展研究[M]. 杭州：浙江大学出版社, 2013.

[16] 黄道平, 华坚. 创新、创业与就业[M]. 北京：机械工业出版社, 2014.

[17] 金爱国, 孙启香. 专业创业教育创新育人新模式[M]. 北京：中国文史出版社, 2015.

[18] 方琳, 袁璐. 跨界：开启互联网与传统行业融合新趋势[M]. 北京：机械工业出版社, 2015（5）.